52
Weeks
of
Shawls

52 WEEKS OF SHAWLS
by Laine Publishing
COPYRIGHT © 2021 LAINE PUBLISHING OY

CONCEPT
Jonna Hietala & Sini Kramer

PHOTOGRAPHY
Jonna Hietala & Sini Kramer

EDITORS
Jonna Hietala, Sini Kramer
& Pauliina Karru

LAYOUT
Päivi Häikiö

ILLUSTRATIONS
Hannamari Kovanen

PUBLISHER
Laine Publishing Oy

Published by arrangement with Ferly Agency through Tuttle-Mori Agency , Inc.
This Japanese edition was produced and published in Japan in 2022
by Graphic-sha Publishing Co., Ltd.
1-14-17 Kudankita, Chiyodaku,
Tokyo, 102-0073, Japan
Japanese translation © 2022 Graphic-sha Publishing Co., Ltd.

52 Weeks of Shawls

ショールを編む 52 週

Laine Publishing

西村知子 訳

CONTENTS
もくじ

FOREWARD

はじめに

この文章をしたためている今、3月初旬のうららかな陽射しが、冬の間に6歳児が窓に残した手形を映し出しています。樋から落ちる春の滴りと、シュジュウカラの聞きなれた鳴き声が相まって数カ月ぶりに心が軽やかに感じられます。毎年やってくる暗い時期が再び記憶の中だけのものになります。

しかし、この軽やかな気分は、現実の半分の面に過ぎません。新型コロナウイルスが世界を席巻して2年、安全な未来への希望の兆しは見えるものの、事態は未だに深刻です。先々の予定を立てるのも難しく、ここしばらくはイタリアの小さな町での静かな休暇や、親戚を集めてのバースデーパーティー、友人とのハグを妄想するばかりです。

日々、その瞬間を楽しむよう心掛け、トゥティッキ（おしゃまさん）の知恵を借りるようにしています。「世の中は不確実なものばかり。だからこそ落ち着いていられるのですよ」と。仕事の日は、処理中の案件や、未だに不可解な電子的な仕組みで送られてくるメールであふれています。人と人の接触だけでなく、形あるもの、目に見えるものそして触知できるものが生活から少なくなっているのを感じます。このように感じているのは私だけではないはずです。なぜならこの一年の間に編み物の人気が益々広がりを見せているからです。現実から一瞬離れて自分自身の手で何かを作り出すという感覚はとても魅力的です。そして世の中に存在するあれだけの美しい毛糸といったらどうでしょう！自分のスタッシュ（糸のストック）を眺めるだけで心が踊りはじめます。色とりどりのな綛（かせ）の束は、イーストロンドン、ロアー・マンハッタンの細い路地、そしてあの小さなイタリアの町に私を連れて行ってくれます（その町にはいつの日か本当に、密かに執筆と編み物をしに行くつもりです）。本書に収録された美しいショールたちが、皆さんを、胸がときめくような場所へ連れ出し、明日はきっとよりよい日が待っていると思い出させてくれることでしょう。

本書は昨年出版した『52 Weeks of Socks（靴下を編む52週）』の続編です。その前書きにもあるように、Google検索はニッターの強い味方です。新しいテクニックを教えてくれ、暗号のような略語の意味も解説してくれる強力な相棒になってくれます。
52点分のパターンを1冊にまとめ上げるには妥協も必要でした。私たちが撮った画像をすべて収録したならば頁数が1,000頁近くになります。ですが、本書中では見られないアングルもオンラインでご覧いただけます。私たちのオンラインサイト lainemagazine.com にて、包括的なショールブックをパッケージ化してご用意しています。そこではデザイナーの紹介をはじめ、本書には収録されていない画像や各種テクニックも紹介しています。何か難解に思えることがあっても恐れないで、クリックしてみるだけで解決するかもしれません。

靴下本の方では皆さんに挑戦状を突きつけました。「1週間に1足ずつ、1年間で52足」と。今回は皆さんの指や肩への負担を和らげる意味も込め、52枚のショールで52年間は退屈しないことをお約束します。お気に入りのパターンをくり返し、色違いや素材ちがいで編むのも素敵なことです。私はと言えば、既に4つのショールに針がかかっているところです。

Jonna Hietala

ABBREVIATIONS & SPECIAL TECHNIQUES

用語と技法

本書に登場する主な略語と技法の編み方です。操作方法は基本的なものを解説しています。英語の略語で本文中に出てくる場合もありますので、一度全体を読んでから各作品の編み方をご覧ください。同じ略語、技法名でも、特殊な操作方法の場合などは、各作品の「特別な用語とテクニック」で解説しています。

＜略語＞

M［Marker］：ステッチマーカー

PM［Place Marker］：マーカーをつける。マーカーを区別したい場合、M1、あるいはMAなどと記載し、PMAと書かれていたら、Aのマーカーをつけるということ。

RM［Remove Marker］：マーカーをはずす。

SM［Slip Marker］：マーカーを移す。

BOR［Beginning Of Round］：輪編みの段の編みはじめ。

EOR［End Of Round］：輪編みの段の編み終わり。

MC［Main Color］：編み込みの地色糸。

CC［Contrast(ing) Color］：編み込みの配色糸。配色糸を複数使用する場合はCC1、CC2のように記載する。

K&T［Knit & Trap float］：表目を1目編んで糸同士を絡げる

＜技法＞

減目

左上2目一度［K2TOG: knit 2 sts together］：2目いっしょに表目を編む。（1目減）

裏目の左上2目一度［P2TOG: purl 2 sts together］：2目いっしょに裏目を編む。（1目減）

右上2目一度［SKP: slip 1, knit 1, pass slipped st over the knit st］：左針の1目に表目を編むように右針を入れて移し、2目めを表編み、右針に移した1目めを2目めにかぶせる。（1目減）

右上2目一度［SSK: slip, slip, knit 2 sts together through back loop］：2目に、1目ずつ表目を編むように右針を入れ、方向を変えた状態で左針に戻し、表目のねじり目を編むように2目をいっしょに編む。※結果は上記のSKPと同じだがK2TOGの左上2目一度と表情を揃える際に便利。（1目減）

裏目の右上2目一度［SSP: slip, slip, purl 2 sts together through back loop］：次の2目に1目ずつ表目を編むように右針を入れ、方向を変えた状態で左針に戻し、裏目のねじり目を編むように2目をいっしょに編む。（1目減）

右上3目一度［SK2PO: slip 1, knit 2 sts together, pass slipped st over the knit st］：1目を表目を編むように右針に移し、次の2目を一度に表編みし、右針に移した目を編んだ目にかぶせる。（2目減）

中上3目一度［CDD: centered double decrease］：表目を編むように次の2目に同時に右針に移し、表目1、右針に移した2目を編んだ目にかぶせる。（2目減）

5目一度［K5TOG: knit 5 stitches together］：5目を一度に表目に編む。（4目減）

増し目

左ねじり増し目［M1L: make 1 left leaning stitch］：次の目の間の渡り糸に左針を手前から向こうにくぐらせ、左針にかかったループの後ろ側に右針を入れて、渡り糸をねじって表目を編む。一般的なねじり増し目。（1目増）

右ねじり増し目［M1R: make 1 right leaning stitch］：次の目の間の渡り糸に左針を後ろから手前にくぐらせ、左針にかかったループの手前に右針を入れて、渡り糸をねじって表目を編む。（1目増）

裏目の左ねじり増し目［M1LP: make 1 left leaning purl stitch］：次の目の間の渡り糸に左針を手前から向こうにくぐらせ、左針にかかったループの後ろ側に右針を入れて、渡り糸をねじって裏目を編む。（1目増）

裏目の右ねじり増し目［M1RP: make 1 right leaning purl stitch］：次の目の間の渡り糸に左針を後ろから手前にくぐらせ、左針にかかったループの手前に右針を入れて、渡り糸をねじって裏目を編む。（1目増）

左増し目［LLINC: left lifted increase］：右針にかかっている編み終えた目の2段下の編み目の左足を持ち上げ、表目を編む。（1目増）

右増し目［RLINC: right lifted increase］：左針の目の1段下の目の右足を右針先で持ち上げて左針に移し、表目を編む。（1目増）

2目の編み出し増し目［KFB: knit into front and back of stitch］：次の目に右針を入れて表目を編むが左針は抜かず、続けて同じ目に表目のねじり編みを編む。左針から目をはずす。（1目増）

裏目2目の編み出し増し目［PFB: purl into front and back of stitch］：次の目に右針を入れて裏目を編むが左針は抜かず、続けて右針を同じ目に裏目のねじり目を編むようにもう1目編む。左針から目を外す。（1目増）

3目の編み出し増し目（かけ目）［KYOK: knit, yarn over, knit］：1目に「表目1、かけ目、表目1」を編み入れる。（2目増）

引き返し編み

W&T［Wrap & Turn］：ラップアンドターン。引き返し編みの方法のひとつ。引き返す段の最終目に、右針を裏目を編むように入れて移し、針の間から糸を今ある位置から反対側（表目を編んだあとは手前に、裏目を編んだあとは後ろに）移し、右針に移した目を左針に戻して編み地を返す。段消し編みをする際は、次のいずれかの方法で編む。

① 表編みの段…次の目の足に巻かれたラップの糸に、右針を下

から上に入れる。持ち上げたラップの糸と本来の目を2目一度のように表目に編む。

② 裏編みの段…編み地の後ろ側から、次の目の足に巻かれたラップの糸に右針を下から上に入れ、持ち上げたラップの糸を一度左針にのせて本来の目を裏目の2目一度のように編む。

DS［Double Stitch］：ダブルステッチ。ジャーマンショートロウ［German Short Row］の引き返し編みの際に引き返し位置で行う操作。引き返す位置まで編んで編み地を返し、次のいずれかを行う：

① 最初の目が表目の場合…糸を手前に移してから表目を右針にすべらせ、糸を右針の上から編み地の後ろへ引っぱる。

② 最初の目が裏目の場合…裏目を右針にすべらせ、糸を右針の上から後ろへ引っぱる。

このように最初の目を引っぱり上げることで前段の目が引き上げられ「2目」のようになることをDSと呼ぶ。DSを次段で編むときには1目として扱う。

作り目・止め

ニッテッド・キャストオン［Knitted Cast On］：「左針の1目めに表目を編むように右針を入れ、糸をかけて手前に引き出す。引き出した目を左針の先にのせる」。必要な目数になるまで「〜」をくり返す。（※引き出した目を左針にのせるときは針同士を突き合わせるようにのせるのではなく、針同士が並行になるようにしてのせる。）

ケーブル・キャストオン［Cable Cast On］：「左針の1目めと2目めの間に手前から右針を入れ、表編みをするように糸をかけて手前に引き出す。引き出してきた目を左針の先頭にのせる」。必要な目数になるまで「〜」をくり返す。（※引き出した目を左針にのせるときは針同士を突き合わせるようにのせるのではなく、針同士が並行になるようにしてのせる。）

ガーターステッチタブ・キャストオン

［Garter Stitch Tab Cast On］：指でかける作り目で3目作り、表編み（ガーター編み）で6段編む。次段で表目3、そのまま編み地を90度右に回転させてガーター編みの左端から3目拾う。再び編み地を90度回転させ、作り目側から3目拾う。（6目増、合計9目）（※作品によって目数は変わることがあるので注意。）

アイコード・バインドオフ［I-cord Bind-off］：「表目2、ねじり目の2目一度。右針の3目を左針に戻す」。「〜」の手順をくり返す。

ストレッチー・バインドオフ［Stretchy Bind-off］：左針の最初の2目を表編みして左針に戻す。ねじり目を編むように2目一度に編む。「表目1、右針の2目を左針に戻しねじり目を編むように2目一度に編む」、「〜」をくり返し、右針に残った最後の1目に糸端を通して止める。

その他

かけ目［YO: yarn over］：通常のかけ目。糸を手前から後ろにかける。

逆かけ目［YO A: yarn over backwards］：通常のかけ目とは逆に、後ろから手前に糸をかける。

すべり目＋かけ目［SL1YO: slip 1 st + yarn over］：編み糸は手前にある状態にして、次の目を右針にすべらせると糸を右針（とすべり目）の上からかける。

表引上げ目（かけ目による）［BRK: brioche knit］：前段の「すべり目1＋かけ目」を一緒に表目に編む。

表引上げ目（1段下の目に編む）［K1B: knit 1 stitch below］：次の目の1段下の目に表目を編む。

裏引上げ目（かけ目による）［BRP: brioche purl］：前段の「すべり目＋かけ目」を一緒に裏目に編む。

かぎ針編み関連

立ち上がりの細編み：立ち上がりの鎖目に代用する。
段のはじめに鎖目を編まずに1目めに細編みを編み、編んだ目の左足に細編みをもう一度編む。細編みを2目重ねた状態になる。

長編み［DC: double crochet / TR: treble］：かぎ針の先に糸をかけて次の目に針先を入れ、針先に糸をかけて引き抜く。再び針先に糸をかけてループ2本を引き抜く。もう一度針先に糸をかけて、針にかかっている残りのループ2本を引き抜く。

中長編み［HDC: half double crochet / HTR: half-treble］：針先に糸をかけてから次の目の頭に針先を入れ、糸をかけて引き出し、もう一度針先にかけて残りのループ3本を引き抜く。

＜本書の使い方＞

◎チャートは特に指示がない限り、下から上へ、右から左へ読み進めます。

◎パターン中で作り目や止めの方法が記載されていても、好みの方法を代用してかまいません。

◎各作品で使用している技法は、同じ名称でもデザイナーごとに異なる編み方を採用している場合があります。あらかじめ各作品の「特別な用語」で編み方を確認してください。

◎本書で紹介している編み記号図は原書をもとにしているため、日本のJIS記号とは異なる場合があります。
各作品の編み方説明をよく読んで確認してください。

◎パターンの指定糸が見つからないときや別の糸を使用したい場合は、好みの糸で代用してかまいません。

◎ウェブサイト「Lainemagazine.com」では、便利な動画や技法へのリンクを掲載していますのでご参照ください。

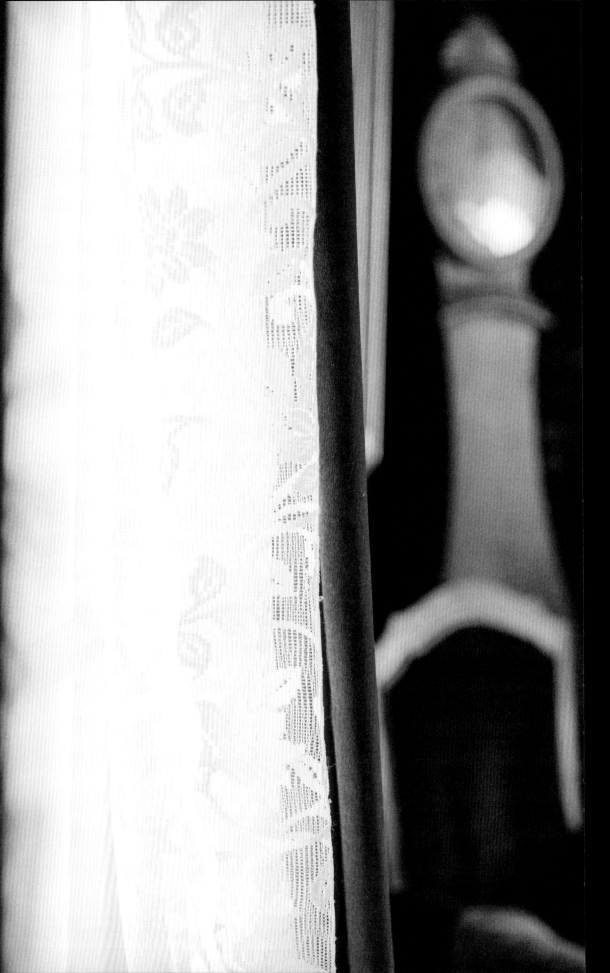

13

1週～13週目

VENUS — Marion Em FESTE — Hanne Kær Pedersen LIMELIGHT — Anna Johanna
ALOFT — Rebekah Berkompas SILTA — Tif Neilan HALLISTE — Aleks Byrd MARJIE — Jeanette
Sloan FRU ALSTAD — Anna Strandberg RUF — Aude Martin HIRAETH — Claire Walls
SOTABOSC — Elena Solier Jansà GRANADA – Claudia Quintanilla KUPKA — Faïza Mebazaa

01 VENUS

ヴィーナス

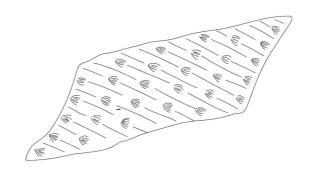

FINISHED MEASUREMENTS ／仕上がり寸法

長さ：240 cm

幅：60 cm

MATERIALS ／材料

糸：La Bien Aimée の Merino Singles（メリノウール100%、366m／100g） 4 カセ〈Sansa〉、La Bien Aimée の Mohair Silk（モヘア70%・マルベリーシルク30%、500m／50g） 3 カセ〈Sansa〉

もしくは太さがフィンガリング（中細）とレース（極細）程度の糸を1300mずつ

針：4.5 mm（US7／JP8号）輪針

その他の道具：ステッチマーカー、ホルダーまたは別糸

GAUGE ／ゲージ

19目×34段（ガーター編み・10cm角、ブロッキング後）

SPECIAL ABBREVIATIONS ／特別な用語

M17（1目から17目の編み出し増し目）：1目に「表目 1、かけ目」を8回くり返し、表目1。（16目増）

※シェル模様：下記参照

ねじり目の左上2目一度：表目を編むように右針に1目移し、次の目も左針から一旦はずし方向を変えて左針に戻す。1目も左針に戻し2目を一度に表編みする。（1目減）

2目の編み出し増し目：次の目に右針を入れて表目を編むが左針は抜かず、続けて右針を同じ目にねじり目を編むようにもう1目編む。左針から目を外す。（1目増）

STITCH PATTERNS ／模様編み

すべり目模様

1段め（表面）：表編み。

2段め（裏面）：「表目13、浮き目」、「〜」をくり返す。

1・2段めをくり返す。

シェル模様

1段め（表面）：M17。

2段め（裏面）：1目残るまで「裏目のねじり目1、表目1」をくり返し、裏目のねじり目1。

3段め（表面）：シェル模様の1目手前から編みはじめる。［ねじり目の左上2目一度、「裏目1、表目のねじり目1」をシェル模様の最後に2目残るまでくり返し、裏目1、（シェル模様の1目とその次の目を）ねじり目を編むように2目を一度に編む］。（2目減）

4段め（裏面）：2段めと同様に編む。

3・4段めを合計7回編み、3段めをもう一度編む。

18段め（裏面）：表目2、「裏目のねじり目1、表目1」をシェル模様の最後に3目残るまでくり返し、裏目のねじり目1、表目2。

19段め（表面）：表目2、「表目のねじり目1、裏目1」をシェル模様の最後に3目残るまでくり返し、表目のねじり目1、表目2。

20段め（裏面）：表目4、「裏目のねじり目1、表目1」をシェル模様の最後に5目残るまでくり返し、裏目のねじり目1、表目4。

21段め（表面）：表目4、「表目のねじり目1、裏目1」をシェル模様の最後に5目残るまでくり返し、表目のねじり目1、表目4。

22段め（裏面）：表目6、「裏目のねじり目1、表目1」をシェル模様の最後に7目残るまでくり返し、裏目のねじり目1、表目6。

23段め（表面）：表目6、「表目のねじり目1、裏目1」をシェル模様の最後に7目残るまでくり返し、表目のねじり目1、表目6。

24段め（裏面）：表目8、裏目のねじり目1、表目8。

すべり目と次のすべり目の間のガーター編みは13目になる。

NOTES／メモ

シェル模様の始点と終点が分かるようにステッチマーカーや取り外し可能なマーカーを使用。

シェル模様は交互に配置される。つまり、すべり目の縦ラインとシェル模様を交互に編む。シェル模様の1段めを、すべり目の最初の列で編みはじめるときには、端から少なくとも13目編んでいることを確認する。右端に向かって減目をしながら編み進めるため13目に満たない場合はシェル模様を編まず、左上2目一度を編むまですべり目を編み続ける。

DIRECTIONS／編み方

アイコードの準備

別鎖の作り目で3目作り、次の手順でアイコードを編む：

表目3、編めた目を左針に戻す。

上記の手順を合計182回くり返す。

次段：表面3、アイコードに沿って182目拾う、別鎖をほどいて3目を左針に移し、表目2、浮き目1。188目になる。

本体

準備段（裏面）：表目3、「表目13、浮き目1」を12回編み、表目14、表目2、浮き目1。

1段め（表面）：表目3、左上2目一度、段の終わりに4目残るまですべり目模様を編む、2目の編み出し増し目、表目2、浮き目1。

2段め（裏面）：表目3，段の終わりに3目残るまで前段までのように模様編み、表目2、浮き目1。

3段め以降：上記の手順で最後まで編む。ショールは表面を編むたびに、右端では2目一度で減目、左端では増し目をして形を作る。新たに増えた目は表面では表編み、14段ごとに裏面の段で新しいすべり目のラインを作りながらすべり目模様を編む。1・2段めを合計6回編み、最初のシェル模様を編む。

シェル模様1段め（表面）：表目3、左上2目一度、次のすべり目の列まで前段までのように編み、「表目1、次のすべり目の列まで前段の編み目の通りに編む。シェル模様を編み、次のすべり目の列まで表編み」。次のすべり目の列まで「〜」をくり返し、

表目1、段の最後に4目残るまで表編み、2目の編み出し増し目、表目2、浮き目1。

シェル模様2段め（裏面）：表目3、（適宜シェル模様またはすべり目を編みながら）段の終わりに3目残るまで前段までのように編み、表目2、浮き目1。

シェル模様3段め以降：上記の2段をくり返し、シェル模様を完成させると、本体模様の1・2段めを合計24回編み、シェル模様の2模様めを編む。

このように本体の1・2段めを24回、そしてシェル模様のセクションを交互に編む。シェル模様を互いちがいに6模様編むと、本体模様の1・2段めを合計6回編み、最後は下記のアイコードバインドオフで止める。

アイコードバインドオフ（表面）：表目3、編んだ3目を左針に戻し、「表目2、ねじり目を編むように2目を一度に編む。編んだ3目を左針に戻す」。最後に3目残るまで「〜」までをくり返す。残りの3目と右針の3目をメリヤスはぎする。

FINISHING／仕上げ

糸始末をしたあと水通しをして、寸法に合わせてブロッキングする。

02 FESTE

パーティ

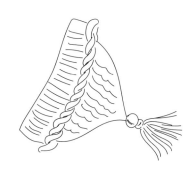

FINISHED MEASUREMENTS ／仕上がり寸法

周囲：74 cm.

丈（最大）：23cm（縁を折り返し、タッセルを含まない場合）

MATERIALS ／材料

糸：G-Uldの Merino 80/20（メリノウール80%・ナイロン20%、
210m／50g）各色1カセ
MC〈Heather Speckles on Madder〉、CC1〈Heather〉、CC2
〈Heather Speckles on Cochenille〉、CC3〈Walnut〉
Isager の Silk Mohair（キッドモヘア70%・シルク30%、212m
／25g）各色1玉
MC〈62〉、CC1、2、3共通〈63〉
もしくはフィンガリング（中細）の糸とレース（極細）程度の糸
をそれぞれMCとして168mずつ、CC1・CC2に各20mずつ、
CC3として34mずつ。
※全体を通して上記の2種類の糸をMC、CC1、CC2、CC3と
して引き揃えて編みます。
針：3.75 mm（US5／JP5号）60cm輪針
その他の道具：ステッチマーカー1個、なわ編み針または
DPN（両先針）

GAUGE ／ゲージ

27目×24段(セクション1の模様編み・10cm角、ブロッキン
グ後)

SPECIAL ABBREVIATIONS ／特別な用語

右上1目と2目の交差：1目を編み地の手前におき（なわ編み
針を使用しても使用しなくても構わない）、左針から表目2、
はずしておいた1目を表目1。

左上5目交差：5目をなわ編み針に移して編み地の後ろにお
き、左針から表目5、なわ編み針から表目5。

2目の編み出し増し目：次の目に右針を入れて表目を編むが
左針は抜かず、続けて右針を同じ目にねじり目を編むようにも
う1目編む。左針から目を外す。（1目増）

DIRECTIONS ／編み方

セクション 1

MCで指でかける作り目の方法で7目作る。編み地を返す。

準備段1（裏面）：表目1、かけ目、2目の編み出し増し目、裏目2、表目2、浮き目1。編み地を返す。（9目）

準備段2（表面）：表目1、かけ目、2目の編み出し増し目、裏目1、表目3、裏目2、浮き目1。編み地を返す。（11目）

準備段3：表目1、かけ目、2目の編み出し増し目、表目1、裏目3、表目3、裏目1、浮き目1、編み地を返す。（13目）

1段め（表面）：表目1、かけ目、2目の編み出し増し目、最後に1目残るまで前段までのように3目のリブ編み、浮き目1。編み地を返す。（15目）

2段め（裏面）：表目1、かけ目、2目の編み出し増し目、最後に1目残るまで前段までのように3目のリブ編み、浮き目1。編み地を返す。（17目）

3段め：表目1、かけ目、2目の編み出し増し目、表目2、最後に1目残るまで前段までのように3目のリブ編みを編むが表目3目の代わりに右上1目と2目の交差を編む、浮き目1。編み地を返す。（19目）

4段め：表目1、かけ目、2目の編み出し増し目、裏目2、最後に1目残るまで前段までのように3目のリブ編みを編むが表目3目の代わりに右上1目と2目の交差を編む、浮き目1。編み地を返す。（21目）

1～4段めの手順であと17回編む。前面の三角形の頂点に向かう交差模様が18模様編めたことになる。

最後は表面を編み終え、編み地は返さない。157目になる。

セクション 2

段の最初と最後の目を2目一度にして編み、輪にする。（156目）

ここからは輪に編む。

ねじりゴム編みの準備段：「裏目のねじり目1、表目のねじり目1」を最後に2目残るまでくり返し、裏目のねじり目1、Mを入れ、段のはじめとする。

※注意！1目は編まない状態で残り、次段の1目めとして扱う。

2～4段め：MCで「表目のねじり目1、裏目のねじり目1」を最後までくり返す。

5・6段め：CC1で「表目のねじり目1、裏目のねじり目1」を最後までくり返す。

7・8段め：MCで「表目のねじり目1、裏目のねじり目1」を最後までくり返す。

9・10段め：CC2で「表目のねじり目1、裏目のねじり目1」を最後までくり返す。

11段め：表目のねじり目1、「裏目のねじり目1、表目のねじり目1、裏目のねじり目1。この3目をなわ編み針に移して糸を反時計回りに3回巻き付ける。巻き終わると3目を右針に移す。続けて、表目のねじり目1、裏目のねじり目1、表目のねじり目1」。「～」をくり返しながら段の終わりに5目残るまで編む。裏目のねじり目1、表目のねじり目1、裏目のねじり目1。この3目をなわ編み針に移して糸を反時計回りに3回巻き付ける。巻き終わると3目を右針に移し、表目のねじり目1、裏目のねじり目1。

12段め：「表目のねじり目1、裏目のねじり目1」を最後までくり返す。

13～16段め：MCで、「表目のねじり目1、裏目のねじり目1」を最後までくり返す。

セクション 3

1段め（表面）：裏目9、裏目の左上2目一度。編み地を返す。

2段め（裏面）：すべり目1、表目9。編み地を返す。

3段め：すべり目1、裏目8、裏目の左上2目一度。編み地を返す。

4～9段め：2・3段めを3回編む。

10段め：左上5目交差。

段の終わりまで1～10段めの手順をくり返す。

次段：表目10。

次段：裏目10。

ゆるめに止めて糸を切る。

FINISHING ／仕上げ

交差模様の編み終わりを裏面にかがる。

糸始末をする。水通しをして寸法に合わせてブロッキングする。

残り糸でタッセル（約15cm）を作り、一番長い交差模様の先に縫い付ける。

03 LIMELIGHT

ライムライト

FINISHED MEASUREMENTS ／仕上がり寸法

幅：192cm
丈：42cm

MATERIALS ／材料

糸：Black Elephant の Merino Singles Fingering（SW メ リ ノ
100%、360m／100g）
MC として〈Nostalgia〉1 カセ
Triskelion の Branwen 4-Ply（フォークランドメリノ 50%・シ
ルク 50%、495m／100g）CC として〈Frea〉1 カセ
もしくはフィンガリング（中細）程度の糸を 720 m：MC と
CC を各 360m
針：3.75mm（US5／JP5 号）輪針

GAUGE ／ゲージ

19 目 ×43 段（ガーター編み・10cm 角、ブロッキング後）

SPECIAL TECHNIQUES ／特別なテクニック

ストレッチーバインドオフ：左針の最初の 2 目を表編みして
左針に戻す。ねじり目を編むように 2 目一度に編む。
「表目 1、右針の 2 目を左針に戻してねじり目を編むように 2 目
一度に編む」をくり返し、右針に残った最後の 1 目に糸端を通
して止める。

W ＆ T（ラップアンドターン）：p.8 参照。

DIRECTIONS ／編み方

セクション 1

MC の糸で指でかける作り目の方法で 3 目作る。
表編み（ガーター編み）で 12 段編む。最後の段を編んだあとは
編み地を返さず、表面のまま編み地を 90 度右に回転させて
ガーター編みの端から 6 目拾う。再び編み地を 90 度回転させ、
作り目側から 3 目拾う。（合計 12 目）

1 段め（表面）：表目 2、かけ目、表目 1、左ねじり増し目、表
目 1、左ねじり増し目、最後に 4 目残るまで表編み、右ねじり
増し目、表目 1、右ねじり増し目、表目 1、かけ目、表目 2。（6
目増）

2 段め（裏面）：表目 2、かけ目を針からはずす、表目 1、左ね
じり増し目、最後に 4 目残るまで表編み、右ねじり増し目、表
目 1、かけ目を針からはずす、表目 2。

3 段め：表目 2、かけ目、表目 1、左ねじり増し目、最後に 3 目
残るまで表編み、右ねじり増し目、表目 1、かけ目、表目 2。（4
目増）

4 段め：2 段めと同様に編む。

5 段め以降：1 〜 4 段めの手順をあと 10 回編む。122 目になる。

セクション 2

1 段め（表面）：CC の糸で、表目 2、かけ目、表目 1、左ねじ
り増し目、表目 1、左ねじり増し目、表目 98、W&T。（125 目）

2 段め（裏面）：最後に 4 目残るまで表編み、右ねじり増し目、
表目 1、かけ目を針からはずす、表目 2。

3 段め：MC の糸で、表目 2、かけ目、表目 1、左ねじり増し目、
最後に 3 目残るまで表編み、右ねじり増し目、表目 1、かけ目、
表目 2。（129 目）

4段め：表目2、かけ目を針からはずす、表目1、左ねじり増し目、最後に4目残るまで表編み、右ねじり増し目、表目1、かけ目を針からはずす、表目2。

5段め：CCの糸で、表目2、かけ目、表目1、左ねじり増し目、表目1、左ねじり増し目、表目74、W&T。（132目）

6段め：2段めと同様に編む。

7段め：3段めと同様に編む。（136目）

8段め：4段めと同様に編む。

9段め：CCの糸で、表目2、かけ目、表目1、左ねじり増し目、表目1、左ねじり増し目、表目50、W&T。（139目）

10段め：2段めと同様に編む。

11段め：3段めと同様に編む。（143目）

12段め：4段めと同様に編む。

13段め：CCの糸で、表目2、かけ目、表目1、左ねじり増し目、表目1、左ねじり増し目、表目26、W&T。（146目）

14段め：2段めと同様に編む。

15段め：3段めと同様に編む。（150目）

16段め：4段めと同様に編む。

次のセクションへ移るときには糸を切るか、切らずに糸を引き揃えて端の3目を編んでもよい。

セクション3

このセクションはCCで編む。

レースチャートA（右図）を1回編み、そのあと1〜8段めをもう一度編む。200目になる。

セクション4

このセクションはMCで編む。

1段め（表面）：MCの糸で、表目2、かけ目、表目1、左ねじり増し目、表目1、左ねじり増し目、最後に4目残るまで表編み、右ねじり増し目、表目1、右ねじり増し目、表目1、かけ目、表目2。（6目増）

2段め（裏面）：表目2、かけ目を針からはずす、表目1、左ねじり増し目、最後に4目残るまで表編み、右ねじり増し目、表目1、かけ目を針からはずす、表目2。

3段め：表目2、かけ目、表目1、左ねじり増し目、最後に3目残るまで表編み、右ねじり増し目、表目1、かけ目、表目2。（4目増）

4段め：2段めと同様に編む。

5段め以降：1〜4段めの手順をあと10回編む。310目になる。

セクション5

1段め（表面）：CCの糸で、表目2、かけ目、表目1、左ねじり増し目、表目1、左ねじり増し目、表目271、W&T。（313目）

2段め（裏面）：最後に4目残るまで表編み、右ねじり増し目、表目1、かけ目を針からはずす、表目2。

3段め：MCの糸で、表目2、かけ目、表目1、左ねじり増し目、最後に3目残るまで表編み、右ねじり増し目、表目1、かけ目、表目2。（317目）

4段め：表目2、かけ目を針からはずす、表目1、左ねじり増し目、最後に4目残るまで表編み、右ねじり増し目、表目1、かけ目を針からはずす、表目2。

5段め：CCの糸で、表目2、かけ目、表目1、左ねじり増し目、表目1、左ねじり増し目、表目232、W&T。（320目）

6段め：2段めと同様に編む。

7段め：3段めと同様に編む。（324目）

8段め：4段めと同様に編む。

9段め：CCの糸で、表目2、かけ目、表目1、左ねじり増し目、表目1、左ねじり増し目、表目193、W&T。（327目）

10段め：2段めと同様に編む。

11段め：3段めと同様に編む。（331目）

12段め：4段めと同様に編む。

13段め：CCの糸で、表目2、かけ目、表目1、左ねじり増し目、表目1、左ねじり増し目、表目154、W&T。（334目）

14段め：2段めと同様に編む。

15段め：3段めと同様に編む。（338目）

16段め：4段めと同様に編む。

17段め：CCの糸で、表目2、かけ目、表目1、左ねじり増し目、表目1、左ねじり増し目、表目115、W&T。（341目）

18段め：2段めと同様に編む。

19段め：3段めと同様に編む。（345目）

20段め：4段めと同様に編む。

21段め：CCの糸で、表目2、かけ目、表目1、左ねじり増し目、表目1、左ねじり増し目、表目76、W&T。（348目）

22段め：2段めと同様に編む。

23段め：3段めと同様に編む。（352目）

24段め：4段めと同様に編む。

25段め：CCの糸で、表目2、かけ目、表目1、左ねじり増し目、表目1、左ねじり増し目、表目37、W&T。（355目）

26段め：2段めと同様に編む。

27段め：3段めと同様に編む。（359目）

28段め：4段めと同様に編む。

MCの糸を切る。

セクション6

このセクションはCCの糸で編む。

レースチャートB（右図）を2回編む。419目になる。

セクション7

このセクションはCCの糸で編む。

1段め（表面）：CCの糸で、表目2、かけ目、表目1、左ねじり増し目、表目1、左ねじり増し目、最後に4目残るまで表編み、右ねじり増し目、表目1、右ねじり増し目、表目1、かけ目、表目2。（6目増）

2段め（裏面）：表目2、かけ目を針からはずす、表目1、左ねじり増し目、最後に4目残るまで表編み、右ねじり増し目、表目1、かけ目を針からはずす、表目2。

3段め：表目2、かけ目、表目1、左ねじり増し目、最後に3目残るまで表編み、右ねじり増し目、表目1、かけ目、表目2。（4目増）

4段め：2段めと同様に編む。

1〜4段めをあと2回編む。449目になる。

ストレッチーバインドオフの手法で止める。

FINISHING／仕上げ

糸始末をしたあと、水通しをして寸法に合わせてブロッキングする。

レースチャートA

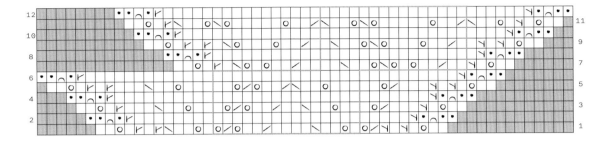

レースチャートB

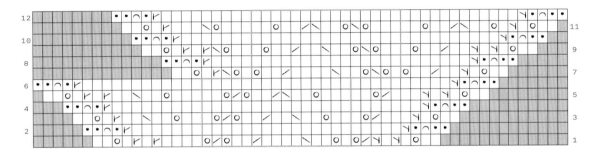

☐	表面:表目／裏面:裏目
•	表面:裏目／裏面:表目
⅄	表面:左ねじり増し目／裏面:右ねじり増し目
Ⴗ	表面:右ねじり増し目／裏面:左ねじり増し目
╱	左上2目一度
╲	右上2目一度
O	かけ目
⌒	かけ目を針からはずす
☐	くり返し
▨	実際にはない目

04 ALOFT

アロフト（空高く）

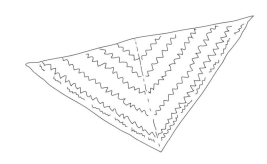

SIZES／サイズ

1 {2、3}
サンプルはサイズ3

FINISHED MEASUREMENTS／仕上がり寸法

幅：132 {165、198} cm
丈：66 {81、99} cm

MATERIALS／材料

糸：Titityy の Tukuwool Fingering（フィンランド産ウール
100%、200m／50g））、〈Auri〉5 {6、7} カセ
もしくはフィンガリング（中細）程度の糸を約1000（1200、
1400）m
針：3.5 mm（US4／JP5号）輪針
その他の道具：ステッチマーカー

GAUGE／ゲージ

22目×34段（メリヤス編み・10cm角、ブロッキング後）

SPECIAL ABBREVIATIONS AND TECHNIQUES／特別な用語とテクニック

右上3目一度：1目めを表目を編むように右針に移し、次の2
目を一度に編み、右針に移した目を編んだ目にかぶせる。（2
目減）

アイコードエジング：本体と同時に編むアイコードのエジン
グは毎段最初と最後の3目を次のように編む。
表面の段：編みはじめの3目は表編み、最後の3目はすべり目。
裏面の段：編みはじめの3目は裏編み、最後の3目は浮き目（糸
を手前にして目を右針に移す）。

STITCH PATTERNS／模様編み

ボッブル：ボッブルを編む目で1目に「表目1、ねじり目1」を
2回編み入れることで4目に増やし（2目の編み出し増し目を2
回）、編み地を返す。4目を裏編み、編み地を返す。4目を表編
み、表面のまま「右針の先から2目めを1目めにかぶせる（1目
減）」。「〜」をあと2回くり返す。（合計3目減）。

NOTE／メモ

チャートの1段めと21段めを編むときに10目の模様ごとに新
しいマーカーを入れる。

DIRECTIONS／編み方

アイコードタブキャストオン：
①：指でかける作り目で3目を右針に作ると、そのまま左針に
移し、3目を表編み。編み地を返さず、そのまま3目を左
針に戻す。
②：表目2、2目の編み出し増し目。（1目増。4目になる。）4
目を左針に戻す。
③：表目2、2目の編み出し増し目。（1目増。左針に1目残り、
合計5目になる。）4目を左針に戻す。
④：表目2、2目の編み出し増し目。（1目増。左針に2目残り、
合計6目になる。）4目を左針に戻す。
⑤：表目6、作り目側から3目拾う。（合計9目になる。）

本体の準備

準備段（裏面）：裏編み4、PM、裏目1、PM、裏目1、浮き目3。
1段め（表面）：表目3、かけ目、Mまで表編み、かけ目、SM、
表目1、SM、かけ目、最後に3目残るまで表編み、すべり目3。
（3目増）
2段め（裏面）：裏目3、かけ目、最後に3目残るまで裏編み、
浮き目3。（1目増）
1・2段めを合計5回編む。最後は裏面の段で編み終える。（29
目）

ショール本体

「ショール本体」のチャートの1～40段を
3{4、5}回編む。
1回目を編み終えると109目、2回目では
189目、3回目（サイズ1は最終回）では269
目、4回目（サイズ2は最終回）では349目、
5回目（サイズ3は最終回）では429目にな
る。269{349、429}目になる。

ショール編み終わり

「ショール編み終わり」チャートの1～20
段を2回編む。1回目を編み終えると309
{389、469}目、2回目のあとは349{429、
509}目になる。

アイコードバインドオフ

「表目2、ねじり目を編むように2目を一度
に編む。編んだ3目を左針に戻す」。「～」
を最後に6目残るまでくり返す。残りの6
目を3目ずつ別々の針に分け、2本の針を
平行になるように持ち、メリヤスはぎで合
わせる。

FINISHING ／仕上げ

糸始末をしたあと、水通しをして寸法に合
わせてブロッキングする。

ショール本体　チャート

ショール編み終わり　チャート

	表面：表目／裏面：裏目		＼	右上2目一度			10目1模様のくり返し
Ⅴ	表面：すべり目／裏面：浮き目		◉	ボッブル			すべり目（但し、前後がかけ目のときは表目）
○	かけ目		∧	右上3目一度			実際にはない目
／	左上2目一度			くり返し			チャートをくり返し部分

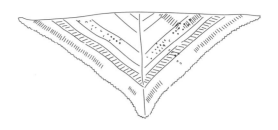

05 SILTA

橋

FINISHED MEASUREMENTS／仕上がり寸法

幅：198 cm
丈：81 cm

MATERIALS／材料

糸：Nature's Luxury の On Stage – Short Stories（ウール 50%・
シルク 30%・キャメル 20%、200m ／ 100g）
MC〈The Laughing Hippopotamus〉、CC〈Night Shift〉各色 2 カセ
もしくは DK（合太～並太）程度の糸を MC として 391 m、CC と
して 350 m
針：6 mm（US10 ／ JP13 号）輪針
その他の道具：ステッチマーカー 2 個、取り外し可能なマーカー
（表面の目印としてつける）、別糸（必要に応じてライフラインに
使う）

GAUGE／ゲージ

16 目× 28 段（ガーター編み・10cm 角、ブロッキング後）

SPECIAL ABBREVIATIONS & TECHNIQUES／
特別な用語とテクニック

右上 2 目一度：左針の 1 目に表目を編むようには右針を入れて移
し、2 目めを表編み。移した 1 目めを 2 目めにかぶせる。（1 目減）
変わり左上 1 目交差：「左上 2 目一度に編むが左針からはずさず、
1 目めを表編みする。2 目とも左針からはずす」。指示に従って
「～」をくり返す。
変わり右上 1 目交差：「左針の 2 目めに編み地の後ろから表目の
ねじり目を編み、そのまま 1 目めと 2 目めを表目のねじり目を編
むように一度に編む。2 目とも左針からはずす」。指示に従って
「～」をくり返す。
ピコットバインドオフ：
表編みで 2 目伏せ、右針の目を左針に戻す。ケーブルキャストオ
ンの手法で 2 目作り、続けて 5 目伏せる。右針の目を左針に戻し、
次の手順をくり返す。「ケーブルキャストオンの手法で 2 目作り、
続けて 5 目伏せる。右針の目を左針に戻す」、「～」を段の最後ま
でくり返す。段の最後で 5 目伏せられなくなったら、残った目を
すべて伏せる。
ケーブルキャストオン：
「左針の 1 目めと 2 目めの間に手前から右針を入れ、表編みをす
るように糸をかけて手前に引き出す。引き出してきた目を左針の
先頭にのせる」。「～」をもう一度くり返すが、今度は右針を新し
くできた目とその次の目の間に入れて同じ手順で次の目を作る。
（2 目増）

DIRECTIONS／編み方

ガータータブキャストオン：

MC の糸で指でかける作り目で 3 目作り、
表編み（ガーター編み）で 6 段編む。
次段（表面）：表目 3、そのまま編み地を
90 度右に回転させてガーター編みの左端
から 3 目拾う。再び編み地を 90 度回転さ
せ、作り目側から 3 目拾う。（6 目増、合
計 9 目）

セクション 1

ガーター編み：

準備段（裏面）：表目 3、PM、裏目 3、
PM、表目 3。
1 段め（表面）：浮き目 1、表目のねじり目
1、かけ目、M まで表編み、右ねじり増し
目、SM、表目 3、SM、左ねじり増し目、
最後に 2 目残るまで表編み、かけ目、表目
2。（4 目増）
2 段め（裏面）：浮き目 1、表目のねじり目
1、M まで表編み、SM、表目 1、裏目 1、
表目 1、SM、最後まで表編み。
1・2 段めを合計 8 回編む。（32 目増、合計
41 目）

セクション 2

ガータースリップステッチリブ：

1 段め（表面）：浮き目 1、表目のねじり目
1、かけ目、M まで表編み、右ねじり増し
目、SM、表目 3、SM、左ねじり増し目、
最後に 2 目残るまで表編み、かけ目、表目
2。（4 目増）
2 段め（裏面）：浮き目 1、表目のねじり目 1、
「表目 1、浮き目 1」を M の手前に 1 目残る
までくり返し、表目 1、SM、表目 1、裏目 1、
表目 1、SM、表目 1、「浮き目 1、表目 1」を
最後に 2 目残るまでくり返し、表目 2。
3 段め：浮き目 1、表目のねじり目 1、かけ
目、M まで表編み、右ねじり増し目、SM、
表目 3、SM、左ねじり増し目、最後に 2 目
残るまで表編み、かけ目、表目 2。（4 目増）
4 段め：浮き目 1、表目のねじり目 1、表
目 1、「表目 1、浮き目 1」、M まで「～」を
くり返し、SM、表目 1、裏目 1、表目 1、
SM、「浮き目 1、表目 1」、「～」を最後に 3
目残るまでくり返し、表目 3。
1～4 段めを合計 6 回編む。（48 目増、合
計 89 目）

セクション3

ガーター編み：

1段め（表面）：浮き目1、表目のねじり目1、かけ目、Mまで表編み、右ねじり増し目、SM、表目3、SM、左ねじり増し目、最後に2目残るまで表編み、かけ目、表目2。（4目増）

2段め（裏面）：浮き目1、表目のねじり目1、Mまで表編み、SM、表目1、裏目1、表目1、SM、最後まで表編み。

1・2段めを合計16回編む。（64目増、合計153目）

セクション4

アイレット：

1段め（表面）：浮き目1、表目のねじり目1、かけ目、Mまで表編み、右ねじり増し目、SM、表目3、SM、左ねじり増し目、最後に2目残るまで表編み、かけ目、表目2。（4目増）

2段めと以降の偶数段すべて（裏面）：浮き目1、表目のねじり目1、Mまで裏編み、SM、表目1、裏目1、表目1、SM、2目残るまで裏編み、表目2。

3段め：浮き目1、表目のねじり目1、かけ目、表目1、「表目1、かけ目、表目1、右上2目一度」をMの手前に2目残るまでくり返し、表目2、右ねじり増し目、SM、表目3、SM、左ねじり増し目、表目2、「右上2目一度、表目1、かけ目、表目1」を最後に3目残るまでくり返し、表目1、かけ目、表目2。（4目増）

5段めと7段め：浮き目1、表目のねじり目1、かけ目、Mまで表編み、右ねじり増し目、SM、表目3、SM、左ねじり増し目、最後に2目残るまで表編み、かけ目、表目2。（4目増）

9段め：浮き目1、表目のねじり目1、かけ目、表目2、「表目1、かけ目、表目1、右上2目一度」をMの手前に3目残るまでくり返し、表目3、右ねじり増し目、SM、表目3、SM、左ねじり増し目、表目3、「右上2目一度、表目1、かけ目、表目1」を4目残るまでくり返し、表目2、かけ目、表目2。（4目増）

11段めと13段め：浮き目1、表目のねじり目1、かけ目、Mまで表編み、右ねじり増し目、SM、表目3、SM、左ねじり増し目、最後に2目残るまで表編み、かけ目、表目2。（4目増）

15段め：浮き目1、表目のねじり目1、かけ目、表目3、「表目1、かけ目、表目1、右上2目一度」、をMまでくり返し、右ねじり増し目、SM、表目3、SM、左ねじり増し目、「右上2目一度、表目1、かけ目、表目1」、を最後に5目残るまでくり返し、表目3、かけ目、表目2。（4目増）

17段め：浮き目1、表目のねじり目1、かけ目、Mまで表編み、右ねじり増し目、SM、表目3、SM、左ねじり増し目、最後に2目残るまで表編み、かけ目、表目2。（4目増）

18段め：浮き目1、表目のねじり目1、Mまで裏編み、SM、表目1、裏目1、表目1、SM、2目残るまで裏編み、表目2。

1～18段めの手順を1回編む。（36目増、合計189目）

セクション5

ガーター編み：

1段め（表面）：浮き目1、表目のねじり目1、かけ目、Mまで表編み、右ねじり増し目、SM、表目3、SM、左ねじり増し目、最後に2目残るまで表編み、かけ目、表目2。（4目増）

2段め（裏面）：浮き目1、表目のねじり目1、Mまで表編み、SM、表目1、裏目1、表目1、SM、最後まで表編み。

1・2段めを合計8回編む。（32目増、合計221目）

セクション6

ツイストステッチ：

1段め（表面）：浮き目1、表目のねじり目1、かけ目、「変わり左上1目交差、表目2」をMの手前に3目残るまでくり返し、変わり左上1目交差、表目1、右ねじり増し目、SM、表目3、SM、左ねじり増し目、表目1、「変わり右上1目交差、表目2」を最後に4目残るまでくり返し、変わり右上1目交差、かけ目、表目2。（4目増）

2段め（裏面）：浮き目1、表目のねじり目1、Mまで裏編み、SM、表目1、裏目1、表目1、SM、2目残るまで裏編み、表目2。

3段め：浮き目1、表目のねじり目1、かけ目、「変わり左上1目交差、表目2」、「～」をMの手前に1目残るまでくり返し、表目1、右ねじり増し目、SM、表目3、SM、左ねじり増し目、表目1、「表目2、変わり右上1目交差」を最後に2目残るまでくり

返し、かけ目、表目2。（4目増）

4段め：浮き目1、表目のねじり目1、Mまで裏編み、SM、表目1、裏目1、表目1、SM、2目残るまで裏編み、表目2。

1～4段めを合計3回編む。（24目増、合計245目）

セクション7

ガーター編み：

MCの糸を切り、CCの糸をつけ直す。

1段め（表面）：浮き目1、表目のねじり目1、かけ目、Mまで表編み、右ねじり増し目、SM、表目3、SM、左ねじり増し目、最後に2目残るまで表編み、かけ目、表目2。（4目増）

2段め（裏面）：浮き目1、表目のねじり目1、Mまで表編み、SM、表目1、裏目1、表目1、SM、最後まで表編み。

1・2段めを合計8回編む。（32目増、合計277目）

セクション8

ガータースリップステッチリブ：

1段め（表面）：浮き目1、表目のねじり目1、かけ目、Mまで表編み、右ねじり増し目、SM、表目3、SM、左ねじり増し目、最後に2目残るまで表編み、かけ目、表目2。（4目増）

2段め（裏面）：浮き目1、表目のねじり目1、「表目1、浮き目1」をMの手前に1目残るまでくり返し、表目1、SM、表目1、裏目1、表目1、SM、表目1、「浮き目1、表目1」を最後に2目残るまでくり返し、表目2。

3段め：浮き目1、表目のねじり目1、かけ目、Mまで表編み、右ねじり増し目、SM、表目3、SM、左ねじり増し目、最後に2目残るまで表編み、かけ目、表目2。（4目増）

4段め：浮き目1、表目のねじり目1、表目1、「表目1、浮き目1」をMまでくり返し、SM、表目1、裏目1、表目1、SM、「浮き目1、表目1」を最後に3目残るまでくり返し、表目3。

1～4段めを合計3回編む。（24目増、合計301目）

セクション9

ガーター編み：

1段め（表面）：浮き目1、表目のねじり目

1、かけ目、Mまで表編み、右ねじり増し目、SM、表目3、SM、左ねじり増し目、最後に2目残るまで表編み、かけ目、表目2。(4目増)
2段め(裏面):浮き目1、表目のねじり目1、Mまで表編み、SM、表目1、裏目1、

表目1、SM、最後まで表編み。
1・2段めを合計8回編む。最後の段はMをはずしながら編む。(32目増、合計333目)
表編みで伏せ止めするか、装飾性のあるピコットバインドオフの手法で止める。

FINISHING ／仕上げ

糸始末をしたあと、水通しをして寸法に合わせてブロッキングする。

06 HALLISTE

ハリスト

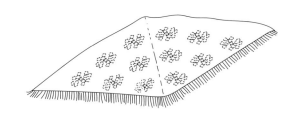

FINISHED MEASUREMENTS ／仕上がり寸法

幅：212 cm
丈：57 cm

MATERIALS ／材料

糸：Rosa Pomar の Mondim（ポルトガル産ウール100%、385m
／100g）
MC〈300〉3カセ、CC1〈111〉と CC2〈113〉を 1.カセずつ
もしくはフィンガリング（中細）程度の糸を MC として963m、
CC1 として 105 m、CC2 として 37 m
針：3.25mm（US 3／JP4 号）の40cm、60cm、100cm 輪針
目数が増えるに従って輪針の長さを替えながら編みます。
その他の道具：
ステッチマーカー、とじ針、ボビン24個

GAUGE ／ゲージ

24目×32段（メリヤス編みを輪編み・10cm角、ブロッキング
後）

SPECIAL ABBREVIATIONS ／特別な用語

RSM（S）：Roosimine セクション用のマーカー
表面のGSR：表面のジャーマンショートロウ
糸を編み地の後ろにおき、左針の次の目に裏目を編むように編
み目に針を入れ、右針に移し、糸を右針の上から手前へ、この
目の両足が右針にかかるまでしっかりと引っぱり、糸は針の下
から編み地の後ろ側へ移す。
裏面のGSR：裏面のジャーマンショートロウ
糸を編み地の手前におき、左針の次の目に裏目を編むように編
み目に針を入れ、右針に移し、糸を右針の上から後ろへ、この
目の両足が右針にかかるまでしっかりと引っぱり、糸は針の下
から編み地の手前に移す。

SPECIAL TECHNIQUES ／特別なテクニック

Roosimine（ローシミネ）はエストニアの装飾的な技法でMC
の糸だけで編み、CC は編まずに織り込むように編み地の表面
に渡り糸を出し、刺繍したような表情を作る。チャートには渡
り糸の長さと渡らせる目を示す。Roosimine には CC の糸を2
本取りにする。

CC を2本取りにして、渡し始める編み目に挟み、糸端を裏面
に出し、後で糸始末する。渡りに必要な目数を MC で編み、
CC を編み目の間から裏面に移して次の目を MC で編む。この
とき裏面に移した CC の上に MC を交差させる。こうすること
で MC の糸で渡り糸が固定される。次の渡し始めでは CC を表
面に移し、渡りの長さに合わせて MC を編み、渡し終わるとこ
ろで CC を裏面に移し MC を CC の上に重ねて CC を押える。
チャートの最後までこの操作を続ける。

次の段では CC が編み地の左端にある。最初の渡し始めまで編
み、CC の糸で長いループになるよう、左針の上から右側へ、
最初の渡りとの間まで引き出す。CC の糸を十分にたるませ、
編み地の手前側に大きなループまたは「U」字を作る。
渡し終えたら次の段に備えて CC を編み地の反対側に出す。
MC で渡りに必要な目数を編んだら CC の「U」字またはループ
を編み目の間から反対側に移す。続けて「U」字またはループ
を編み目の間から左側または裏側に移し、輪に編みながら渡り
を作り、MC を CC に重ねて渡りを固定する。段の終わりでは
CC を引き、「U」字またはループのゆるみがなくなるまで CC
を引き締める。

CC は1段ごとに右から左へ、次の段では大きな「U」字または
ループを使って CC を左から右へ移動する。

NOTES／メモ

CC1とCC2の糸は2本取りにする。CC1とCC2を2本取りにして小さな糸玉またはボビンに巻く。

小玉またはボビン1つに3gを巻き、CC1は18玉、CC2は6玉作る。
CC2の「X」模様の周りにある3つの円形模様のCC1は、別々の小玉またはボビンを使う。

チャートは下から上、各段は右から左に読み進める。チャートではCC1とCC2の渡りの長さをMCの目数で示す。

スティークの長さは15目。BORがスティークのほぼ真ん中、編みはじめが8目、編み終わりが7目。毎段1目めは裏目に編み、切り開くときの目印とする。ショールは、両端と中心の両側で増し目をしながら編み広げ、最後のリブ編みの前に引き返し編みをすることで上端を真っ直ぐに揃える。引き返し編み部分でも端では増し目をする。

DIRECTIONS／編み方

MCの糸で18目作り、輪にする。BORにPM。糸端を最低10cm残す。

1段め：裏目1、表目7、PM（スティーク部分の印）、表目3、PM（スティーク部分の印）、最後まで表編み。

2段め（増し目段）：裏目1、Mまで表編み、SM、表目1、右ねじり増し目1、表目1、左ねじり増し目1、表目1、SM、最後まで表編み。（20目）

3段め：裏目1、Mまで表編み、SM、Mまで表編み、SM、最後まで表編み。

4段め（増し目段）：裏目1、Mまで表編み、SM、表目1、右ねじり増し目1、表目1、右ねじり増し目1、PM、表目1、PM、左ねじり増し目1、表目1、左ねじり増し目1、表目1、SM、最後まで表編み。（24目）

5段め：裏目1、Mまで表編み、SM、表目1、裏目1、Mまで表編み、SM、表目1、SM、表目2、裏目1、表目1、SM、最後まで表編み。

6段め（増し目段）：裏目1、Mまで表編み、SM、表目1、裏目1、表目1、右ねじり増し目1、表目1、右ねじり増し目1、SM、表目1、左ねじり増し目1、表目1、

左ねじり増し目1、表目1、裏目1、表目1、SM、最後まで表編み。（28目）

7段め：裏目1、Mまで表編み、SM、表目1、裏目1、Mまで表編み、SM、表目1、SM、Mの手前に2目残るまで表編み、裏目1、表目1、SM、最後まで表編み。

8段め（増し目段）：裏目1、Mまで表編み、SM、表目1、裏目1、表目1、右ねじり増し目1、Mまで表編み、右ねじり増し目1、SM、表目1、SM、左ねじり増し目1、Mの手前に3目残るまで表編み、左ねじり増し目1、表目1、裏目1、表目1、SM、最後まで表編み。（32目）

9段め：裏目1、Mまで表編み、SM、表目1、裏目1、Mまで表編み、SM、表目1、SM、Mの手前に2目残るまで表編み、裏目1、表目1、SM、最後まで表編み。
8・9段めをあと20回編む。112目になる。

ROOSIMINE セクション1（輪編み）

1段め（準備と増し目段）：裏目1、Mまで表編み、SM、表目1、裏目1、表目1、右ねじり増し目1、表目2、RSM・PM、チャートの通りに編む、RSM・PM、Mまで表編み、右ねじり増し目1、SM、表目1、SM、左ねじり増し目1、表目4、RSM・PM、チャートの通りに編む、RSM・PM、Mの手前に3目残るまで表編み左ねじり増し目1、表目1、裏目1、表目1、SM、最後まで表編み。（116目）

2段め：裏目1、Mまで表編み、SM、表目1、裏目1、RSMまで表編み、RSMを移す、チャートの通りに編む、RSMを移す、Mまで表編み、SM、表目1、SM、RSMまで表編み、RSMを移す、チャートの通りに編む、RSMを移す、Mの手前に2目残るまで表編み、裏目1、表目1、SM、最後まで表編み。

3段め（増し目段）：裏目1、Mまで表編み、SM、表目1、裏目1、表目1、右ねじり増し目1、RSMまで表編み、RSMを移す、チャートの通りに編む、RSMを移す、Mまで表編み、右ねじり増し目1、SM、表目1、SM、左ねじり増し目1、RSMまで表編み、RSMを移す、チャートの通りに編む、RSMを移す、Mの手前に3目残るまで表編み、左ねじり増し目1、表目1、裏目1、表目1、SM、最後まで表編み。（120目）

2・3段めをくり返し、チャートの27段まで編む。168目になる。

メリヤス編み セクション1（輪編み）

1段め：裏目1、Mまで表編み、SM、表目1、裏目1、RSMまで表編み、RSMをはずす、RSMまで表編み、RSMをはずす、Mまで表編み、SM、表目1、SM、RSMまで表編み、RSMをはずす、RSMまで表編み、RSMをはずす、Mの手前に2目残るまで表編み、裏目1、表目1、SM、最後まで表編み。

2段め（増し目段）：裏目1、Mまで表編み、SM、表目1、裏目1、表目1、右ねじり増し目1、Mまで表編み、右ねじり増し目1、SM、表目1、SM、左ねじり増し目1、Mの手前に3目残るまで表編み、左ねじり増し目1、表目1、裏目1、表目1、SM、最後まで表編み。（172目）

3段め：裏目1、Mまで表編み、SM、表目1、裏目1、Mまで表編み、SM、表目1、SM、Mの手前に2目残るまで表編み、裏目1、表目1、SM、最後まで表編み.
2・3段めをあと12回編む。220目になる。

ROOSIMINE セクション2（輪編み）

1段め（準備と増し目段）：裏目1、Mまで表編み、SM、表目1、裏目1、表目1、右ねじり増し目1、表目1、RSM・PM、チャートの通りに編む、RSM・PM、表目17、RSM・PM、チャートの通りに編む、RSM・PM、Mまで表編み、右ねじり増し目1、SM、表目1、SM、左ねじり増し目1、表目3、RSM・PM、チャートの通りに編む、RSM・PM、表目17、RSM・PM、チャートの通りに編む、RSM・PM、表目1、左ねじり増し目1、表目1、裏目1、表目1、SM、最後まで表編み。（224目）

2段め：裏目1、Mまで表編み、SM、表目1、裏目1、「RSMまで表編み、RSMを移す、チャートの通りに編む、RSMを移す」、「～」をもう一度編む、Mまで表編み、SM、表目1、SM、「RSMまで表編み、RSMを移す、チャートの通りに編む、RSMを移す」、「～」をもう一度編む、Mの手前に2目残るまで表編み、裏目1、表目1、SM、最後まで表編み。

3段め（増し目段）：裏目1、Mまで表編み、SM、表目1、裏目1、表目1、右ねじり増し目1、「RSMまで表編み、RSMを移す、チャートの通りに編む、RSMを移す」、「～」をもう一度編む、Mまで表編み、右ねじり増し目1、SM、表目1、SM、左ね

じり増し目1、「RSMまで表編み、RSMを移す、チャートの通りに編む、RSMを移す」、「〜」をもう一度編む、Mの手前に3目残るまで表編み、左ねじり増し目1、表目1、裏目1、表目1、SM、最後まで表編み。(228目)

2・3段めをくり返し、チャートの27段めまで編む。276目になる。

メリヤス編み セクション2（輪編み）

1段め：裏目1、Mまで表編み、SM、表目1、裏目1、「RSMまで表編み、RSMをはずす」、「〜」をあと3回編む、Mまで表編み、SM、表目1、SM、「RSMまで表編み、RSMをはずす」、「〜」をあと3回編む、Mの手前に2目残るまで表編み、裏目1、表目1、SM、最後まで表編み。

2段め（増し目段）：裏目1、Mまで表編み、SM、表目1、裏目1、表目1、右ねじり増し目1、Mまで表編み、右ねじり増し目1、SM、表目1、SM、左ねじり増し目1、Mの手前に3目残るまで表編み、左ねじり増し目1、表目1、裏目1、表目1、SM、最後まで表編み。(280目)

3段め：裏目1、Mまで表編み、SM、表目1、裏目1、Mまで表編み、SM、表目1、SM、Mの手前に2目残るまで表編み、裏目1、表目1、SM、最後まで表編み。

2・3段めをあと12回編む。328目になる。

ROOSIMINE セクション3（輪編み）

1段め（準備と増し目段）：裏目1、Mまで表編み、SM、表目1、裏目1、表目1、右ねじり増し目1、「RSM・PM、チャートの通りに編む、RSM・PM、表目17」、「〜」をもう一度編む、RSM・PM、チャートの通りに編む、RSM・PM、Mまで表編み、右ねじり増し目1、SM、表目1、SM、左ねじり増し目1、表目2、RSM・PM、チャートの通りに編む、RSM・PM、「表目17、RSM・PM、チャートの通りに編む、RSM・PM」、「〜」をもう一度編む、左ねじり増し目1、表目1、裏目1、表目1、SM、最後まで表編み。(332目)

2段め：裏目1、Mまで表編み、SM、表目1、裏目1、「RSMまで表編み、RSMを移す、チャートの通りに編む、RSMを移す」、「〜」をあと2回編む、Mまで表編み、SM、表目1、SM、「RSMまで表編み、RSMを移す、チャートの通りに編む、

RSMを移す」、「〜」をあと2回編む、Mの手前に2目残るまで表編み、裏目1、表目1、SM、最後まで表編み。

3段め（増し目段）：裏目1、Mまで表編み、SM、表目1、裏目1、表目1、右ねじり増し目1、「RSMまで表編み、RSMを移す、チャートの通りに編む、RSMを移す」、「〜」をあと2回編む、Mまで表編み、右ねじり増し目1、SM、表目1、SM、左ねじり増し目1、「RSMまで表編み、RSMを移す、チャートの通りに編む、RSMを移す」、「〜」をあと2回編む、Mの手前に3目残るまで表編み、左ねじり増し目1、表目1、裏目1、表目1、SM、最後まで表編み。(336目)

2・3段めをくり返し、チャートの27段めまで編む。384目になる。

メリヤス編み セクション3（輪編み）

1段め：裏目1、Mまで表編み、SM、表目1、裏目1、「RSMまで表編み、RSMをはずす」、「〜」をあと5回くり返す、Mまで表編み、SM、表目1、SM、「RSMまで表編み、RSMをはずす」、「〜」をあと5回くり返す、Mの手前に2目残るまで表編み、裏目1、表目1、SM、最後まで表編み。

2段め（増し目段）：裏目1、Mまで表編み、SM、表目1、裏目1、表目1、右ねじり増し目1、Mまで表編み、右ねじり増し目1、SM、表目1、SM、左ねじり増し目1、Mの手前に3目残るまで表編み、左ねじり増し目1、表目1、裏目1、表目1、SM、最後まで表編み。(388目)

3段：裏目1、Mまで表編み、SM、表目1、裏目1、Mまで表編み、SM、表目1、SM、Mの手前に2目残るまで表編み、裏目1、表目1、SM、最後まで表編み。

2・3段めをあと11回編む。432目になる。

ショートロウ セクション
（引き返し編み→輪編み）

1段め：裏目1、Mまで表編み、SM、表目1、裏目1、表目1、右ねじり増し目1、Mの手前に16目残るまで表編み、RM、表目1、RM、Mの手前に16目残るまで表編み、編み地を返す。

2段め（裏面）：裏面のGSR、Mの手前に2目残るまで裏編み、表目1、裏目1、SM、裏目7、表目1、SM、Mまで裏編み、SM、裏目1、表目1、裏目1、裏目の右ねじり増

し目1、Mの手前に16目残るまで裏編み、編み地を返す。

3段め（表面）：表面のGSR、Mの手前に2目残るまで表編み、裏目1、表目1、SM、Mまで表編み、SM、裏目1、Mまで表編み、SM、表目1、裏目1、表目1、右ねじり増し目1、Mの手前に16目残るまで表編み、編み地を返す。

4段め（裏面）：裏面のGSR、Mの手前に2目残るまで裏編み、表目1、表目1、SM、裏目7、表目1、SM、Mまで裏編み、SM、裏目1、表目1、裏目1、裏目の右ねじり増し目1、前の引き返し位置の手前に16目残るまで裏編み、編み地を返す。

5段め（表面）：表面のGSR、Mの手前に2目残るまで表編み、裏目1、表目1、SM、Mまで表編み、SM、裏目1、Mまで表編み、SM、表目1、裏目1、表目1、右ねじり増し目1、前の引き返し位置の手前に20目残るまで表編み、編み地を返す。

6段め（裏面）：裏面のGSR、Mの手前に2目残るまで裏編み、表目1、表目1、SM、裏目7、表目1、SM、Mまで裏編み、SM、裏目1、表目1、裏目1、裏目の右ねじり増し目1、前の引き返し位置の手前に20目残るまで裏編み、編み地を返す。

5・6段めをあと7回くり返す。

21段め（表面）：表面のGSR, Mの手前に2目残るまで表編み、裏目1、表目1、SM、Mまで表編み。

22段め（表面）：裏目1、Mまで表編み、SM、表目1、裏目1、表目1、右ねじり増し目1、引き返し部分のDSを1目として編みながらMまで表編み、RM、表目1、RM、引き返し部分のDSを1目として編みながらMの手前に3目残るまで表編み、左ねじり増し目1、表目1、裏目1、表目1、SM、Mまで表編み。(454目)

リブ編み（輪編み）

1段め：裏目1、Mまで表編み、SM、「表目1、裏目1」をMの手前に1目残るまでくり返す、表目1、SM、最後まで表編み。

2段め（増し目段）：裏目1、Mまで表編み、SM、表目1、裏目1、表目1、右ねじり増し目1、「裏目1、表目1」をMの手前に3目残るまでくり返す、左ねじり増し目1、表目1、裏目1、表目1、SM, 最後まで表編み。(456目)

3段め：裏目1、Mまで表編み、SM、表目1、裏目1、表目2、「裏目1、表目1」を

最後に3目残るまでくり返し、表目1、裏目1、表目1、SM、最後まで表編み。

4段め：裏目1、Mまで表編み、SM、Mまでリブ編みを編みながら伏せ止め（441目）。糸端を最低10cm残して、Mの前の最後の目に糸端を通す。Mの後の7目は編まない。

スティークを切り開く

針に残っている15目を針からはずす。よく切れるハサミで裏目の縦の列を切り開く。このとき内側または裏面のCC1やCC2の糸端を切らないように注意する。

スティークの端を結ぶ

ショール上部または横のスティーク部分から編み目をほどきはじめる。
糸をほどき出すとショールの端で止まる。

糸端を2本ずつ結び、結び目をショールの端に寄せてフリンジを作る。

ROOSIMINE の糸端の始末をする

糸端を最寄りの目に結びつけることで止める。ただし結び目をきつく引き過ぎると渡り糸が乱れ、編み地がつれてしまうので注意。残った糸端は、通常の編み込み模様の糸始末と同様に裏面の同じ色の渡り糸の下

に通しておく。

ショールを水通しし、横方向に真っすぐになるようにピン打ちし、寸法出しをする。フリンジも真っすぐに揃える。ショールが乾いたらフリンジを好みの長さに切り揃える。フリンジの長さは最長で10cm程度。

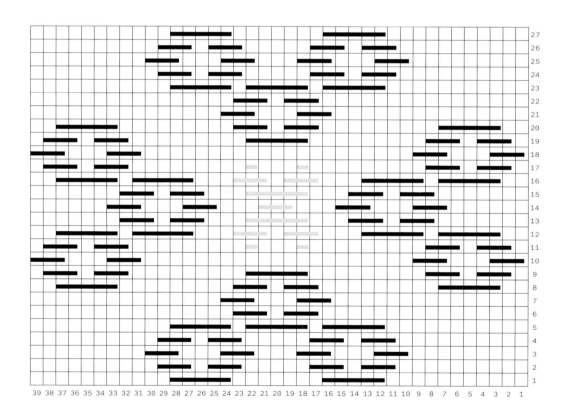

	MCで表編み
▬	MCで表編み、CC 1でROOSIMINE
	MCで表編み、CC2でROOSIMINE

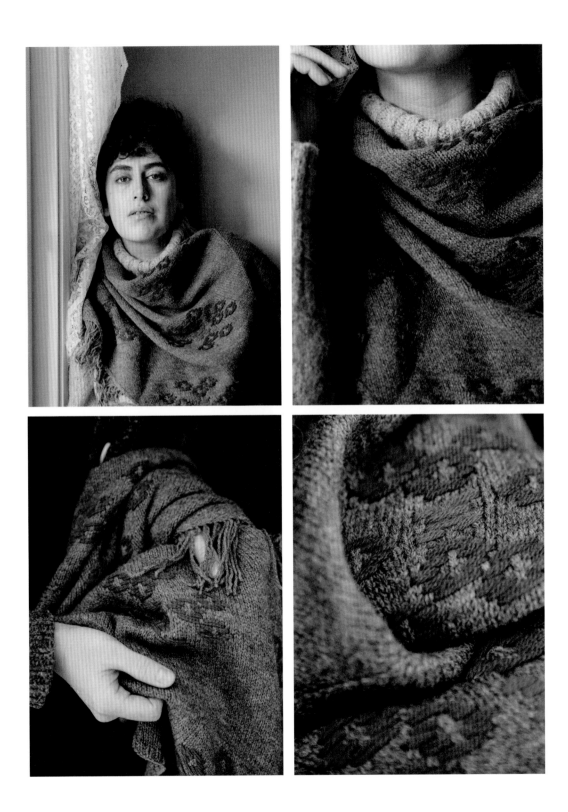

07 MARJIE

マージー

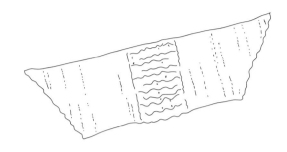

FINISHED MEASUREMENTS ／仕上がり寸法

幅（編みはじめ側）：115cm

幅（編み終わり側）：170cm

丈：51cm（引き出し編み模様の中心）、

　　49cm（透かし模様の作り目から止め）

MATERIALS ／材料

糸：The Mimo Yarn Co の DK Sock（メリノウール75％・ナイ
ロン25％、225m／100g）、4カセ〈Sloan〉

もしくはDK（合太～並太）程度の糸を約870m

※引き出し編み模様は通常の透かし編みのかけ目よりも多くの
糸を使用するため、糸量に差が生じやすい。このため糸量を
10％増しで用意しておくとよい。）

針：4.5 mm（US 7／JP8号）の輪針

その他の道具：ステッチマーカー

GAUGE ／ゲージ

20目×32段（透かし編みの模様・10cm角、ブロッキング後）

23目×31段（引き出し編み模様・10㎝角、ブロッキング後）

引き出し編み模様のチャート1模様分：幅13cm、ブロッキ
ング後

SPECIAL TECHNIQUES ／特別なテクニック

引き出し編み模様（15目の倍数＋14目）：

（引き出し編み模様のチャート〔p.44左図〕1段め～6段め）

1段め（表面）：「左上2目一度、表目5、かけ目を2回、表目5、
右上2目一度、裏目1」、「～」をくり返し、最後の模様は右上2
目一度で終わる。

2段め（裏面）：「裏目の右上2目一度、裏目4、前段のかけ目2
目を針から外す、かけ目を2回、裏目4、裏目の左上2目一度、
表目1」、「～」をくり返し、最後の模様は裏目の左上2目一度
で終わる。

3段め：「左上2目一度、表目3、前段のかけ目2目を針から外
す、かけ目を2回、表目3、右上2目一度、裏目1」、「～」をく

り返し、最後の模様は右上2目一度で終わる。

4段め：「裏目の右上2目一度、裏目2、前段のかけ目2目を針
から外す、かけ目を2回、裏目2、裏目の左上2目一度、表目1」、
「～」をくり返し、最後の模様は裏目の左上2目一度で終わる。

5段め（引き出し編みの段）：「表目3、前段のかけ目2目を針
から外す、［右針先を真ん中の渡り糸4本の糸の下に手前から
後ろに向けて入れ、糸をかけて表目を編むように引き出す。引
き出したループの長さは約1.5 cm程度。針を編み地の手前に
して、かけ目1（前のループと長さを揃える）2目になる］。［～］
をあと3回くり返す。新しい目が8目でき、表目4」。「～」をく
り返し、最後のくり返しは表目3で終わる。

6段め：「裏目3、表目のねじり目8、裏目4」、「～」をくり返し、
最後のくり返しを裏目3で終わる。

ニッテッドキャストオン：

左針の1目めに表目を編むように右針を入れ、糸をかけて手前
に引き出す。引き出してきた目を左針にのせる。常に左針の1
目めに表目を編むように糸を引き出して針先にのせ、必要な目
数になるまでくり返す。（注意！引き出した目を左針にのせる
ときは、針同士を突き合わせるようにのせるのではなく、針同
士が並行になるようにしてのせる。）

NOTES ／メモ

両端の「階段状の」増し目は模様編みの6・7段めの編み始めで
4目ずつニッテッドキャストオンの手法で増やす。

階段状の端を編むときには：

裏面の段：ニッテッドキャストオンの手法で表目を4目作る。

表面の段：ニッテッドキャストオンの手法で裏目を4目作る。

ショールの中央で引き出し編み模様を編むときには、10段1模
様の中の最初の4段で連続して減目する。このため目数が減る
が5段めで元の目数に戻る。

透かし模様のチャートの編み方について：

「かけ目2目」を次段の裏面で編むときの手順は「表目1、裏目
1」と編む。

DIRECTIONS ／編み方

準備

指でかける作り目の方法で232目作り、1段表編み。

模様編みの準備段（裏面）：表目1、PM、表目76、PM、表目2、PM、表目74、PM、表目2、PM、最後に1目残るまで表編み、PM、表目1。

透かし模様と引き出し編み模様

1段め（表面）：表目1（端目）、SM、透かし模様のチャートの1段めをMまで編む、SM、（かけ目、右上2目一度）、SM、引き出し編み模様のチャートの1段めをMまで編む、SM、（左上2目一度、かけ目）、SM、透かし模様のチャートの1段めをMまで編む、SM、表目1。

2段め（裏面）：表目1（端目）、SM、透か

し模様のチャートの2段めをMまで編む、SM、裏目2、SM、引き出し編み模様の2段めをMまで編む、SM、裏目2、SM、透かし模様のチャートの2段めをMまで編む、SM、表目1。

上記のように編むことで透かし模様がショールの両端に、そして引き出し編み模様がショールの中央に配置され、縦に仕切るラインが入る。

続けてそれぞれの模様編みを編み続ける（つまりMを移しながら1段めと2段めの要領でチャートの次の段を編み進める）。さらに10段の模様をくり返しながら、模様の6・7段めの編み始めで4目増やす。

6段めの編み始めではニッテッドキャストオンの手法で表目を4目作り、この4目を表編みして、続けて段の最後まで前段までの通りに編む。7段めの編み始めではニッテッドキャストオンの手法で裏目を4目作ると、この4目を表編み、以降段の最後ま

で表編みで編む。

模様編みを続けながら増えた目は模様編みに取り込む。160段または模様編みを16回編む。但し、16回めでは増し目をせず、模様の7段めを裏面で編んだあと、表編みで伏せ止めする。

FINISHING ／仕上げ

糸始末をしたあと、寸法に合わせて、階段状の増し目部分を強調するように丁寧にブロッキングする。中央は上下の端にピンを打ち、引き出し編み模様の自然な波形に合わせるが、編み地を引っぱり過ぎないように注意する。

スチームを当て、完全に冷めて乾いてからピンをはずす。

スチームの代わりに水通しをしてブロッキングしてもよい。

引き出し編み模様のチャート

（チャート：横軸 29～1、縦軸 2・4・6・8・10）

透かし模様のチャート

（チャート：横軸 12～1、縦軸 1・3・5・7・9）

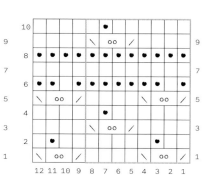

	記号説明
□	表面：表編み／裏面：裏編み
•	表面：裏編み／裏面：表編み
/	表面：表目の左上2目一度／裏面：裏目の左上2目一度
\	表面：表目の右上2目一度／裏面：裏目の右上2目一度
oo	かけ目を2回
（記号）	8目の引き出し編み

□	模様のくり返し部分
（灰色）	実際にはない目

引き出し編み模様のチャートを編むには、前ページの「特別なテクニック」を参照。

08 FRU ALSTAD

フル アルスタッド

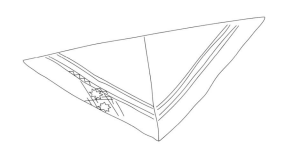

FINISHED MEASUREMENTS ／仕上がり寸法

幅：220cm

丈（最大）：90cm

MATERIALS ／材料

糸：Dandelion Yarns の Falkland Merino（フォークランドメリ
ノ 100 %、400m／100g）〈Tea for Two〉3 カセ
もしくはフィンガリング（中細）程度の糸を約1200m

針：3.5 mm（US 4／JP5 号）の輪針

その他の道具：ステッチマーカー、ホルダーまたは別糸

GAUGE ／ゲージ

20目×26段（2目かのこ編み・10cm角、ブロッキング後）

SPECIAL TECHNIQUES ／特別なテクニック

アイコードバインドオフ

①：表目2。

②：ねじり目を編むように次の2目を一度に編む。

③：3目を右針から左針に戻す。

最後に3目残るまで①〜③をくり返す。

残った3目とアイコードの編み始めの3目を次の「アイコード
のはぎ合わせ方」の手順ではぎ合わせる。

アイコードのはぎ合わせ方

①：アイコードの最終段を編み終えると、糸端を15cm程度残
して切り、とじ針に通す。糸はアイコードの左側にある。

②：編み針にかかっている1目めに、とじ針を裏目を編むよう
にして右から左へ入れる。

③：糸を引く。強く引き過ぎないように注意し、この目を編
み針からはずす。

④：アイコードの編み始めの目の足2本にとじ針の先を右から
左へ通す。

⑤：糸を同じ手加減で引き出し、③ではずした目の中心に、
針先を手前から入れる。（針を編み目の手前に戻す）。

⑥：次の目に、針を裏目を編むように通し、この2目めを編み
針からはずす。

⑦：反対側の次の目の足2本にとじ針の先を通す。

⑧：はずした目の真ん中に針を戻し、編み針の最後の目に、
とじ針を裏目を編むように通して編み針からはずす。

⑨：反対側の最後の目の足2本にとじ針を通す。

⑩：最後の目の真ん中にもう一度とじ針を入れるが、今回は
編み地の裏面に引き出す。

⑪：編み地の裏面に糸端を丁寧に始末する。

DIRECTIONS ／編み方

別糸Aで3目作る。

別の別糸B（この糸はあとでほどく）で表目3。

編み糸でアイコードを7段編む。そのままアイコードの側面から5目拾い、別糸Bをほどきながら、編み糸で編んだ最初の3目を左針にのせて、表目3。合計11目になる。

準備段：浮き目3、裏目5、浮き目3。

セクション1

2目かのこ編み：

1段め（表面）：表目3、かけ目、表目2、右ねじり増し目、表目1、左ねじり増し目、表目2、かけ目、表目3。（4目増）

2段め（裏面）：浮き目3、表目1、裏目2、表目1、裏目1、表目1、裏目2、表目1、浮き目3。

3段め：表目3、PM、かけ目、表目1、裏目2、表目1、右ねじり増し目、PM、表目1、PM、左ねじり増し目、表目1、裏目2、表目1、かけ目、PM、表目3。（4目増）

4段め：浮き目3、SM、裏目2、表目2、裏目2、SM、裏目1、SM、裏目2、表目2、裏目2、SM、浮き目3.

チャートAの5〜12段めをくり返し、339目になるまで編む。

さらに5〜8段めをもう一度編む。347目になる。

セクション2

アローズダウン（下向き矢印の模様）：

チャートBを編む。363目になる。

セクション3

ジャンブル：

チャートCを編む。395目になる。

セクション4

アローズアップ（上向き矢印）：

チャートDを編む。411目になる。

セクション5

スターズ（星柄）：

チャートEを編む。

※紙面の都合上、チャートEは2分割されている。毎段「右側」から「左側」へ続けて編む。（裏面を編むときには「左側」から「右側」へ編む）。

503目になる。

アイコードバインドオフの手法で止め、残り3目になったらアイコードのはぎで合わせる。

FINISHING ／仕上げ

糸始末をしたあと、水通しをして寸法に合わせてブロッキングする。

☐ 表面：表目／裏面：裏目	⊙ かけ目	▨ 実際にはない目
• 表面：裏目／裏面：表目	↘ 左ねじり増し目	☐ くり返し
⋁ 裏面：浮き目	↙ 右ねじり増し目	

チャートA

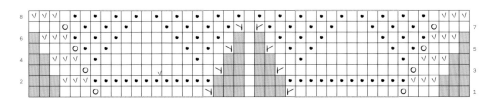

チャートB

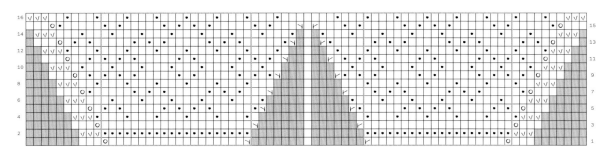

チャートC

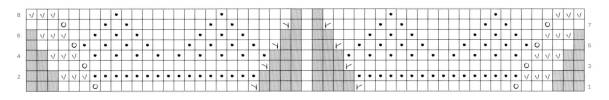

重要！1段めでは、かけ目、左ねじり増し目、右ねじり増し目は端だけで行い、それ以外は表目に編む。

チャートD

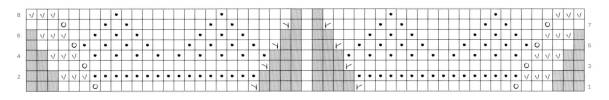

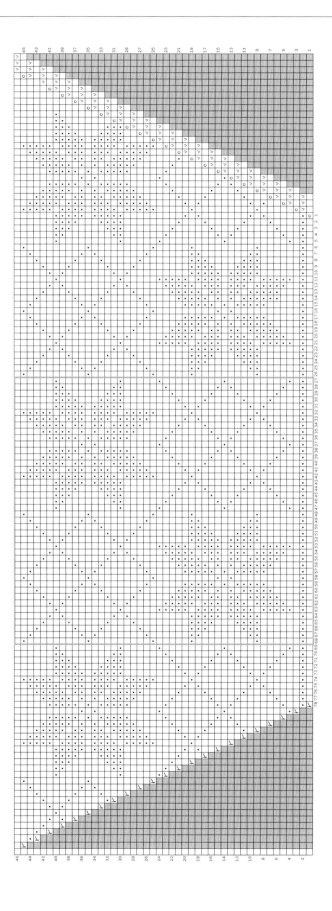

チャート E 右側

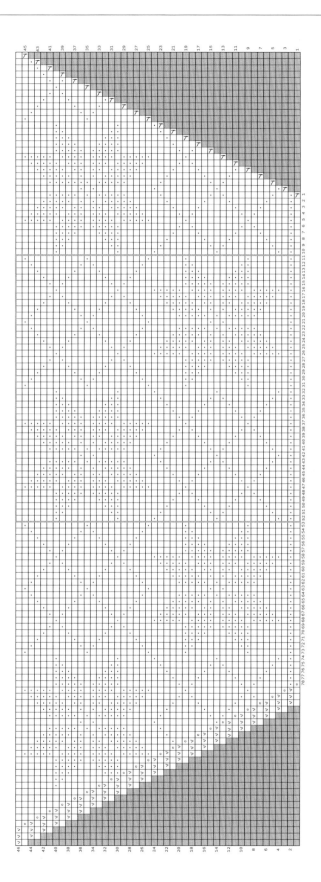

チャート左側

09 RUF

ルーフ

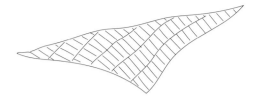

FINISHED MEASUREMENTS ／仕上がり寸法

幅：240 cm

丈（最大）：70cm

MATERIALS ／材料

糸：BC Garn の Bio Balance（オーガニックウール 55 ％・オーガニックコットン、225m ／50g）
A：〈BL018 Sand〉4 カセ、B：〈BL030 Black〉1 カセ
もしくは sport（合太）程度の糸を約940m（A：890m、B：50m）
針：3.5mm（US4 ／JP5 号）の 80 cm輪針、4.5mm（US 7 ／JP8 号）の輪針または棒針（止めに使用）
その他の道具：取り外し可能なマーカー（あると便利）

GAUGE ／ゲージ

22目×37段（メリヤス編み・10 cm角、ブロッキング後）

STITCH PATTERNS ／模様編み

本体パターン

1段め（表面）：表目3、裏目3、表目1、左ねじり増し目、最後に6目残るまで表編み（バンド部分はパターンの指示通りに編む）、裏目3、表目3。
2段め（裏面）：裏目3、表目3、最後に6目残るまで裏編み（バンド部分はパターンの指示通りに編む）、表目3、裏目3。

ストライプ模様

1段め（表面）：表目3、裏目3、ストライプ模様を編むバンド（縦の帯）の1目手前まで表編み、裏目1、Aを編み地の後ろに移す（切らない）、Bをつけて裏目まで表編み、編み地を返す。
引き返し編み段1（裏面）：「浮き目1、表目1」をB色の目か1目残るまでくり返し、浮き目1、Bを切る。編み地を返す。
引き返し編み段2（表面）：Aに持ち替え、最後に6目残るまで表編み（バンド部分の目を指示通りに編む）、裏目3、表目3。
2段め（裏面）：裏目3、表目3, 最後に6目残るまで裏編み（バンド部分の目を指示通りに編む）、表目3、裏目3。

バンド部分の模様

1段め（表面）：表目3、裏目3、表目1、裏目の左ねじり増し目1、表目39、最後に6目残るまで目なりに（表目は表目に、

裏目は裏目に）編む、裏目3、表目3。
2段め（裏面）：裏目3、表目3、最後に8目残るまで目なりに編む、表目1、裏目1、表目3、裏目3。

DIRECTIONS ／編み方

3.5mm の針とAの糸で9目作る。

ロールエッジの縁編みの準備

1段め（表面）：表目3、裏目3、表目3。（9目）
2段め（裏面）：裏目3、表目3、裏目3。
3段め：表目3、裏目2目の編み出し増し目、裏目2、表目3。（1目増）
4段め：裏目3、表目4、裏目3。
5段め：表目3、裏目2目の編み出し増し目、裏目3、表目3。（1目増）
6段め：裏目3、表目5、裏目3。
7段め：表目3、裏目2目の編み出し増し目、裏目4、表目3。（1目増）
8段め：裏目3、表目6、裏目3。
12目になる。

※裏目2目の編み出し増し目：
次の目に右針を入れて裏目を編むが左針は抜かず、続けて右針を同じ目に裏目のねじり目を編むようにもう1目編む。左針から目を外す。（1目増）

ショール本体の準備

1段め（表面）：表目3、裏目3、左ねじり増し目、裏目3、表目3。（1目増）
2段め（裏面）：裏目3、表目3、裏目1、表目3、裏目3。
3段め：表目3、裏目3、表目1、左ねじり増し目、裏目3、表目3。（1目増）
4段め：裏目3、表目3、裏目2、表目3、裏目3。
5段め：表目3、裏目3、表目1、左ねじり増し目、表目1、裏目3、表目3。（1目増）
6段め：裏目3、表目3、裏目3、表目3、裏目3。15目になる。

本体を編む

1段め（表面）：表目3、裏目3、表目1、左ねじり増し目、最後に6目残るまで表編み、裏目3、表目3。（1目増）
2段め（裏面）：裏目3、表目3、最後に6目残るまで裏編み、表目3、裏目3。

1・2段めを合計8回編む。23目になる。
これ以降は両端の6目ずつ以外はメリヤス編みし、ショールのヘムに達するまで表面の編みはじめで毎回増し目をする。

ストライプ模様を編みはじめる

作り目から31段めで23目になる：端目12目とメリヤス編み11目。
メリヤス編みの11目分をBの糸で引き返し編みをしながら最初のストライプ模様を編む。
1段め（表面）：表目3、裏目3、Aを編み地の後ろ側に移し（糸は切らない）、Bを付けてBで表目11。編み地を返す。
引き返し編み段1（裏面）：「浮き目1、表目1」をBの目が残り1目になるまでくり返す、浮き目1、Bを切る（裏面でBの糸2本を軽く結んでおく）。編み地を返す。
引き返し編み段2：Aに持ち替え、最後に6目残るまで表編み、裏目3、表目3。
2段め：裏目3、表目3、裏目11、表目3、裏目3。
TIP：左側のストライプのねじれが表面で強すぎるようであれば、針先で編み目の左足を少し引っ張るとよい。

続けて「本体」を編む

1段め（表面）：表目3、裏目3、表目1、左ねじり増し目1、最後に6目残るまで表編み、裏目3、表目3。
2段め（裏面）：裏目3、表目3、最後に6目残るまで裏編み、表目3、裏目3。
1・2段めを合計10回編む。33目になる。Bのストライプ模様のあとAで22段編んだことになる。

再びストライプ模様を編む：
1段め（表面）：表目3、裏目3、Aを編み地の後ろ側に移し（糸は切らない）、Bを付けてBで表目21。編み地を返す。
引き返し編み段1（裏面）：「浮き目、表目1」をBの目が残り1目になるまでくり返す、浮き目1、Bを切る。編み地を返す。
引き返し編み段2（表面）：Aに持ち替え、最後に6目残るまで表編み、裏目3、表目3。
2段め（裏面）：裏目3、表目3、裏目21、表目3、裏目3。
再び「本体」を合計10回編む。43目になる。

次の表面の段（最後のストライプ模様か

ら20段）で再びストライプ模様を編む：
1段め（表面）：表目3、裏目3、Aを編み地の後ろ側に移し（糸は切らない）、Bを付けてBで表目31。編み地を返す。
引き返し編み段1（裏面）：「浮き目1、表目1」をBの目が残り1目になるまでくり返す、浮き目1、Bを切る。編み地を返す。
引き返し編み段2（表面）：Aに持ち替え、最後に6目残るまで表編み、裏目3、表目3。
2段め（裏面）：裏目3、表目3、裏目31、表目3、裏目3。
以降これまでのように、ストライプ模様を21段めの表面で編みながら、最後にヘムを編むまで編み続ける。
ストライプ模様の配置をずらすには、バンド部分の模様ごとにストライプ模様を編むタイミングを変える。（Bのストライプ模様の間には常にAを22段編むため、ストライプを編む位置が分かりやすい）。

バンド部分を編みはじめる

3回目のストライプ模様を編み終えると、「本体」を合計9回編む。
合計52目、端6目ずつの間に表編みが40目になる。
「本体」の10回めを編み終えると同時に、2つめのバンド部分を編みはじめる。
このとき次のように表目39と1目の間に裏目を1目編むことで区分けする。
1段め（表面）：表目3、裏目3、表目1、裏目の左ねじり増し目、表目39、裏目3、表目3。（1目増）
2段め（裏面）：裏目3、表目3、裏目39、表目1、裏目1、表目3、裏目3。
以降、ヘムを編み終えるまで、本体部分（縁編みを除く）の編み目の表面の左端から40目ごとに裏目（裏面では表目）を編む。
表面で「本体」の10回目を終えると同時にストライプ模様を編む。
※ストライプ模様はバンド1（縁編みを除く左側の39目のみ）を編む。
1段め（表面）：表目3、裏目3、表目1、左ねじり増し目、裏目1、Aを編み地の後ろ側に移し（糸は切らない）、Bを付けてBで表目39。編み地を返す。
引き返し編み段1（裏面）：「浮き目1、表目1」をBの目が残り1目になるまでくり返す、浮き目1、Bを切る。編み地を返す。
引き返し編み段2（表面）：Aに持ち替え、最後に6目残るまで表編み、裏目3、表目3。
2段め（裏面）：裏目3、表目3、裏目39、

表目1、裏目2目、表目3、裏目3。
54目になる。

「本体」を続けて編む。
4模様編んだあとの目数は、縁編み6目、バンド2に表目6目、裏目1目、バンド1に表目39目、もう片方の縁編み6目の合計58目になる。

縁編みの6目を編んだあと、バンド2の最初のストライプ模様を編む：
1段め（表面）：表目3、裏目3、Aを編み地の後ろ側に移し（糸は切らない）、Bを付けてBで表目6、編み地を返す。
引き返し編み段1（裏面）：「浮き目1、表目1」、「〜」を合計3回編み、Bを切る。編み地を返す。
引き返し編み段2（表面）：Aに持ち替え、表目6、裏目1、表目39、裏目3、表目3。
2段め（裏面）：裏目3、表目3、裏目39、表目1、裏目6、表目3、裏目3。58目になる。
バンド1にはストライプ模様が4本、バンド2にはストライプが1本入る。

メリヤス編みのバンドを縁編みで囲みながら、表面の編みはじめで1目ずつ増しながら編み（但し、縁編みの直後にストライプ模様を編むときを除く）、40目めで裏目を編む。
ショールを編み進めるにしたがって新たにバンドをバイアス状に編み、バンド部分ではBのストライプの間はAで22段編む。
バンド1とバンド2のように、新たにできたバンドにはじめてストライプを編むときは、左隣のバンドの最後のストライプから数段間隔を開けて編むようにする。そして間の段数を変えることでランダムな表情を生み出す。ストライプの配置は自由にアレンジする。

サンプルのストライプの配置は次の通り：
バンド3の最初のストライプはバンド2の最後のストライプから12段。
バンド4の最初のストライプはバンド3の最後のストライプから16段。
バンド5の最初のストライプはバンド4の最後のストライプから10段。
バンド6の最初のストライプはバンド5の最後のストライプから18段の間隔を開けて編む。
バンド7は幅が数目しかないためストライプ模様は編まない。

左側の引き返し編みをする

186目(作り目から約135cm)になると丈が最大になる。これまでのパターン通りに編みながら表面でジャーマンショートロウ(P.9参照)の手法で引き返し編みをすることでショール左側のシェーピングを行う。

引き返し編み段1(表面):表目3、裏目3、最後に7目残るまでパターン通りに編む、表目1、編み地を返す。(181目)

引き返し編み段2(裏面):DS1、最後に6目残るまでパターン通りに編む、表目3、裏目3。

引き返し編み段3:表目3、裏目3、前段の引き返し位置の手前に2目残るまでパターン通りに編む、編み地を返す。

引き返し編み段4:DS1、最後までパターン通りに編む。

TIP:引き返した位置に取り外し可能なマーカーを付けるとよい。

引き返し編みをくり返す:
表面では前段の引き返し位置の2目手前(直近のDSの手前に2目残る)まで編む。編み地を返す。
表面では毎回右側で1目増やし、左側では3目少なく編むため、2目減る。

ストライプ模様と引き返し編みを同時に編む場合には次の手順で編む:

表面:Aで該当のバンドまで編み、裏目1、ストライプ模様を最後のDSの手前に3目残るまで編み、編み地を返す。

裏面:ストライプ模様を編む。
Aで表面まで戻り、次のように引き返し編み。最後のDSの手前に2目残るまで模様編み(つまり、Bの目をすべてとAを1目編む)、編み地を返す。

裏面:すべり目1、最後まで模様編み。表面で引き返す目が裏目ときには表目を編む。模様編みと引き返し編みをくり返し、残り8目になるまで編む。

引き返し編み最終段1(表面):表目3、裏目2、表目1。編み地を返す。

引き返し編み最終段2(裏面):すべり目1、表目2、裏目3。
276目になる。

ヘムを編む

276目拾い、ショールの左端にダブルニッティングでヘムを編む。

1段め(表面):表目3、裏目3、6目残るまで表編み、裏目3、表目3。(276目)

2段め(裏面):裏目3、表目3、裏目2目の編み出し増し目を4目残るまで続け、裏目4。(266目増、合計542目)

3段め:表目3、3目の編み出し増し目、「裏目を浮き目、表目1」を最後に6目残るまでくり返し、裏目3、表目3。(2目増、544目)

※3目の編み出し増し目:次の目に表目を編むが左針は抜かず、続けて右針を同じ目にねじり目を編むようにもう1目編み、再び表目を編む。左針から目を外す。(2目増)

4段め:裏目3、表目3、「裏目を浮き目、表目1」、「~」を最後に4目残るまでくり返す、裏目を浮き目、裏目3。
3・4段めをもう一度編む。546目になる。

BIND OFF／止め

次の表面の段で4.5mm針で最初の3目を伏せる。次に「左上2目一度、伏せ目1」を最後に6目残るまでくり返し、最後の6目を伏せる。

FINISHING／仕上げ

糸始末をしたあと、水通しをして寸法に合わせてブロッキングする。

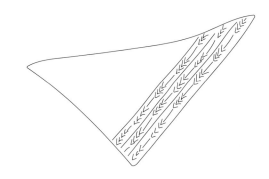

10 HIRAETH

憧れ

FINISHED MEASUREMENTS ／仕上がり寸法

幅：206 cm

丈：158.5 cm

MATERIALS ／材料

糸：Echoview Fibre Mill の Ranger DK（アメリカ産メリノウール90%・WNC ランブイエウール10%、242m／100g）、〈Redtail〉5カセ

もしくは DK（合太〜並太）程度の糸を約1125m

針：4.5mm（US7／JP8）80cm 輪針

その他の道具：ステッチマーカー4個、とじ針

GAUGE ／ゲージ

19目×31段（ガーター編み・10cm角、ブロッキング後）

21目×32段（チャートの模様編み・10cm角、ブロッキング後）

20目×32段（メリヤス編み・10cm角、ブロッキング後）

SPECIAL TECHNIQUES ／特別なテクニック

2×2のオルタネートケーブルキャストオン

（作り目は4目の倍数）

①：スリップノットを作り、左針に通す。

②：スリップノットに表目を編むようにループを引き出し、引き出したループを左針先にのせる。

③：左針にかかっている2目の間に後ろから右針先を入れ、裏目を編むようにループを引き出して左針先にのせる。

④：左針にかかっている1目めと2目の間に手前から右針先を入れ、表目を編むようにループを引き出し、引き出したループを左針先にのせる。

⑤：上記の3と4を必要な目数ができるまでくり返す。

⑥：表目を1目編む。

⑦：右針を左針の2目めの後ろ側に入れる

⑧：2目めを右針に移すと同時に1目めを針からはずす。

⑨：編み地を手前ではずれた1目めに左針先を通す。

⑩：右針の目を左針に戻して「表目1、裏目2」と編む。

⑪：最後まで上記の6〜10までをくり返す。

DIRECTIONS ／編み方

2×2のオルタネートケーブルキャストオンの手法もしくは好みの伸縮性のある作り目の方法で246目作る。リブ編みの最初と最後は表目2目になる。

縁編み

1段め（裏面）：裏目2、「表目2、裏目2」までを段の最後までくり返す。

2段め：表目2、「裏目2、表目2」までを段の最後までくり返す。

1・2段めをもう一度編む。もしくは縁編みが2cmになるまで編む。

本体

準備段（裏面）：裏目2、表目179、「PM、表目1、裏目8、表目2、裏目8、表目1」、「〜」をあと2回編む、PM、表目5。

1段め（表面）：表目5、「SM、チャートの1段めを編む」、SM、次のMまで表編み、「〜」をもう一度編む、SM、最後に3目残るまで表編み、左上2目一度、表目1。(1目減)

2段め：裏目2、Mまで表編み、「SM、表目1、裏目8、表目2、裏目8、表目1」、「〜」ををあと2回編む、SM、表目5。

3段め：表目5、「SM、チャートの次の表面の段を編む」、SM、次のMまで表編み、「〜」をもう一度編む、SM、最後に3目残るまで表編み、左上2目一度、表目1。(1目減)

4段め：2段めと同様に編む。

3・4段めの手順をくり返しながら、チャートを4回編む。

目数は最初のMまで5目、Mから次のMまでが20目、段の最後までが161目、合計226目になる。

5段め（表面）：表目5、SM、次のMまで表編み、SM、チャートの次の表面の段を編む、最後に3目残るまで表編み、SMしながら編み進める、左上2目一度、表目1。(1目減)

6段め：裏目2、Mまで表編み、「SM、表目1、裏目8、表目2、裏目8、表目1」、「〜」をあと2回編む、SM、表目5。

5・6段めの手順をくり返しながら、チャートを4回編む。

目数は最初のMまで5目、Mから次のMまでが20目、段の最後までが141目、合計206目になる。

「3・4段めの手順をくり返しながら、チャートを4回編み、さらに5・6段めの手順をくり返しチャートを4回編む」

上記の「〜」をあと2回編み、3・4段めの手順をくり返しチャートを3回編む。

そして、3・4段めの手順をくり返しながら、チャートの1〜8段めを編み切る。

7段め（表面）：表目5、SM、チャートの9段めを編み、SM、次のMまで表編み、SM、チャート9段めの最初の19目を編み、次の目を右針に移しRM、移した目を左針に戻し、左上2目一度、表目1。(1目減)

8段め：裏目10、表目2、裏目8、表目1、「SM、表目1、裏目8、表目2、裏目8、表目1」、「〜」をもう一度編む、SM、表目5。

目数は最初のMまで5目、Mから次のMまでが20目、段の最後までが21目、合計66目になる。

これ以降はレースパネルで減目する。

減目はチャート部分ではなくメリヤス編み部分で行う。あとはパターン通りに編む。

9段め（表面）：表目5、SM、次のMまで表編み、SM、チャートの次の表面の段を編む、SM、最後に3目残るまで表編み、左上2目一度、表目1。(1目減)

10段め：裏目2、「これまでのパターン通りにMまで編む」、「〜」をあと2回編む、SM、表目5。

9・10段めの手順をくり返しながらチャートを3回編む。

さらにチャートの1〜8段めを編み切るまで9・10段めの手順をくり返す。

11段め：表目5、SM、次のMまで表編み、SM、チャート9段めの最初の19目を編み、次の目を右針に移しRM、移した目を左針に戻し、左上2目一度、表目1。(1目減)

12段め：裏目10、表目2、裏目8、表目1、SM、表目1、裏目8、表目2、裏目8、表目1、SM、表目5。

最初のMまで5目、Mから次のMまでが20目、最後まで21目、合計46目になる。

13段め（表面）：表目5、SM、チャートの次の表面の段を編み、SM、最後に3目残るまで表編み、左上2目一度、表目1。(1

目減)

14段め：裏目2、これまでのパターン通りにMまで編む、SM、表目1、裏目8、表目2、裏目8、表目1、SM、表目5。

13・14段めの手順をくり返し、チャートを3回編む。

さらにチャートの1〜8段めをもう一度編み切るまで9・10段めの手順をくり返す。

15段め（表面）：表目5、SM、チャート9段めの最初の19目を編み、次の目を右針に移しRM、移した目を左針に戻し、左上2目一度、表目1。(1目減)

16段め：裏目10、表目2、裏目8、表目1、SM、表目5。

最初のMまで5目、最後まで21目、合計26目になる。

17段め（表面）：表目5、RM、最後に3目残るまで表編み、左上2目一度、表目1。(1目減)

18段め：裏目2、これまでのパターン通りに最後まで編む。

19段め：最後に3目残るまで表編み、左上2目一度、表目1。(1目減)

20段め：18段めと同様に編む。

残り2目になるまで19・20段めの手順をくり返し編む。

残りの目は伏せ止めする。

FINISHING／仕上げ

糸始末をしたあと、水通しをして寸法に合わせてブロッキングする。

チャート

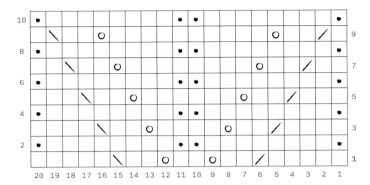

	20	19	18	17	16	15	14	13	12	11	10	9	8	7	6	5	4	3	2	1	
10	•									•	•									•	
		\			O											O		/			9
8	•									•	•									•	
			\			O									O			/			7
6	•									•	•									•	
				\			O							O		/					5
4	•									•	•									•	
					\			O					O		/						3
2	•									•	•									•	
						\			O			O		/							1

記号	意味
□	表面：表目／裏面：裏目
•	表面：裏目／裏面：表目
O	かけ目
/	表面：表目の左上2目一度／裏面：裏目の左上2目一度
\	表面：表目の右上2目一度／裏面：裏目の右上2目一度

11 SOTABOSC

森の下草

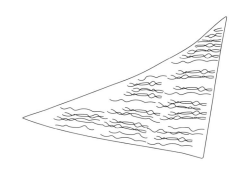

SIZES ／サイズ

1 {2}
サンプルはサイズ2

FINISHED MEASUREMENTS ／仕上がり寸法

幅：154 {186} cm
丈：135 {163} cm

MATERIALS ／材料

糸：Rosa Pomar の Vovó（ポルトガル産ウール100％、143m／
50g）、〈10〉5 {7}玉
もしくは太さがスポーツ（合太）程度の糸を約715 {1000} m
針：3.75 mm（US5／JP5）編み針
その他の道具：ステッチマーカー、別糸、かぎ針、なわ編み
針

GAUGE ／ゲージ

25目×30段（交差模様・10cm角、ブロッキング後）

SPECIAL ABBREVIATIONS & TECHNIQUES ／
特別な用語とテクニック

ねじり目の右上1目交差：1目をCNに移して手前におき、左
針から表目のねじり目1、なわ編み針から表目のねじり目1。
ねじり目の右上1目交差、下の目が裏目：1目をなわ編み針

に移して手前におき、左針から裏目1、なわ編み針から表目の
ねじり目1。
ねじり目の左上1目交差、下の目が裏目：1目をなわ編み針
に移して後ろにおき、左針から表目のねじり目1、なわ編み針
から裏目1。
2回巻きのドライブ編み：次の目に表目を編むように右針を
入れて糸を2回巻いて引き出す。次段では余分に巻いた糸をほ
どく。
ドライブ編みの浮き目：糸を手前において次の目を右針に移
すと同時に前段で2回巻いた目をほどいて1目にする。

アイコードバインドオフ

「表2、ねじり目の2目一度。右針の3目を左針に戻す」。「〜」
の手順をくり返す。

NOTES ／メモ

端のマーカーは使わなくてもよい。その場合は表面の段を編む
たびにかけ目による増し目を忘れないようにする。このかけ目
は裏面を編むときにねじり目にして編む。

三角形の最も長い辺のアイコードを編むときには裏面にドライ
ブ編みでできた長い目がある。この目により伸縮性が得られ、
ブロッキングしやすくなる。2回巻きのドライブ編みは表面で
1目としてすべり目にする。

セクションごとの目数ではドライブ編みを1目としてカウント
する。

DIRECTIONS ／編み方

アイコードタブの作り目

別鎖の作り目で3目作る。MCで次のように編む。
「表目3、編み地を返さず、右針の3目を左針に戻す」。「〜」をあと4回くり返す。
編み地を90度右に回転させてアイコードの左端から3目拾う（必ず1目の両足2本を拾う）。別鎖をほどいて3目を左針にのせて裏目3。合計9目になる。

準備

1段め（裏面）：表目3、PM、表目3、PM、裏目3。
2 段め（表面）：すべり目3、SM、Mまで裏編み、かけ目、SM、浮き目3。
3段め：表目1、2回巻きのドライブ編み1目、表目1、SM、裏目のねじり目1、Mまで表編み、SM、裏目3。
2・3段めをあと7回編む。17目になる。

交差模様のセクション

交差模様のチャート1〜48段めを編む。41目になる。
交差模様のチャート17〜48段めを7 {9} 回編む。153 {185} 目になる。
交差模様のチャート17〜36段めを編む。163 {195} 目になる。

リブ編みのセクション

リブ編みのチャート1〜31段めを編む。179 {211} 目になる。

交差模様の最終セクション

交差模様のチャート36〜48段めを編む。185 {217} 目になる。
交差模様のチャート17〜20 段めを編む。187 {219} 目になる。

リブ編みの最終のセクション

リブ編みのチャート1〜21段めを編む。
注意！模様を合わせるため、チャートの7〜14段めは編まない。

BIND-OFF ／止め

アイコードバインドオフの手法で各針に3目ずつ残るまで止める。
右針の目を左針に戻し、糸端を約20 cm残して糸を切る。
ここで左針を反時計回りに回転させ針先を右方向に向ける。
右針で左針の最初の3目を左から右に移し、糸を2本の針の間に通してメリヤスはぎで合わせる。

FINISHING ／仕上げ

糸始末をしたあと、水通しをして寸法に合わせてブロッキングする。

交差模様のチャート

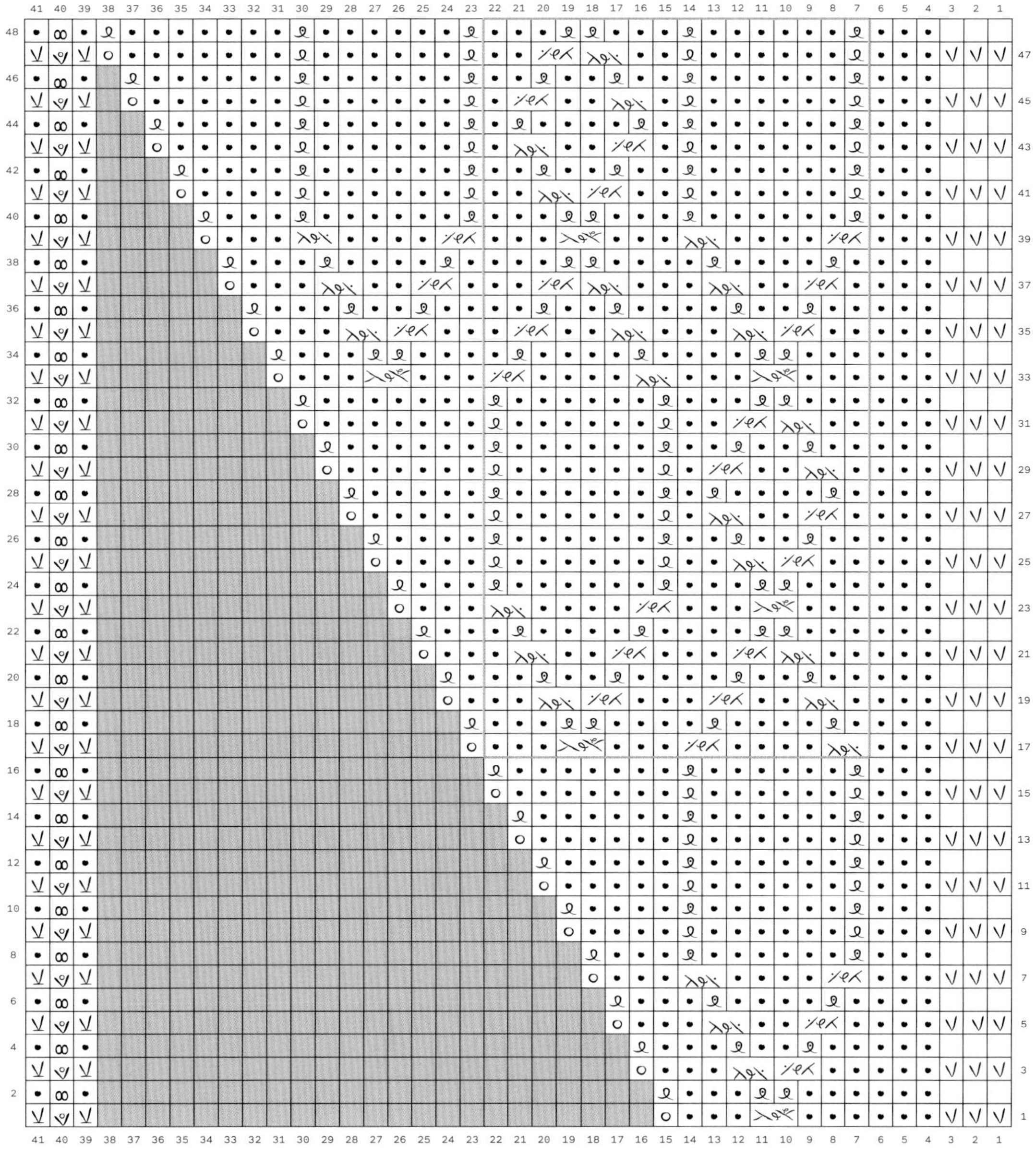

リブ編みのチャート

	凡例
□	表面：表目／裏面：裏目
•	表面：裏目／裏面：表目
▨	実際には目がない
⟋ℓ⟍	ねじり目の左上1目交差（下が裏目）
⟍ℓ⟋	ねじり目の右上1目交差（下が裏目）
⟍ℓ⟋	ねじり目の右上1目交差
○	かけ目
⩘	糸を手前にして前段のドライブ編みをほどきながら右針に移す
⋁	すべり目
⋁	浮き目
∞	2回巻きのドライブ編み
ℓ	裏目のねじり目
Ω	表目のねじり目
□	くり返し範囲（リブ編みのチャート部分）
□	くり返し範囲（リブ編みの最終のセクション部分）

12 GRANADA
グラナダ

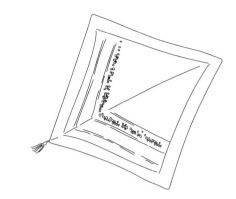

FINISHED MEASUREMENTS ／仕上がり寸法

幅・丈：117 cm

MATERIALS ／材料

糸：Isager の Tvinni（ウール100%、256m／50g）〈52s〉6 カセ
もしくは太さがレース（極細）程度の糸を約1472m
針：2.75mm（US2／JP2）輪針
その他の道具：ステッチマーカー4個

GAUGE ／ゲージ

32目×41段（メリヤス編み・10cm角、ブロッキング後）

SPECIAL ABBREVIATIONS ／特別な用語

ノット編み：裏目の3目一度を編むように右針を入れて糸を引き出すが左針から目をはずさず、かけ目、もう一度3目一度のように針を入れて編む。3目を左針からはずす。
3目の編み出し増し目：1目に「表目1、表目のねじり目1、表目1」を編む。

DIRECTIONS ／編み方

セクション1：ガーター編みの縁編み

指にかける作り目もしくは好みの方法で3目作る。
1段め（準備段）：表目1、3目の編み出し増し目、表目1。（2目増）
2段め（裏面）：表編み。
3段め（表面）：表目2、右ねじり増し目、PM、表目1、PM、左ねじり増し目、表目2。（2目増）
4段め（裏面）：表編み。
5段め：Mまで表編み、右ねじり増し目、SM、表目1、SM、左ねじり増し目、最後まで表編み。（2目増）
6段め：表編み。

5・6段めをあと21回編む。51目になる。

セクション2：メリヤス編みのショール本体

1段め（表面）：表目25、PM、右ねじり増し目、SM、表目1、SM、左ねじり増し目、PM、表目25。（2目増）
2段め：最初のMまで表編み、SM、（途中のマーカーを2つ移しながら）最後のMまで裏編み、SM、最後まで表編み。
3段め：2つ目のMまで表編み、右ねじり増し目、SM、表目1、SM、左ねじり増し目、最後まで表編み。（2目増）
4段め：2段めと同様に編む。
3・4段めをあと143回編む。341目になる。

セクション3：ブロークンガーターリッジ

1段め：2つ目のMまで表編み、右ねじり増し目、SM、表目1、SM、左ねじり増し目、最後まで表編み。（2目増）
2段め：2つ目のMまで表編み、SM、裏目1、SM、最後まで表編み。
3段め：1段めと同様に編む。
4段め：最初のMまで表編み、SM、最後のmまで裏編み、SM、最後まで表編み。
1～4段めをあと2回編む。353目になる。
次段：1段めと同様に編む。
次段：4段めと同様に編む。
上記の2段をあと2回編む。359目になる。

セクション4：オルタネーティング・スリップステッチボーダー1

1段め：最初のMまで表編み、SM、最後のMまでチャートAの1段めを編む、SM、最後まで表編み。（2目増）
2段め：最初のMまで表編み、SM、最後のMまでチャートAの2段めを編む、SM、最後まで表編み。

この要領で、チャートAの18段を編み終えるまで編み進める。377目になる。

次段：2つ目のMまで表編み、右ねじり増し目、SM、表目1、SM、左ねじり増し目、最後まで表編み。(2目増)

次段：最初のMまで表編み、SM、最後のMまで裏編み、SM、最後まで表編み。上記の2段をあと2回編む。383目になる。

セクション5：ブロークンガーターリッジ2

1段め：2つ目のMまで表編み、右ねじり増し目、SM、表目1、SM、左ねじり増し目、最後まで表編み。(2目増)

2段め：2つ目のMまで表編み、SM、裏目1、SM、最後まで表編み。

3段め：1段めと同様に編む。

4段め：最初のMまで表編み、SM、最後のmまで裏編み、SM、最後まで表編み。1〜4段めをあと2回編む。395目になる。

次段：1段めと同様に編む。

次段：4段めと同様に編む。上記の2段をあと2回編む。401目になる。

セクション6：ワイルドフラワーノットステッチボーダー

1段め：最初のMまで表編み、SM、チャートBの1段めを最後のMまで編む、SM、最後まで表編み。(2目増)

2段め：最初のMまで表編み、SM、チャートBの2段めを最後のMまで編む、SM、

最後まで表編み。

この要領で、チャートBの22段を編み終えるまで編み進める。423目になる。

次段：2つ目のMまで表編み、右ねじり増し目、SM、表目1、SM、左ねじり増し目、最後まで表編み。(2目増)

次段：最初のMまで表編み、SM、最後のMまで裏編み、SM、最後まで表編み。上記の2段をあと2回編む。429目になる。

セクション7：ブロークンガーターリッジ3

1段め：2つ目のMまで表編み、右ねじり増し目、SM、表目1、SM、左ねじり増し目、最後まで表編み。(2目増)

2段め：最初のMまで表編み、SM、最後のMまで裏編み、SM、最後まで表編み。

3段め：1段めと同様に編む。

4段め：2つ目のMまで表編み、SM、裏目1、SM、最後まで表編み。1〜4段めをあと2回編む。441目になる。

次段：1段めと同様に編む。

次段：4段めと同様に編む。上記の2段をあと2回編む。447目になる。

セクション8：オルタネーティング・スリップステッチボーダー2

1段め：最初のMまで表編み、SM、チャートCの1段めを最後のMまで編む、SM、最後まで表編み。(2目増)

2段め：最初のMまで表編み、SM、チャー

トCの2段めを最後のMまで編む、SM、最後まで表編み。

この要領で、チャートCの18段を編み終えるまで編み進める。465目になる。

次段：2つ目のMまで表編み、右ねじり増し目、SM、表目1、SM、左ねじり増し目、最後まで表編み。(2目増)

次段：最初のMまで表編み、SM、最後のMまで裏編み、SM、最後まで表編み。上記の2段をあと2回編む。471目になる。

セクション9(最終)：ガーターボーダー

1段め(表面)：最初のMまで表編み、RM、次のMまで表編み、右ねじり増し目、SM、表目1、SM、左ねじり増し目、最後まで表編み、RM。(2目増)

2段め：最初のMまで表編み、SM、裏目1、SM、最後まで表編み。

3段め：最初のMまで表編み、右ねじり増し目、SM、表目1、SM、左ねじり増し目、最後まで表編み。(2目増)

4段め：2段めと同様に編む。

3・4段めをあと16回編む。507目になる。伏せ止めする。

FINISHING／仕上げ

糸始末をしたあと、水通しをして寸法に合わせてブロッキングする。

チャートA ― オルタネーティング・スリップステッチボーダー1

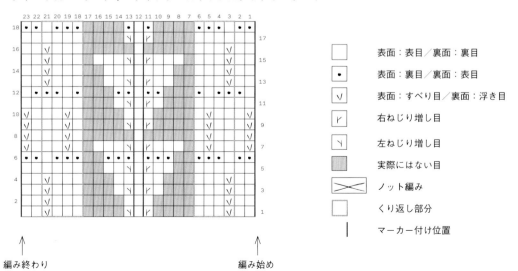

	表面：表目／裏面：裏目
•	表面：裏目／裏面：表目
∨	表面：すべり目／裏面：浮き目
⼸	右ねじり増し目
⼹	左ねじり増し目
▨	実際にはない目
⨯	ノット編み
	くり返し部分
ǀ	マーカー付け位置

↑
編み終わり

↑
編み始め

チャートB－ワイルドフラワーノットステッチボーダー

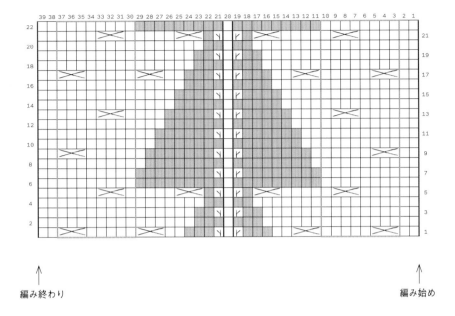

↑
編み終わり

↑
編み始め

チャートC－オルタネーティング・スリップステッチボーダー2

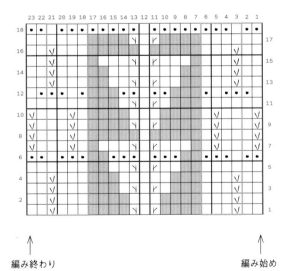

↑
編み終わり

↑
編み始め

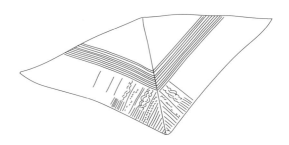

13 KUPKA
クプカ

FINISHED MEASUREMENTS ／仕上がり寸法

幅：約192cm
丈（中心）：96cm

MATERIALS ／材料

糸：The Plucky Knitter の Bello DK（メリノ55%・カシミア45%、183m／105g）
MCとして〈Meyer May〉5カセ、CC〈Satchel〉2カセ
もしくはヘビーDK〜ライトウーステッド（合太〜並太）程度の糸をMCとして約790m、CCとして330m
針：5mm（US8／JP10、作り目用）、4.5mm（US7／JP8）輪針、4mm（US6／JP6）輪針（チャート4で使用）
その他の道具：取り外し可能なマーカー、ステッチマーカー4個、なわ編み針

GAUGE ／ゲージ

18目×27段（4.5mmの針でメリヤス編み・10cm角、ブロッキング済み）

SPECIAL ABBREVIATIONS ／特別な用語

右上2目と1目の交差：2目をなわ編み針に移して編み地の手前におき、左針から表目1、なわ編み針から表目2。
左上2目と1目の交差：1目をなわ編み針に移して編み地の後ろにおき、左針から表目2、なわ編み針から表目1。
右上2目と1目の交差（下の目が裏目）：2目をなわ編み針に移して編み地の手前におき、左針から裏目1、なわ編み針から表目1。
左上2目と1目の交差（下の目が裏目）：1目をなわ編み針に移して編み地の後ろにおき、左針から表目2、なわ編み針から裏目1。
右上2目交差：2目をなわ編み針に移して編み地の手前におき、左針から表目2、なわ編み針から表目2。
左上2目交差：2目をなわ編み針に移して編み地の後ろにおき、左針から表目2、なわ編み針から表目2。
右上2目交差（下の目が裏目）：2目をなわ編み針に移して編み地の手前におき、左針から裏目2、なわ編み針から表目2。
左上2目交差（下の目が裏目）：2目をなわ編み針に移して編み地の後ろにおき、左針から表目2、なわ編み針から裏目2。

右上3目と1目の交差：3目をなわ編み針に移して編み地の手前におき、左針から表目1、なわ編み針から表目3。
左上3目と1目の交差：1目をなわ編み針に移して編み地の後ろにおき、左針から表目3、なわ編み針から表目1。
右上3目と1目の交差（下の目が裏目）：3目をなわ編み針に移して編み地の手前におき、左針から裏目1、なわ編み針から表目3。
左上3目と1目の交差（下の目が裏目）：1目をなわ編み針に移して編み地の後ろにおき、左針から表目3、なわ編み針から裏目1。
右上3目と2目の交差：3目をなわ編み針に移して編み地の手前におき、左針から表目2、なわ編み針から表目3。
左上3目と2目の交差：2目をなわ編み針に移して編み地の後ろにおき、左針から表目3、なわ編み針から表目2。
右上3目と2目の交差（下の目が裏目）：3目をなわ編み針に移して編み地の手前におき、左針から裏目2、なわ編み針から表目3。
左上3目と2目の交差（下の目が裏目）：2目をなわ編み針に移して編み地の後ろにおき、左針から表目3、なわ編み針から裏目2。
右上4目と1目の交差：4目をなわ編み針に移して編み地の手前におき、左針から表目1、なわ編み針から表目4。
左上4目と1目の交差：1目をなわ編み針に移して編み地の後ろにおき、左針から表目4、なわ編み針から表目1。
右上4目と1目の交差（下の目が裏目）：4目をなわ編み針に移して編み地の手前におき、左針から裏目1、なわ編み針から表目4。
左上4目と1目の交差（下の目が裏目）：1目をなわ編み針に移して編み地の後ろにおき、左針から表目4、なわ編み針から裏目1。
右上4目と2目の交差（下の目が裏目）：4目をなわ編み針に移して編み地の手前におき、左針から裏目2、なわ編み針から表目4。
左上4目と2目の交差（下の目が裏目）：2目をなわ編み針に移して編み地の後ろにおき、左針から表目4、なわ編み針から裏目2。
変わり右上2目一度：左針の1目めに表目を編むように右針を入れて取って編み目の方向を変え、その状態で左針に戻し、この目とその次の目を表目のねじり目に編むように2目一度に編む。（1目減）
変わり左上2目一度：表目を1目編んで左針に戻し、左側の目を戻した目にかぶせて右針に移す。

左上2目一度：表目1、編んだ目を左針に戻し次の目を編んだ目にかぶせ右針に移す。（左に傾く1目の減目）

右上2目一度：左針の1目めに表目を編むように右針を入れて取り、左針の目を表目に1目編み、右針に移した目を編んだ目にかぶせる。（右に傾く1目の減目）

NOTES／メモ

チャート1と2は右側と左側に分かれる。右側の1段めを編み終えたら続けて左側の1段めを編む。2段めは左側を編んでから右側を編む。

DIRECTIONS／編み方

MCの糸と5mm針で、指でかける作り目の方法で447目作る。

4.5mm針に持ち替える。

準備段（裏面）：表目2、PM、最後に2目残るまで表編み、PM、表目2。

中心の目（両端から224目め）に取り外し可能なMを付ける。このMは中心の目に沿って編み進めながらつけ直す。

ここからはチャートの通りに編む。

チャート1「リブ編みとレース」

準備段1（表面）：表目2、SM、右上2目一度、「裏目1, 表目2」を10回、PM①、「裏目1、表目2」をMの付いた中心の目の手前に3目残るまでくり返す。裏目1、表目1、中上3目一度、表目1、「裏目1、表目2」を10回、PM②、「裏目1、表目2」をMの手前に3目残るまでくり返し、裏目1、左上2目一度、SM、表目2。

準備段1を編み終えると目数は443目となる。

内訳は次の通り：端目2目、M、31目、M①、188目、中心の目（中上3目一度した目）、31目、M②、188目、M、端目2目。

準備段2（裏面）と以降の裏面の段すべて：表目2、SM、M②とM①を移しながら次の端目の横のMまで目なりに編む、SM、表目2。

「リブ編みとレース」のチャートの1～12段めまでを2回編む。

最後の段を編みながらM①とM②をはずす。

チャート1を編み終えると目数は395目になる：ガーター編みの端目2目、195目、中心の1目、195目、端目ガーター編みの端目2目。

チャート2「ケーブル模様とレース」

「ケーブル模様とレース」のチャートを1回編む。

チャート2を編み終えると目数は291目になる：ガーター編みの端目2目、143目、中心の1目、143目、端目ガーター編みの端目2目。

チャート3「2色のレース模様」

「2色のレース模様」のチャートを1回編む。色替えは糸を切らずに端で渡しながら編む。

チャートを1回編むと、続けて以下のように色替えしながら編み続ける：

17～20段め：MCで5～8段めと同様に編む。

21～24段め：CCで9～12めと同様に編む。

25～28段め：MCで13～16めと同様に編む。

29～32段め：CCで5～8めと同様に編む。

33～36段め：MCで9～12めと同様に編む。

37～40段め：CCで13～16段めと同様に編む。

41～44段め：MCで5～8段めと同様に編む。MCを切り、CCで編み続ける。

チャート3を編み終えると目数は203目になる：ガーター編みの端目2目、99目、中心の1目、99目、端目ガーター編みの端目2目。

チャート4「地模様」

4mm針に持ち替え、「地模様」のチャートを1回編み、続けて以下の通り編む：

27～74段め：3～26段めと同様に2回編む。

75～88段め：3～16段めと同様に編む。

89段め：表目2、SM、右上2目一度、表目3、裏目2、表目3、中上3目一度、表目3、裏目2、表目3、左上2目一度、SM、表目2。（23目）

91段め：表目2、SM、右上2目一度、表目6、中上3目一度、表目6、左上2目一度、SM、表目2。（19目）

93段め：表目2、SM、右上2目一度、表目4、中上3目一度、表目4、左上2目一度、SM、表目2。（15目）

95段め：表目2、SM、右上2目一度、表目2、中上3目一度、表目2、左上2目一度、SM、表目2。（11目）

97段め：表目2、RM、右上2目一度、中上3目一度、左上2目一度、RM、表目2。(7目）

99段め：右上2目一度、中上3目一度、左上2目一度。（3目）

次段（裏面）：左上3目一度。

糸を切り、最後の目に通して止める。

FINISHING／仕上げ

糸始末をしたあと、水通しをして寸法に合わせて、端のリブ編みと中心のラインをそれぞれ整えながらブロッキングする。

チャート1「リブ編みとレース」

右側

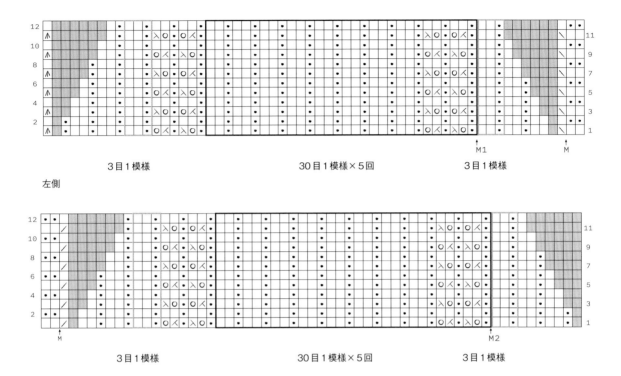

3目1模様　　　　　30目1模様×5回　　　　3目1模様

左側

3目1模様　　　　　30目1模様×5回　　　　3目1模様

チャート2「ケーブル模様とレース」右側

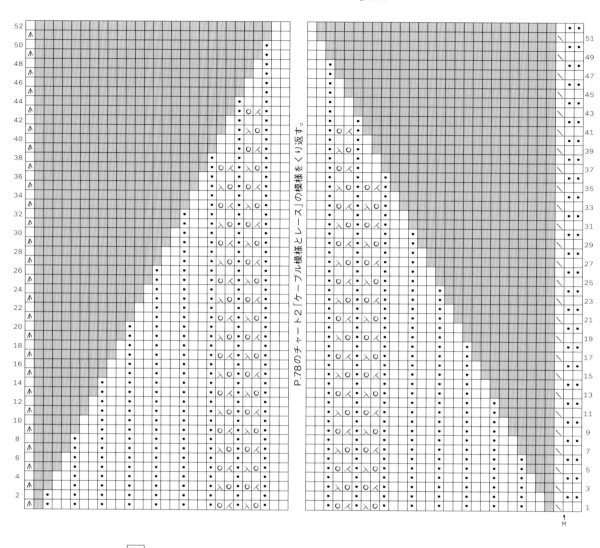

P.78のチャート2「ケーブル模様とレース」の模様をくり返す。

	表面：表目／裏面：裏目		 右上2目と1目の交差

	表面：表目／裏面：裏目
•	表面：裏目／裏面：表目
＼	変わり右上2目一度
／	変わり左上2目一度
入	右上2目一度
人	左上2目一度
Λ	中上3目一度
O	かけ目
	実際には目がない

右上2目と1目の交差
左上2目と1目の交差
右上2目と1目の交差（下の目が裏目）
左上2目と1目の交差（下の目が裏目）
右上2目交差
左上2目交差
右上2目交差（下の目が裏目）
左上2目交差（下の目が裏目）

チャート2「ケーブル模様とレース」左側

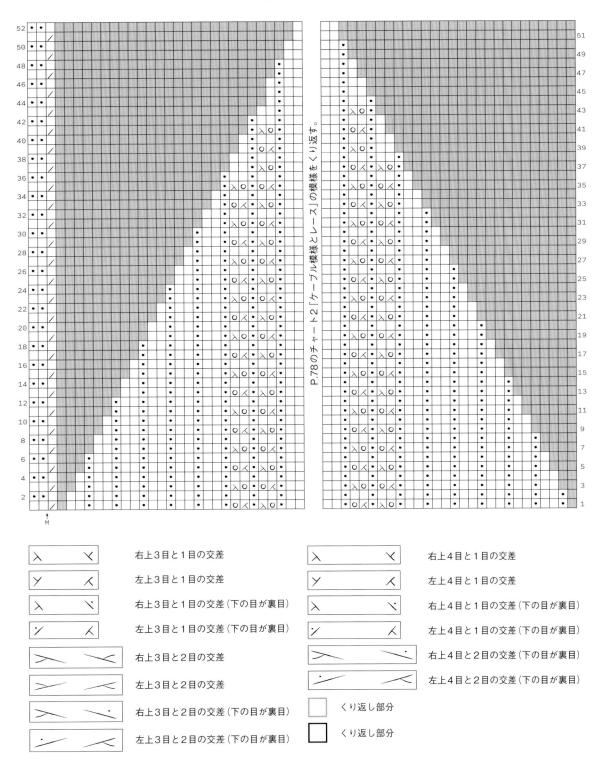

P.78のチャート2「ケーブル模様とレース」の模様をくり返す。

	右上3目と1目の交差		右上4目と1目の交差
	左上3目と1目の交差		左上4目と1目の交差
	右上3目と1目の交差（下の目が裏目）		右上4目と1目の交差（下の目が裏目）
	左上3目と1目の交差（下の目が裏目）		左上4目と1目の交差（下の目が裏目）
	右上3目と2目の交差		右上4目と2目の交差（下の目が裏目）
	左上3目と2目の交差		左上4目と2目の交差（下の目が裏目）
	右上3目と2目の交差（下の目が裏目）		くり返し部分
	左上3目と2目の交差（下の目が裏目）		くり返し部分

チャート2「ケーブル模様とレース」の模様部分

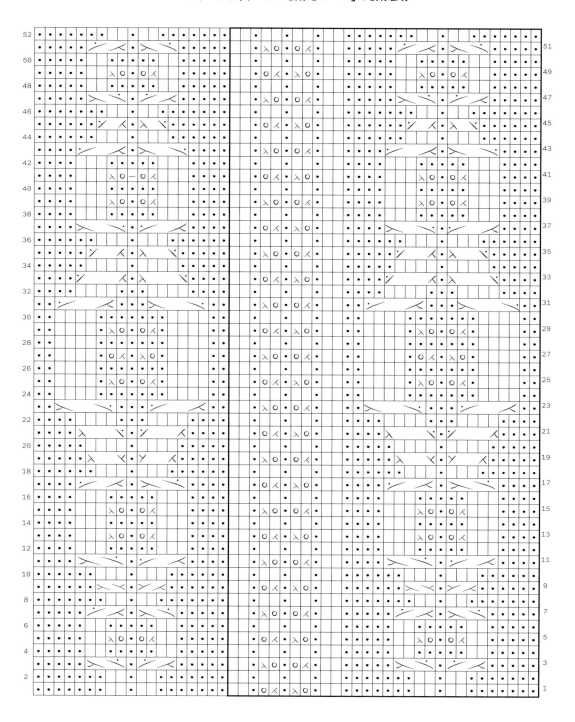

19目×1回

30目1模様×4回

チャート3「2色のレース模様」

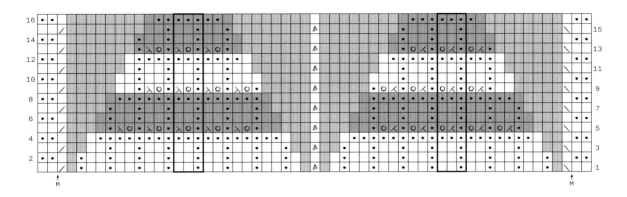

5〜16段めと同様の手順で4段のストライプ模様をMCとCCを交互に編む。
44段めを編み終えるとストライプはMCで6本、CCで5本できる。

チャート4「地模様」

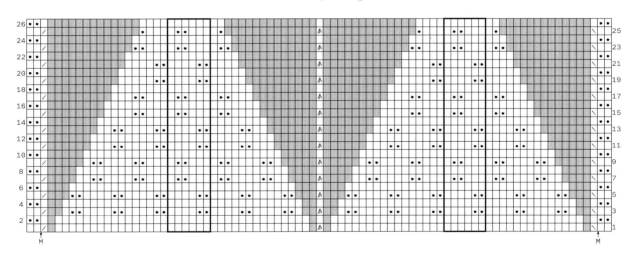

27〜74段め：3〜26段めを2回編む。
75〜88段め：3〜16段めと同様に編む。
89〜100段め：P.74のパターンの編み方の指示通りに編む。

14

26

14週〜26週目

ÄLV — Lærke Bisschop-Larsen CHERRY TWIST — Helen Mawdsley HEIMWEH — Frida Franckie

SEASCAPE — Kathryn Merrick WILD FLOWERS — Katya Gorbacheva

TURNROW — Malia Mae Joseph HUGI — Paula Pereira APERTURE — Lauren Wallis

KORPSÅNG — Lotta H Löthgren LEVEZA — Paula Pereira SOLARI — Samantha Guerin

AUTUMN VIBE S — Lucia Ruiz de Aguirre STAIRWAY — Susanne Sommer

14 ÄLV

川

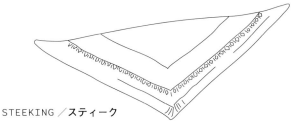

FINISHED MEASUREMENTS ／仕上がり寸法

横幅：170 cm
丈（中心）：62 cm

MATERIALS ／材料

糸：Annabel Williams Textiles の Bluff Cove 4-ply（フォークランドウール100%、400m／100g）C1〈Indigo〉、C2〈Oak〉各1カセ
Annabel Williams Textiles の 100% Corriedale 4-ply（コリデール100%、400m／100g）、C3〈Avocado & Oak〉1カセ
もしくはフィンガリング（中細）程度の糸を約1200m
針：3.5mm（US4／JP5）の80cm輪針
拾い目用として3mm（US2.5／JP3）またはそれより細い80cm輪針
その他の道具：スティークの処理をするためのミシンもしくはかぎ針

GAUGE ／ゲージ

23目×33段（3.5mm針で模様編み・10cm角、ブロッキング後）

SPECIAL ABBREVIATIONS AND TECHNIQUES ／特別な用語とテクニック

かけ目：通常のかけ目。糸を手前から後ろにかける。
逆かけ目：通常のかけ目と逆に、後ろから手前に糸をかける。
2目の編み出し増し目：次の目に右針を入れて表目を編むが左針は抜かず、続けて右針を同じ目にねじり目を編むようにもう1目編む。左針から目を外す。（1目増）
裏目2目の編み出し増し目：次の目に右針を入れて裏目を編むが左針は抜かず、続けて右針を同じ目に裏目のねじり目を編むようにもう1目編む。左針から目を外す。（1目増）

※このパターンでは「かけ目」と「逆かけ目」で増し目をした次の段ではどちらもねじり目にして編む。ただ、かけ目のかけ方が異なることでねじり目のねじれる方向も変わってくる。
「かけ目」をねじり目に編む場合：針にかかっているループの後ろ側に針を入れて表編み。
「逆かけ目」をねじり目に編む場合：針にかかっているループの手前に針を入れて表編み。
※本文中ではどちらの場合も「ねじり目」とする。

STEEKING ／スティーク

使用する糸によってスティークの手法を変えることができる。防縮加工をしていない毛糸は糸同士の繊維がからみやすく、ミシンを使うことなく処理できる。スティークの処理にはかぎ針を使う方法やかがる方法等、様々な方法があるが、防縮加工済みの糸や糸の繊維がからみにくい糸を使用する場合は切り開く位置の両側にミシンをかけるとよい。ジグザグステッチで編み地がほどけないように完全に留める。またブロッキングの際にはショールを伸ばして広げるため、スティークを十分に補強しておくことも重要。

スティークにミシンを使用する場合

1：細かいジグザグ縫いの設定に合わせ、スティークの4目中の2目めに沿って、編み地をやや引きながらミシンをかける*。
2：3目めに沿って上記と同様にミシンをかける。
＊伸縮性のある縫い目でミシンをかけ、ブロッキングできるように上端に伸縮性を保つことが重要。セーターとは異なり、ショールの場合には編み地を引っぱりながらミシン掛けする。またジグザグミシンの縫い目2本の間を切り開くため、間隔を開け、縫い目が真っすぐになるように縫うこと。端が波打つように見えても問題ない。次のセクションで縫い目を覆えば見えなくなる。
TIP：真っすぐ縫うために、目立つ色の縫い糸で2目めと3目めの間にランニングステッチをかけ、それに沿ってミシンをかけるとよい。
3：2目めと3目めの間を切り開く。

スティークを切り開いた後、端の処理をする。

1：3号（またはそれより細い）長めの輪針で段の終わりからスティークの1目めの左足に針を通す（針を通すだけで編み糸を使った拾い目ではない）。上端の右角から左角に向かって通す。
2：すべての目に針を通すと、編み地を返して3.5mm針を使って表編みで戻る（表面には裏編みの段ができる）。
3：メリヤス編みを4段編み、ゆるめに伏せ止めする。
4：端をショールの裏面に折り返す。
※さらに丁寧に仕上げたい場合：インターシャ（縦糸渡しの編み込み）の技法で3色のセクションをそれぞれの色で色替えしながら編む。色替えするときにはC1とC2（またはC2とC3）を互いに絡める。折返し部分をインターシャで編むにはC2とC3は2玉用意する。

NOTES／メモ

このショールは輪に編んでスティークを切り開く。

パターンの読み方

ここで紹介するのはショールの編み方のテンプレート（雛型）であるため、詳細は各自で書き加えて完成させてください。

全体を通して増し目の段を2段くり返すことでショールの形を編み上げる。その形をベースにして地模様や編み込み模様を編み加えていく。

編み方はショールの前半と中心部分のみ記載しているため、後半は前半を左右対称に編む。そしてチャートを見て編む場合も、必ず文章の指示にも目を通してから編む。分かりにくい場合は、文章部分を読み直すとよい。

模様を編む場所について

特別な指示がない限り、模様は最初の「2目の編み出し増し目」から「逆かけ目／表目のねじり目」の手前まで、そして「かけ目／表目のねじり目」の後から最後の「2目の編み出し増し目」までの間で編みます。BOR（段のはじめ）〜M1の間とM4〜EOR（段の終わり）の間は各セクションで指定されたベース色で編む。

スティーク部分の編み方

2色使いの場合にはEOR〜BOR間のスティーク4目は市松模様に編むとよい。2色以上の場合はジグザグステッチですべての色を押えることは難しいため、2色以外の色を後ろで渡して絡げながら編むとよい。

模様を左右対称に編む

カラーワーク（編み込み模様）を左右対称に編む場合、2目の編み出し増し目（M4の前）に編み込み模様を編む段がでてくる。これは、最後と最初の2目の編み出し増し目の位置が異なるため。

カラーワークセクションの間の編み方について

カラーワークをしない表編みまたは裏編みの段は「増し目セクション」の編み方のように特に指示がない限り地色で編む。

DIRECTIONS／編み方

メリヤス編みのタブの作り目

3.5mm針とC1で3目作る。

1、3、5、7段め（裏面）：裏編み。
2、4、6段め（表面）：表編み
8段め：表目3、そのまま編み地を返さず、編み地を90度回転させ、編み地の端から3目拾い、さらに90度回転させて作り目側の端からも3目拾う。合計9目になる。そのままの状態で新たに巻き増し目の方法で4目作り、輪針でマジックループ式もしくは4（5）本針で輪に編めるように整えます。13目になる。

※最後に作った4目は後でスティークを切り開くための目。スティークに馴染みがない、もしくは不安に感じる場合は4目ではなく6目または8目作ってもよい。

スティークの目数を増やす際の注意点：

1．糸の使用量が増える。
2．パターン中のスティーク分の4目を増やした数に読み替える必要がある。

マジックループ式または4（5）本針の針の境目をスティークの目の中心に合わせる。

マーカーを入れる（PM＝Place Maker）

まずは編まずに、編み目を左針から右針に移しながらステッチマーカー（以下、M）を針に通す：

PM（BOR）、1目、PM（M1）、3目、PM（M2）、1目（中心の目）、PM（M3）、2目、PM（M4）、2目、PM（EOR）。

※以降2目の編み出し増し目で増すため、M間の目数は均等にはならない。

ショールの増し目について

以下の手順は、目の増やし方を示すものである。

セクション1以降では、ショール全体をこの増し目の方法で編み進める。（パターン中では明記していないこともある。）

奇数段では：

表目1、SM1、2目の編み出し増し目、M2までパターン通りに編む、逆かけ目、SM2、表目1、SM3、かけ目、M4の手前に1目残るまでパターン通りに編む、2目の編み出し増し目、SM4、表目2、SM-EOR、表目4。（4目増）

偶数段では：

表目1、SM1、2目の編み出し増し目、M2の手前のかけ目までパターン通りに編む、表目のねじり目、SM2、すべり目1、

SM3、表目のねじり目、M4の手前に1目残るまでパターン通りに編む、2目の編み出し増し目、SM4、表目2、SM-EOR、表目4。（2目増）

※裏編みの段や段の最後が裏目の場合には、最後の2目の編み出し増し目を「裏目2目の編み出し増し目」として編み、同様にねじり目を表目で編むところを裏目で編む。これは必須ではないが、こうすることで仕上がりがきれいになる。

セクション1

本セクションはC1だけで編む。

1〜22段め：C1で表編み。合計79目（スティークの目を含む）

23段め：表目1、SM1、2目の編み出し増し目、チャートAを8回編む、表目2、裏目1、逆かけ目、SM2、表目1、SM3、かけ目、M4の手前に1目残るまで模様を左右逆に編む、2目の編み出し増し目、SM4、表目2、SM-EOR、表目4。

24段め：表目1、SM1、2目の編み出し増し目、裏目1、チャートAを8回編む、表目2、裏目1、表目のねじり目、SM2、すべり目1、SM3、表目のねじり目、M4の手前に1目残るまで模様を左右逆に編む、2目の編み出し増し目、SM4、表目2、SM-EOR、表目4。

25段め：表目1、SM1、2目の編み出し増し目、表目2、チャートAを9回編む、逆かけ目、SM2、表目1、SM3、かけ目、M4の手前に1目残るまで模様を左右逆に編む、2目の編み出し増し目、SM4、表目2、SM-EOR、表目4。

26段め：表目1、SM1、2目の編み出し増し目、裏目1、表目2、チャートAを9回編む、表目のねじり目、SM2、すべり目1、SM3、表目のねじり目、M4の手前に1目残るまで模様を左右逆に編む、2目の編み出し増し目、SM4、表目2、SM-EOR、表目4。

27〜40段め：表編み。133目になる。

41段め：表目1、SM1、2目の編み出し増し目、チャートAを15回編む、表目2、逆かけ目、SM2、表目1、SM3、かけ目、M4の手前に1目残るまで模様を左右逆に編む、2目の編み出し増し目、SM4、表目2、SM-EOR、表目4。

42段め：表目1、SM1、2目の編み出し増し目、裏目1、チャートAを15回編む、表目2、表目のねじり目、SM2、すべり目1、

SM3、表目のねじり目、M4の手前に1目残るまで模様を左右逆に編む、裏目2目の編み出し増し目、SM4、表目2、SM-EOR、表目4。

43段め：表目1、SM1、2目の編み出し増し目、表目2、チャートAを15回編む、裏目2、表目1、逆かけ目、SM2、表目1、SM3、かけ目、M4の手前に1目残るまで模様を左右逆に編む、2目の編み出し増し目、SM4、表目2、SM-EOR、表目4。

44段め：表目1、SM1、2目の編み出し増し目、裏目1、表目2、チャートAを15回編む、裏目2、表目1、表目のねじり目、SM2、すべり目1、SM3、表目のねじり目、M4の手前に1目残るまで模様を左右逆に編む、裏目2目の編み出し増し目、SM4、表目2、SM-EOR、表目4。

45〜58段め：表編み。187目になる。

59段め：表目1、SM1、2目の編み出し増し目、チャートAを22回編む、表目1、逆かけ目、SM2、表目1、SM3、かけ目、M4の手前に1目残るまで模様を左右逆に編む、2目の編み出し増し目、SM4、表目2、SM-EOR、表目4。

60段め：表目1、SM1、2目の編み出し増し目、裏目1、チャートAを22回編む表目1、表目のねじり目、SM2、すべり目1、SM3、表目のねじり目、M4の手前に1目残るまで模様を左右逆に編む、裏目2目の編み出し増し目、SM4、表目2、SM-EOR、表目4。

61段め：表目1、SM1、2目の編み出し増し目、表目2、チャートAを22回編む、裏目2、逆かけ目、SM2、表目1、SM3、かけ目、M4の手前に1目残るまで模様を左右逆に編む、2目の編み出し増し目、SM4、表目2、SM-EOR、表目4。

62段め：表目1、SM1、2目の編み出し増し目、裏目1、表目2、チャートAを22回編む、裏目2、表目のねじり目、SM2、すべり目1、SM3、表目のねじり目、M4の手前に1目残るまで模様を左右逆に編む、2目の編み出し増し目、SM4、表目2、SM-EOR、表目4。

63〜76段め：表編み。241目になる。

セクション2

次段ではチャートB1を編みはじめるときにC2をつける。C2はこのセクションの地色で、特に指示がない限りこの色で編む。

77段め：表目1、SM1、2目の編み出し増し目、チャートB1を29回編む、逆かけ目、SM2、C1で表目1、SM3、かけ目、M4の手前に1目残るまで模様を左右逆に編む、2目の編み出し増し目、SM4、表目2、SM-EOR、表目4。

78段め：表目1、SM1、2目の編み出し増し目、C2で表目1、チャートB1を29回編む、表目のねじり目、SM2、すべり目1、SM3、表目のねじり目、M4の手前に1目残るまで模様を左右逆に編む、2目の編み出し増し目、SM4、表目2、SM-EOR、表目4。

79段め：表目1、SM1、2目の編み出し増し目、C2で表目2、チャートB1を29回編む、C2で表目1、逆かけ目、SM2、C1で表目1、SM3、かけ目、M4の手前に1目残るまで模様を左右逆に編む、2目の編み出し増し目、SM4、表目2、SM-EOR、表目4。

80段め：表目1、SM1、2目の編み出し増し目、C2で表目3、チャートB1を29回編む、表目1、表目のねじり目、SM2、すべり目1、SM3、表目のねじり目、M4の手前に1目残るまで模様を左右逆に編む、2目の編み出し増し目、SM4、表目2、SM-EOR、表目4。

81段め：表目1、SM1、2目の編み出し増し目、チャートB1を30回編む、C2で表目2、逆かけ目、SM2、表目1、SM3、かけ目、M4の手前に1目残るまで模様を左右逆に編む、2目の編み出し増し目、SM4、表目2、SM-EOR、表目4。

82段め：表目1、SM1、2目の編み出し増し目、C2で表目1、チャートB1を30回編む、C2で表目2、表目のねじり目、SM2、すべり目1、SM3、表目のねじり目、M4の手前に1目残るまで模様を左右逆に編む、2目の編み出し増し目、SM4、表目2、SM-EOR、表目4。

83段め：表目1、SM1、2目の編み出し増し目、C2で表目2、チャートB1を30回編む、C1で表目1、C2で表目2、逆かけ目、SM2、表目1、SM3、かけ目、M4の手前に1目残るまで模様を左右逆に編む、2目の編み出し増し目、SM4、表目2、SM-EOR、表目4。

84段め：表目1、SM1、2目の編み出し増し目、C2で表目3、チャートB1を30回編む、C1で裏目1、C1で表目2、表目のねじり目、SM2、すべり目1、SM3、表目のねじり目、M4の手前に1目残るまで模様を左右逆に編む、2目の編み出し増し目、

SM4、表目2、SM-EOR、表目4。

85〜104段め：チャートB1の4〜8段めをあと4回編む。

模様部分で1模様分の増し目が揃うと模様を増やしながら編む。325目になる。

105〜112段め：上記のように編みながらチャートB2でドット模様を増やす。

ドット模様の位置を揃えるため編みはじめを太線で示している。

113・114段め：チャートB2の1・2段めを編む。

115段め：表編み。359目になる。

セクション3

次はチャートCを編む。渡り糸はきつめにするより、仕上げでブロッキングをするのでゆるめにしておくとよい。必要に応じて渡り糸を絡げながら編む。

※チャートCの最初の5段は太線から編みはじめ、以降の段はチャートのはじめからくり返す。

116段め：表目1、SM1、2目の編み出し増し目、チャートCを18回編む、表目のねじり目、SM2、すべり目1、SM3、表目のねじり目、M4の手前に1目残るまで模様を左右逆に編む、2目の編み出し増し目、SM4、表目2、SM-EOR、表目4。

※この部分からがチャートのくり返し。

次段からC3をつける。C3はこのセクションの地色で、特に指示がない限りこの色で編む。

117段め：表目1、SM1、2目の編み出し増し目、チャートCを18回編む、逆かけ目、SM2、C3で表目1、SM3、かけ目、M4の手前に1目残るまで模様を左右逆に編む、2目の編み出し増し目、SM4、表目2、SM-EOR、表目4。

118段め：表目1、SM1、2目の編み出し増し目、チャートCを18回編む、表目のねじり目、SM2、すべり目1、SM3、表目のねじり目、M4の手前に1目残るまで模様を左右逆に編む、2目の編み出し増し目、SM4、表目2、SM-EOR、表目4。

119段め：表目1、SM1、2目の編み出し増し目、チャートCを18回編む、C3で表目1、逆かけ目、SM2、C1で表目1、SM3、かけ目、M4の手前に1目残るまで模様を左右逆に編む、2目の編み出し増し目、SM4、表目2、SM-EOR、表目4。

120段め：表目1、SM1、2目の編み出し増し目、チャートCを18回編む、C3で表目1、

表目のねじり目、SM2、すべり目1、SM3、表目のねじり目、M4の手前に1目残るまで模様を左右逆に編む、2目の編み出し増し目、SM4、表目2、SM-EOR、表目4。

121段め：表目1、SM1、2目の編み出し増し目、チャートCを18回編む、C3で表目2、逆かけ目、SM2、C1で表目1、SM3、かけ目、M4の手前に1目残るまで模様を左右逆に編む、2目の編み出し増し目、SM4、表目2、SM-EOR、表目4。

122段め：表目1、SM1、2目の編み出し増し目、C3で表目1、チャートCを18回編む、C3で表目2、表目のねじり目、SM2、すべり目1、SM3、表目のねじり目、M4の手前に1目残るまで模様を左右逆に編む、2目の編み出し増し目、SM4、表目2、SM-EOR、表目4。

123段め：表目1、SM1、2目の編み出し増し目、C3で表目2、チャートCを18回編む、C3で表目3、逆かけ目、SM2、表目1、SM3、かけ目、M4の手前に1目残るまで模様を左右逆に編む、2目の編み出し増し目、SM4、表目2、SM-EOR、表目4。

124段め：表目1、SM1、2目の編み出し増し目、C3で表目3、チャートCを18回編む、C3で表目3、表目のねじり目、SM2、すべり目1、SM3、表目のねじり目、

M4の手前に1目残るまで模様を左右逆に編む、2目の編み出し増し目、SM4、表目2、SM-EOR、表目4。

125段め：表目1、SM1、2目の編み出し増し目、C3で表目4、チャートCを18回編む、C3で表目4、逆かけ目、SM2、表目1、SM3、かけ目、M4の手前に1目残るまで模様を左右逆に編む、2目の編み出し増し目、SM4、表目2、SM-EOR、表目4。

126段め：表目1、SM1、2目の編み出し増し目、C3で表目5、チャートCを18回編む、C3で表目4、表目のねじり目、SM2、すべり目1、SM3、表目のねじり目、M4の手前に1目残るまで模様を左右逆に編む、2目の編み出し増し目、SM4、表目2、SM-EOR、表目4。

127段め：表目1、SM1、2目の編み出し増し目、C3で表目6、チャートCを18回編む、C3で表目5、逆かけ目、SM2、表目1、SM3、かけ目、M4の手前に1目残るまで模様を左右逆に編む、2目の編み出し増し目、SM4、表目2、SM-EOR、表目4。395目になる。

128～138段め：表編み。

139段め：裏編み（またはスティークの真ん中で編み地を返し、裏面から表編み）。431目になる。

セクション4

このセクションはC3だけで編む。

140～161段め：2目ゴム編みを最初の2目の編み出し増し目のあとから「逆かけ目／表目のねじり目」まで、そして「かけ目／表目のねじり目」から最後の2目の編み出し増し目まで編む。増し目は2目ゴム編みの編み目に合わせて表目または裏目で増やし続ける。497目になる。

目なりに伏せ止めする。

※縁編みの2目ゴム編みは好みで長さを調整できるが、この場合C3の糸量が変わる。

FINISHING／仕上げ

ショールのスティーク部分を切り開く。（「特別なテクニック」の項参照）。

糸始末をしたあと、水通しをして寸法に合わせてブロッキングする。編み込み模様を伸ばしすぎない程度に、編み地を平らに伸ばす。

チャートA

チャートB1

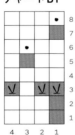

チャートB2

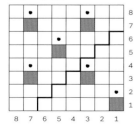

チャートC

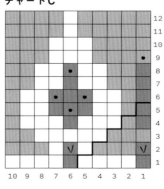

糸色C1	
	糸色C2
	糸色C3
	表目
•	裏目
	すべり目
	（裏面で）浮き目
	模様のはじまり

15 CHERRY TWIST

チェリーツイスト

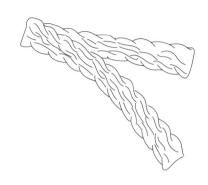

FINISHED MEASUREMENTS／仕上がり寸法

丈：206cm

幅：14cm

MATERIALS／材料

糸：Quince & Co. の Owl（アルパカ50%・ウール50%、110m
／50g）、〈Elf〉4カセ
もしくはウーステッド（並太）程度の糸を約440m

針：5mm（US8／JP8）棒針

その他の道具：なわ編み針

GAUGE／ゲージ

14目×22段（メリヤス編み・10cm角、ブロッキング後）
26目×20段（交差模様・10cm角、ブロッキング後）

SPECIAL ABBREVIATIONS／特別な用語

リブ編みの左上6目交差：6目をなわ編み針に移し、編み地の
後ろにおき、左針から「表目1、裏目1」を3回編み、なわ編み
針から「表目1、裏目1」を3回編む。

NOTES／メモ

このパターンは手紡ぎ糸にも最適。ここでは長さが2メートル
を超える仕上がりのデザインだが、手紡ぎ糸を使用する場合
は、糸量によって1模様ごとの糸量を（キッチンスケールなど

で）確認した上で模様の回数を調整するとよい。
また編み地の表面と裏面が同じであるため、表面にマーカーを
付けておくと段数も分かりやすい。

DIRECTIONS／編み方

好みの方法で36目作る。

以下の通り編む：
1〜8段め：「表目1、裏目1」を最後までくり返す。
9段め：リブ編みの左上6目交差、「表目1、裏目1」を6回くり
返し、リブ編みの左上6目交差。
10〜18段め：「表目1、裏目1」を最後までくり返す。
19段め：「表目1、裏目1」を6回くり返す、リブ編みの左上6
目交差、「表目1、裏目1」を6回くり返す。
20段め：「表目1、裏目1」を最後までくり返す。

1〜20段めを合計20回編む。
1〜16段めをもう一度編み、17段めですべての目を好みの方
法で止める。

FINISHING／仕上げ

糸始末をしたあと、水通しをして寸法に合わせてブロッキング
する。

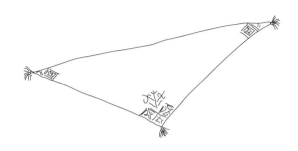

16 HEIMWEH

郷愁

FINISHED MEASUREMENTS ／仕上がり寸法

横：115 cm
深さ：35 cm

MATERIALS ／材料

糸：Penny Lane Yarns の Fingering Lane（メリノ100%、400m
／100 g）
C1〈Milk〉、C2〈Nuage Dansant〉各1カセ
もしくはフィンガリング（中細）程度の糸を約600m
針：3.5mm（US4／JP5）の輪針、止めに60～80cmの輪針を
あと2本使用
その他の道具：スケッチマーカー　5個

GAUGE ／ゲージ

20目×33段（メリヤス編み・10cm角、ブロッキング済み）

SPECIAL ABBREVIATIONS ／特別な用語

DS(S)：（ダブルニッティングの）ダブルステッチ
（訳注：ジャーマンショートロウのDS（ダブルステッチ）とは
異なる）

NOTES ／メモ

対照的な2色の糸で、編み地が2枚重ねになるよう同時に編み
進めるダブルニッティングの手法で、どちらの面もメリヤス編
みのリバーシブルに使えるショールができる。ここで使用する

テクニックでは編み地の後ろ側の渡り糸を隠しながら編み込み
模様が編める。

DS（ダブルステッチ）は2目を1組として編む：表面の1目
はC1（またはC2）で表目、裏面の1目をC2（またはC1）で裏
目に編む。両面ともメリヤス編みの編み地を同時に編むことに
なる。編み手順の中で「DSを編む」ときには表目と裏目の2目
を1組として編むことを指す。

チャートは片面のみ表示。裏面では同じ位置で色を反転させて
編む。1段おきにチャートの色を反転させて編む。

最初と最後のDS（2目1組）は全体を通して端目として編む。
端目は下記のように編むことで端を整え、2枚をとじ合わせる
ことができる。
段の最初のDSはゆるめに（つまりDSの1目めはゆるく表目
に、2目めもゆるく裏目に）編む。
段の最後のDSはまず糸を後ろ側に移し、DSの表目に裏目を
編むように針を入れて右針に移す。糸は2枚の編み地の間、左
針の前におき、最後の裏目にも表目を編むように針を入れて右
針に移す。糸は2目の間にある。この状態で編み地を返し、2
本の糸をねじり、編む面の地色の糸をもう片方の下にする。地
色の糸は左側になる。

増し目もDSの2目で行うため、増し目の指示があれば各色で
1目ずつ増やす。チャートAはチャート全体（1～49段まで）を
指す。セクション3ではショールの両角にチャートAをそれぞ
れ部分的に編む。チャート上、編み目に印がある。

DIRECTIONS ／編み方

セクション 1

次のようにDSを5目作る（C1・C2各5目）：糸を2本合わせて持ち、スリップノットを作る。このスリップノットは目数に含まず、作り目をして最初の段を編みはじめる前に針からはずす。

右手に針を持ち、左手の中指、薬指、小指で2本合わせた糸を押さえ、左手の人差し指と親指に糸を時計回りに巻きつけ、右針を巻きつけた糸の下から上へ持ち上げ、右針に移して糸を引く（巻き目の要領）。出来たダブルステッチの2本の糸の左側にC2がくるように整える。10本の糸がかかる（DSが5つできる）までくり返す。スリップノットは含まないため、編みはじめる前に針からはずしておく。

準備段（表目はC2で編む）：1DS、PM、「1DS」を3回、PM、端目1。

1段め：1DS、SM、左ねじり増し目1、チャートAをMまで編む、右ねじり増し目1、SM、端目1。

2段め：1DS、SM、左ねじり増し目1、チャートAをMまで編む、右ねじり増し目1、端目1。

3〜19段め：1・2段めくり返し、最後は1段めを編む。

20段め：1DS、RM、左ねじり増し目、1DS、PM、Mの手前に1目残るまでチャートAを編む、PM、1DS、右ねじり増し目、RM、端目1。

21段め：1DS、左ねじり増し目、チャートAをMまで編む、SM、チャートAをMまで編む、SM、残り1DSになるまで「1DS」をくり返し、右ねじり増し目、端目1。

22段め：1DS、左ねじり増し目、チャートAをMまで編む、SM、チャートAをMまで編む、SM、残り1DSになるまで「1DS」をくり返し、右ねじり増し目、端目1。

23〜49段め：21・22段めの手順をくり返す。

セクション 2

準備段1（RMしながら編む）：端目1、左ねじり増し目1、残り1DSになるまで「1DS」をくり返し、右ねじり増し目1、端目1。

準備段2：端目1、左ねじり増し目1、残り1DSになるまで「1DS」をくり返し、右ねじり増し目1、端目1。

1段め：端目1、左ねじり増し目1、残り1DSになるまで「1DS」をくり返し、右ねじり増し目1、端目1。

2段め：端目1、左ねじり増し目1、残り1DSになるまで「1DS」をくり返し、右ねじり増し目1、端目1。

作り目から29cmになるまで1・2段めの手順をくり返す。

セクション 3

準備段：1DS、PM、左ねじり増し目1、チャートAの「／」と「×」のセクション（チャート右下端部分）を編む、PM、「1DS」を残り4DSになるまでくり返す、PM、「×」と「＼」のセクション（チャートの左下端部分）を編む、右ねじり増し目1、PM、端目1。

1段め：1DS、SM、左ねじり増し目1、「／」と「×」のセクションの最後に1DS残るまで編み、RM、「×」と「＼」のセクションの最後の目を編み、PM、「1DS」をくり返し次のMの手前に1DS残るまで編み、PM、「×」と「／」のセクションをmまで編み、RM、「×」と「／」のセクションの残りのDSを編み、右ねじり増し目1、SM、端目1。

2段め：1DS、SM、左ねじり増し目1、「×」と「＼」のセクションの最後に1DS残るまで編み、RM、「×」と「／」のセクションの最後の目を編み、PM、「1DS」を次のMの手前に1DS残るまで編み、PM、「×」と「＼」のセクションを編み、RM、「×」と「＼」のセクションの残りのDSを編み、右ねじり増し目1、SM、端目1。

1・2段めの手順を「×」と「＼」のセクションと「×」と「／」のセクションでくり返す。

BIND-OFF ／止め

準備段（編みながらMをはずす）：1DS、左ねじり増し目1、残り1DSになるまで「1DS」をくり返し、右ねじり増し目1、端目1。

ここで編み目を2本の針に色別に分け、C1の目をC2側に、C2の目をC1側に移すことで2枚重ねになった編み地の目を固定させる。

止めるときには、それぞれの目の地色に合わせて、C1の目はC2、C2の目はC1の糸で止める。どちらの面も同じ面を見て止める。各色別々に、手前の面は表目で、反対側の面は裏目で止める。

左針の最初の2目を表目／裏目に編み、右針の1目めを後の目にかぶせる。左針の次の目を表目／裏目に編む。右針は2目になり、先にかかっていた目を次の目にかぶせる。すべての目を止めるまでくり返す。

FINISHING ／仕上げ

糸始末をしたあと、水通しをして寸法に合わせてブロッキングする。

タッセルを作る

三角の端につけるよう次の手順でタッセルを3つ作る：

C2の糸を2本の指もしくは同等の太さのものに30回巻き付ける。糸の束の片側に針を通して結ぶ。これが上端になる。上から4分の1下がった位置に糸を2〜3回巻き付けて結ぶ。下端を切り開き、先を切り揃える。あと2つ作り、三角に縫い付ける。

チャートA

☐ C1

▨ C2

☒ ショールの左側と右側の両方とも編む

╲ ショールの左側だけ編む

╱ ショールの右側だけ編む

X 右ねじり増し目

Y 左ねじり増し目

17 SEASCAPE
海景

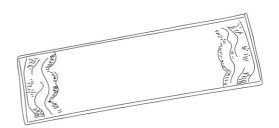

FINISHED MEASUREMENTS ／**仕上がり寸法**

長さ：210 cm

幅：60 cm

MATERIALS ／**材料**

糸：Life In the Long Grass の Twist Sock（スーパーウォッシュ
メリノ80%・ナイロン20%、366m／100g）MC〈Beachgrass〉
4カセ
Life in the Long Grass の Singles（スーパーウォッシュメリノ
100%、366m／100g）
CC1〈Chirp〉、CC2〈Flax〉、CC3〈Harbour〉各1カセ
もしくはフィンガリング（中細）程度の糸を、MCとして約
1460m、CC1〜CC3の3色を各300m
針：3.25mm（US3／JP5/0〜6/0）のかぎ針

GAUGE ／**ゲージ**

18目×16段（10cm角、ブロッキング後）

SPECIAL ABBREVIATIONS ／**特別な用語**

中長編み：針先に糸をかけてから次の目の頭に針先を入れ、
糸をかけて引き出し、もう一度針先にかけて残りのループ3本
を引き抜く。
長編み：針先に糸をかけてから次の目の頭に針先を入れ、針
先に糸をかけて針先からループを2本だけ引き抜く。再び針先
にかけ残りのループ2本を引き抜く。

色替えは、下記のように最後の目を編むときに「新しい糸を針
先にかけ、（最後の）ループ2本を引き抜く」。
中長編みの場合：「針先に糸をかけて次の目の頭に針先を入
れ、今までの糸をかけて引き出し、新しい糸に持ち替えて針先
にかけて、残りのループ3本を引き抜く」。「〜」をくり返す。
長編みの場合：「針先に糸をかけて次の目の頭に針先を入れ、
糸をかけて引き出し、針先に糸をかけ、針先からループを2本
だけ引き抜く。今までの色の糸を新しい色に持ち替えて針先に
かけ、残りのループ2本を引き抜く」。「〜」をくり返す。

チャート（p.100,101）はインターシャ（縦糸渡しの編み込み模
様）になります。多くの色で色替えをしながら編むときには、
糸をある程度必要な長さに切っておくとよい。色替えをしたあ
ともそのまま糸を休ませて、同じ場所に戻ってきたときに再度
使うようにする。
基本的に糸を縦に渡すが、横に渡す場合は2目以上渡らないよ
うにする。

できるだけ糸端を編み包みながら編み進める。

編み糸は裏面においたまま編む。裏面を編むときには使用しな
い糸を裏面側に戻して編む。

**中長編みの立ち上がりのくさり編みは1目とする。立ち上がり
のくさり目は目数に含まない。ただしこの方法で端がきつくな
るようであれば立ち上がりのくさり目を2目にするとよい。**

DIRECTIONS ／編み方

ショール

MCでくさり編みを99目編む。1目めのくさりは立ち上がりの目としてとばす。

チャート1の表面の段を右から左に、裏面の段は左から右に編む。

色替えのときは前ページの手順の通りに糸を切って新しい糸をつけ直しながら45段を編む。

46段めからはMCだけで中長編みを往復に編み、編みはじめから140cmになるまで編む。

次にチャート2を編む。編み終えるとCCを切り、MCは切らずにつなげておく。

縁編み （周囲を輪に編む）

1段め：MCでくさり3目、角の目に長編みを2目編む。続けて長編みを（長い方の端に沿って）1段に1目ずつ編む。次の角には長編み3目、そして短い方の端は1目に長編みを1目ずつ編む。次の角にも長編み3目、そして次の長い方の端も1段に長編み1目ずつ編む。

次の角には長編み3目、そして残る短い方の端には1目に長編みを1目ずつ編む。BORの鎖3目めに引き抜く。

2段め：CC1をつける。「MCで長編み1目、CCで長編み1目」、「〜」をBORまでをくり返す。CC1を切る。

3段め：CC2をつける。2段めと同様の手順で交互に糸替えしながら、前段のCC1の目にMC、前段のMCの目にCC2を編む。CC2を切る。

4段め：CC3をつける。2段めと同様の手順で交互に糸替えしながら、前段のCC2の目にMC、MCの目にCC3を編む。CC3を切る。

5段め：MCだけですべての目を編んで、最後は止める。

FINISHING ／仕上げ

糸始末をしたあと、水通しをして寸法に合わせてブロッキングする。

チャート1

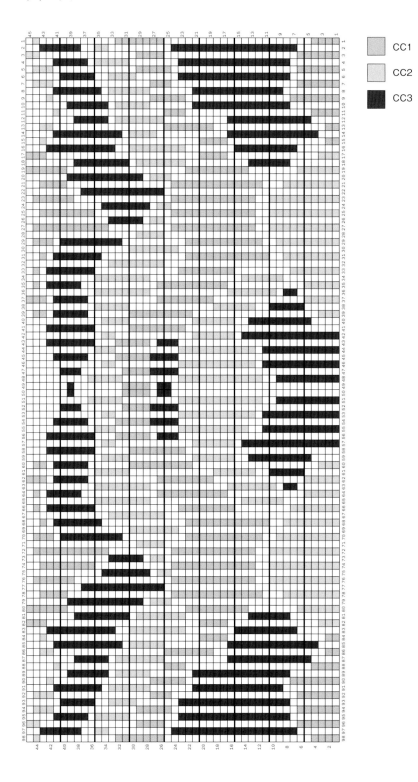

CC1

CC2

CC3

チャート2

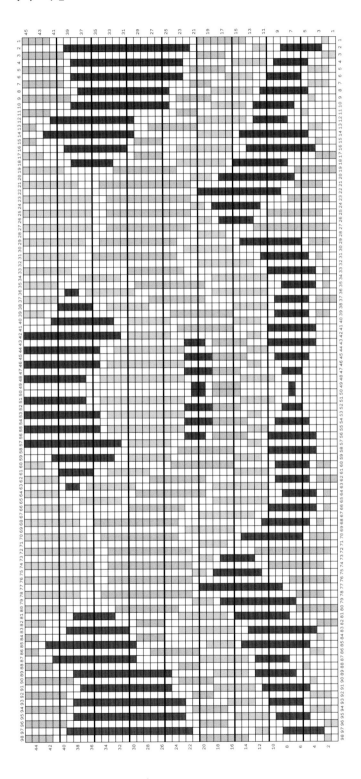

18 WILD FLOWERS

野の花

FINISHED MEASUREMENTS ／仕上がり寸法

長さ（フリンジは含まない）：170cm

幅：44 cm

MATERIALS ／材料

糸：Aara の Maja（ウール100%、220m ／ 100g）〈Pisara 0003〉
4 カセ
もしくは DK（合太〜並太）程度の糸を約880m
針：4mm（US6／JP6号）と4.5mm（US7／JP8号）の輪針

その他の道具：なわ編み針、ステッチマーカー

GAUGE ／ゲージ

19目×26段（4.5mm針でメリヤス編み・10cm角、ブロッキング後）

SPECIAL ABBREVIATIONS ／特別な用語

右上1目交差：1目をなわ編み針に移して編み地の手前にお
き、左針から表目1、なわ編み針から表目1。
表目のねじり目の右上1目交差：1目をなわ編み針に移して編
み地の手前におき、左針から表目のねじり目1、なわ編み針か
ら表目のねじり目1。
左上1目交差：1目をなわ編み針に移して編み地の後ろにお
き、左針から表目1、なわ編み針から表目1。
表目のねじり目の左上1目交差：1目をなわ編み針に移して
編み地の後ろにおき、左針から表目のねじり目1、なわ編み針
から表目のねじり目1。
表目のねじり目と下が裏目の右上1目交差：1目をなわ編み針
に移して編み地の手前におき、左針から裏目1、なわ編み針か

ら表目のねじり目1。
ねじり目と下が裏目の左上1目交差：1目をなわ編み針に移し
て編み地の後ろにおき、左針から表目のねじり目1、なわ編み
針から裏目1。
ボッブル：1目に2目の編み出し増し目を2回編み入れ、「表目
1、ねじり目1」を2回、編み地を返し、4目を表編み、表編
みであと2段編む。最後は表目のねじり目を編むように4目を
一度に編む。
中上3目一度：左針の2目に一度に表目を編むように右針を入
れて移し、次の1目を表編みし、右針に移した2目を編んだ目
にかぶせる。（2目減）
ねじり目の4目一度：表目のねじり目を編むように4目を一
度に編む。（3目減）
ヌーブ：1目に2目の編み出し増し目を2回編み入れる。（3目
増）

DIRECTIONS ／編み方

このショールは、輪に編んでからフリンジ部分を切り開く。

縁編み

4mm針を使って指でかける作り目の方法で3目作り、PM、
310目作り、PM、2目作り、PM、12目作る。合計327目。
PM、編み目がねじれないように注意しながら輪にする。
次段：表目のねじり目1、「裏目1、表目のねじり目1」、「〜」
を最後のMまでくり返し、SM、表目12。
前段の編み目通りに合計5段編む。
増し目段：表目のねじり目1、「裏目1、表目のねじり目1」、
「〜」を最後のMの手前に2目残るまでくり返し、裏目1、裏目
の右ねじり増し目1、表目のねじり目1、SM、表目12。328目
になる。

本体（輪編み）

4.5mm針に持ち替える。

次段：表目のねじり目1、裏目2、SM、チャートAの1段めを5回編み（310目）、SM、裏目2、表目のねじり目1、SM、表目12。

上記の手順でチャートAを80段めまで編む。

次段：表目のねじり目1、裏目2、RM、Mまで裏編み、RM、裏目2、表目のねじり目1、SM、表目12。

前段の編み目通りに合計22段、もしくは作り目からの長さが約42cmになるまで編む。

縁編み

4.0mm針に持ち替える。

次段：表目のねじり目1、「裏目1、表目のねじり目1」、「〜」をMの手前に3目残るまでくり返し、裏目の左上2目一度、表目のねじり目1、SM、表目12。327目になる。

前段の編み目通りに合計5段編む。

Mまでパターン通りに編みながらゆるめに伏せ止めする。

Mをはずし、残りの12目を針からはずし、1段めまで丁寧にほどく。

この部分がフリンジになる。ほどいた糸を伸ばし、真ん中で切り開く。

FINISHING／仕上げ

糸始末をしたあと、水通しをして寸法に合わせてブロッキングする。

□	表目
•	裏目
ℓ	ねじり目
⟋ℓ⟍	ねじり目と下が裏目の左上1交差：
⟍ℓ⟋	ねじり目と下が裏目の右上1交差()
⟋ℓ⟍	ねじり目の右上1交差
⟍ℓ⟋	ねじり目の左上1目交差
⋀	ねじり目の4目一度
⊕	ボッブル
Ｙ　＼	左上1目交差
⅄　＼	右上1目交差
◆	チャートB
⟆	ヌープ

チャートB

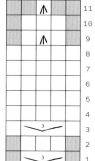

	1目に（表目1、かけ目、表目1）
⋀	中上3目一度
▨	実際には目がない

チャートA

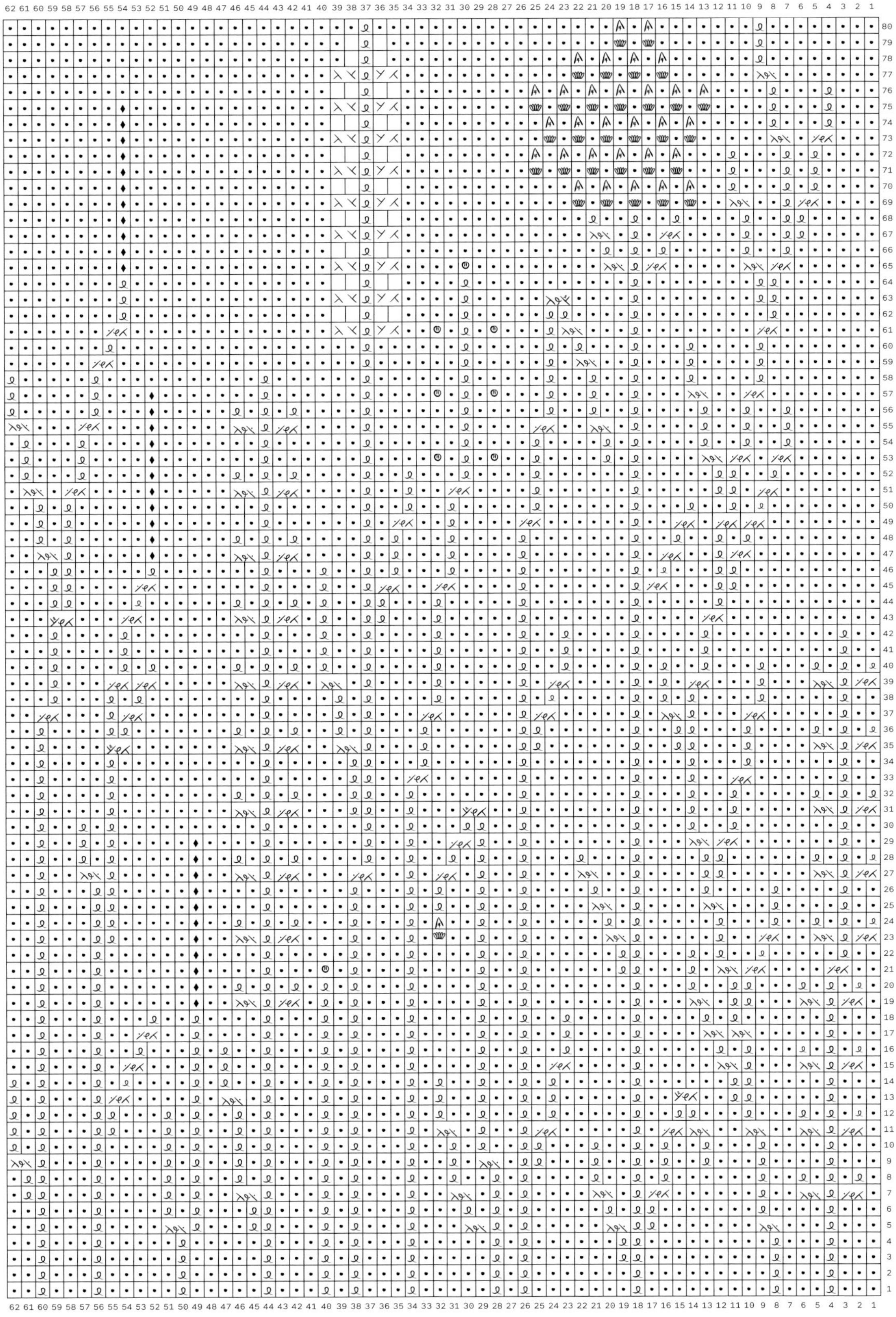

19 TURNROW
ターンロウ

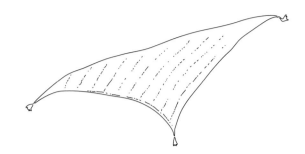

FINISHED MEASUREMENTS ／仕上がり寸法

幅：265 cm

丈（中心）：90 cm

MATERIALS ／材料

糸：Växbo Lin の Lingarn 12/2（リネン100％、420m／100g）、
〈Tegel〉3カセ

もしくはフィンガリング（中細）程度の糸を約1260m

針：4mm（US6／JP6）輪針

その他の道具：取り外し可能なステッチマーカー8個、とじ針

GAUGE ／ゲージ

22目×28段（メリヤス編み・10cm角、ブロッキング後）

SPECIAL ABBREVIATIONS ／特別な用語

裏目の右上2目一度：次の2目に表目を編むように右針を1目
ずつ入れて方向を変えた状態で左針に戻し、裏目のねじり目を
編むように2目を一度に編む。（1目減）

NOTES ／メモ

このパターンでの引き返し編みは、段の途中まで編み、編み地
を返して戻る。引き返し部分の段消しの処理はない。パート2
では編み進むにしたがって、引き返し編みにより編み残す目数
が多くなる。このセクションを編み切るまで、これらの目をホ
ルダーまたは長めの別糸を用意し、そちらに移しておくと編み
やすい。120cmの輪針があれば目数が多くなってもコードが長
いため対応可能。

DIRECTIONS ／編み方

パート1

好みの方法で3目作る。

1段め（表面）：表目1、かけ目1、最後まで表編み。（1目増）

2段め（裏面）：裏編み。

3段め：表目1、右ねじり増し目1、最後まで表編み。（1目増）

4段め：裏編み。

5-56段め：3・4段めの手順をあと26回くり返す。31目になる。

57段め（表面）：表目1、右ねじり増し目1、最後に3目残るま
で表編み、左上2目一度、PM、かけ目1、裏目1。（1目増）

58段め（裏面）：Mまで表編み、SM、最後まで裏編み。

59段め：表目1、右ねじり増し目1、Mの手前に2目残るまで表
編み、左上2目一度、SM、かけ目1、最後まで裏編み。（1目増）

60段め：Mまで表編み、SM、最後まで裏編み。33目になる。（新
しいセクションに3目、最初のセクションに30目）

61～116段め：59・60段めの手順をあと28回くり返す。

表面から見て、Mの左側に31目、右側に30目、合計61目。

117段め（表面）：表目1、右ねじり増し目1、Mの手前に2目残
るまで表編み、左上2目一度、SM、かけ目1、最後に3目残る
まで裏編み、裏目の右上2目一度、PM、かけ目1、表目1。（1
目増）

118段め（裏面）：Mまで裏編み、SM、Mまで表編み、SM、最
後まで裏編み。

119段め：表目1、右ねじり増し目1、Mの手前に2目残るまで
表編み、左上2目一度、SM、かけ目1、Mの手前に2目残るま
で裏編み、裏目の右上2目一度、SM、かけ目1、最後まで表編
み。（1目増）

120段め：Mまで裏編み、SM、Mまで表編み、SM、最後まで
裏編み。63目になる：新しいセクションに3目、他のセクショ
ンに30目。

121～176段め：119・120段めの手順をあと28回くり返す。

表面から見て、Mの左側に31目、右側の
セクションには30目ずつ、合計91目にな
る。

177段め（表面）：表目1、右ねじり増し目
1、Mの手前に2目残るまで表編み、左上2
目一度、SM、かけ目、Mの手前に2目残
るまで裏編み、裏目の右上2目一度、SM、
かけ目、最後に3目残るまで表編み、左上
2目一度、PM、かけ目、裏編1。（1目増）

178段め（WS）：Mまで表編み、SM、Mま
で裏編み、SM、Mまで表編み、SM、最後
まで裏編み。

179段め：表目1、右ねじり増し目1、Mの
手前に2目残るまで表編み、左上2目一度、
SM、かけ目、Mの手前に2目残るまで裏
編み、裏目の右上2目一度、SM、かけ目、
Mの手前に2目残るまで表編み、左上2目
一度、SM、かけ目、最後まで裏編み。（1
目増）

180段め：Mまで表編み、SM、Mまで裏
編み、SM、Mまで表編み、SM、最後まで
裏編み。新しいセクションに3目、他のセク
ションに30目ずつ、合計93目になる。

181〜236段め：上記の179・180段めの手
順をあと28回くり返す。表面から見て、
Mの左側に31目、右側のすべてのセクショ
ンには30目ずつ、合計121目となる。

237段め（表面）：表目1、右ねじり増し目
1、Mの手前に2目残るまで表編み、左上2
目一度、SM、かけ目、Mの手前に2目残
るまで裏編み、裏目の右上2目一度、SM、
かけ目、Mの手前に2目残るまで表編み、
左上2目一度、SM、かけ目、最後に3目残
るまで裏編み、裏目の右上2目一度、PM、
かけ目、表目1。（1目増）

238段め（裏面）：「Mまで裏編み、SM、M
まで表編み、SM」、「〜」をもう一度編み、
段の最後まで裏編み。

239段め：表目1、右ねじり増し目1、「M
の手前に2目残るまで表編み、左上2目一
度、SM、かけ目、Mの手前に2目残るま
で裏編み、裏目の右上2目一度、SM、か
け目」、「〜」をもう一度編み、段の終わり
まで表編み。（1目増）

240段め：Mまで裏編み、SM、Mまで表
編み、SM」、「〜」をもう一度編み、段の終
わりまで裏編み。
新しいセクションに3目、他のセクション
に30目ずつ、合計123目になる。

241〜296段め：239・240段めの手順をあ
と28回くり返す。
表面から見て、Mの左側に31目、右側の

すべてのセクションに30目ずつ、合計151
目となる。

297段め（表面）：表目1、右ねじり増し目
1、「Mの手前に2目残るまで表編み、左上
2目一度、SM、かけ目、Mの2目手前まで
裏編み、裏目の右上2目一度、SM、かけ
目」、「〜」をもう一度編み、Mの3目手前
まで表編み、左上2目一度、PM、かけ目、
裏目1。（1目増）

298段め（裏面）：「Mまで表編み、SM、M
まで裏編み、SM」、「〜」をもう一度編み、
Mまで表編み、SM、最後まで裏編み。

299段め：表目1、右ねじり増し目1、「M
の手前に2目残るまで表編み、左上2目一
度、SM、かけ目、Mの2目手前まで裏編み、
裏目の右上2目一度、SM、かけ目」、「〜」
をもう一度編み、Mの手前に2目残るまで
表編み、左上2目一度、SM、かけ目、最
後まで裏編み。（1目増）

300段め：「Mまで表編み、SM、Mまで裏
編み、SM」、「〜」をもう一度編み、Mまで
表編み、SM、最後まで裏編み。

301〜356段め：299・300段めの手順をあ
と28回くり返す。
表面から見て、Mの左側に31目、右側の
すべてのセクションに30目ずつ、合計181
目になる。

パート2

1段め：「Mの手前に2目残るまで表編み、
左上2目一度、SM、かけ目、Mの手前に2
目残るまで裏編み、裏目の右上2目一度、
SM、かけ目」、「〜」をもう一度編み、Mの
手前に2目残るまで表編み、左上2目一度、
SM、かけ目、最後まで裏編み。（1目増）

2段め：「Mまで表編み、SM、Mまで裏編
み、SM」、「〜」をもう一度編み、Mまで表
編み、SM、最後に1目残るまで裏編み、
編み地を返す。

3段め：「Mの手前に2目残るまで表編み、
左上2目一度、SM、かけ目、Mの手前に2
目残るまで裏編み、裏目の右上2目一度、
SM、かけ目」、「〜」をもう一度編み、Mの
手前に2目残るまで表編み、左上2目一度、
SM、かけ目、最後に3目残るまで裏編み、
裏目の右上2目一度、PM、かけ目、表目1。

4段め：「Mまで裏編み、SM、Mまで表編
み、SM」、「〜」を3回編み、最後の引き返
し位置の1目手前まで裏編み、編み地を返
す。

5段め：「Mの手前に2目残るまで表編み、

左上2目一度、SM、かけ目、Mの手前に2
目残るまで裏編み、裏目の右上2目一度、
SM、かけ目」、「〜」を2回編み、最後まで
表編み。

6段め：「Mまで裏編み、SM、Mまで表編
み、SM」を3回編み、最後の引き返し位置
の1目手前まで裏編み、編み地を返す。

7〜30段め：5・6段めの手順をあと12回
くり返す。

31段め：表目1、RM、「Mの手前に2目残
るまで裏編み、裏目の右上2目一度、SM、
かけ目、Mの手前に2目残るまで表編み、
左上2目一度、SM、かけ目」、「〜」をもう
一度編み、Mの手前に2目残るまで裏編み、
裏目の右上2目一度、SM、かけ目、最後
まで表編み。

32段め：「Mまで裏編み、SM、Mまで表
編み、SM」、「〜」をもう一度編み、Mまで
裏編み、SM、最後の引き返し位置の1目
手前まで表編み、編み地を返す。

33段め：「Mの手前に2目残るまで裏編み、
裏目の右上2目一度、SM、かけ目、Mの
手前に2目残るまで表編み、左上2目一度、
SM、かけ目」、「〜」をもう一度編み、Mの
手前に2目残るまで裏編み、裏目の右上2
目一度、SM、かけ目、最後まで表編み。

34段め：「Mまで裏編み、SM、Mまで表
編み、SM」、「〜」をもう一度編み、Mまで
裏編み、SM、最後の引き返し位置の1目
手前まで表編み、編み地を返す。

35〜60段め：33・34段めの手順をあと13
回くり返す。

61段め：裏目1、RM、「Mの手前に2目残
るまで表編み、左上2目一度、SM、かけ目、
Mの手前に2目残るまで裏編み、裏目の右
上2目一度、SM、かけ目」、「〜」をもう一
度編み、最後まで表編み。

62段め：「Mまで裏編み、SM、Mまで表
編み、SM」、「〜」をもう一度編み、最後の
引き返し位置の1目手前まで裏編み、編み
地を返す。

63段め：「Mの手前に2目残るまで表編み、
左上2目一度、SM、かけ目、Mの手前に2
目残るまで裏編み、裏目の右上2目一度、
SM、かけ目」、「〜」をもう一度編み、最後
に3目残るまで表編み、左上2目一度、
PM、かけ目、裏目1。

64段め：「Mまで表編み、SM、Mまで裏
編み、SM」、「〜」をもう一度編み、Mまで
表編み、SM、最後の引き返し位置の1目
手前まで裏編み、編み地を返す。

65段め：「Mの手前に2目残るまで表編み、

左上2目一度、SM、かけ目、Mの手前に2目残るまで裏編み、裏目の右上2目一度、SM、かけ目」、「〜」をもう一度編み、Mの手前に2目残るまで表編み、左上2目一度、SM、かけ目、最後まで裏編み。

66段め：「Mまで表編み、SM、Mまで裏編み、SM」、「〜」をもう一度編み、Mまで表編み、SM、最後の引き返し位置の1目手前まで裏編み、編み地を返す。

67〜90段め：65・66段めの手順をあと12回くり返す。

91段め：表目1、RM、「Mの手前に2目残るまで裏編み、裏目の右上2目一度、SM、かけ目、Mの手前に2目残るまで表編み、左上2目一度、SM、かけ目」、「〜」をもう一度編み、最後まで裏編み。

92段め：「Mまで表編み、SM、Mまで裏編み、SM」、「〜」をもう一度編み、最後の引き返し位置の1目手前まで表編み、編み地を返す。

93段め：「Mの手前に2目残るまで裏編み、裏目の右上2目一度、SM、かけ目、Mの手前に2目残るまで表編み、左上2目一度、SM、かけ目」、「〜」をもう一度編み、最後まで裏編み。

94段め：「Mまで表編み、SM、Mまで裏編み、SM」、「〜」をもう一度編み、最後の引き返し位置の1目手前まで表編み、編み地を返す。

95〜120段め：93・94段めの手順をあと13回くり返す。

121段め：裏目1、RM、Mの手前に2目残るまで表編み、左上2目一度、SM、かけ目、Mの手前に2目残るまで裏編み、裏目の右上2目一度、SM、かけ目、Mの手前に2目残るまで表編み、左上2目一度、SM、かけ目、最後まで裏編み。

122段め：Mまで表編み、SM、Mまで裏編み、SM、最後の引き返し位置の1目手前まで裏編み、編み地を返す。

123段め：Mの手前に2目残るまで表編み、左上2目一度、SM、かけ目、Mの手前に2目残るまで裏編み、裏目の右上2目一度、SM、かけ目、Mの手前に2目残るまで表編み、左上2目一度、SM、かけ目、最後に3目残るまで裏編み、裏目の右上2目一度、PM、かけ目、表目1。

124段め：「Mまで裏編み、SM、Mまで表編み、SM」、「〜」をもう一度編み、最後の引き返し位置の1目手前まで裏編み、編み地を返す。

125段め：「Mの手前に2目残るまで表編み、左上2目一度、SM、かけ目、Mの手前に2目残るまで裏編み、裏目の右上2目一度、SM、かけ目」、「〜」をもう一度編み、最後まで表編み。

126段め：「Mまで裏編み、SM、Mまで表編み、SM」、「〜」をもう一度編み、最後の引き返し位置の1目手前まで裏編み、編み地を返す。

127〜150段め：125・126段めの手順をあと12回くり返す。

151段め：表目1、RM、Mの手前に2目残るまで裏編み、裏目の右上2目一度、SM、かけ目、Mの手前に2目残るまで表編み、左上2目一度、SM、かけ目、Mの手前に2目残るまで裏編み、裏目の右上2目一度、SM、かけ目、最後まで表編み。

152段め：Mまで裏編み、SM、Mまで表編み、SM、Mまで裏編み、SM、最後の引き返し位置の1目手前まで表編み、編み地を返す。

153段め：Mの手前に2目残るまで裏編み、裏目の右上2目一度、SM、かけ目、Mの手前に2目残るまで表編み、左上2目一度、SM、かけ目、Mの手前に2目残るまで裏編み、裏目の右上2目一度、SM、かけ目、最後まで表編み。

154段め：Mまで裏編み、SM、Mまで表編み、SM、Mまで裏編み、SM、最後の引き返し位置の1目手前まで表編み、編み地を返す。

155〜180段め：153・154段めの手順をあと13回くり返す。

181段め：裏目1、RM、Mの手前に2目残るまで表編み、左上2目一度、SM、かけ目、Mの手前に2目残るまで裏編み、裏目の右上2目一度、SM、かけ目、最後まで表編み。

182段め：Mまで裏編み、SM、Mまで表編み、SM、最後の引き返し位置の1目手前まで裏編み、編み地を返す。

183段め：Mの手前に2目残るまで表編み、左上2目一度、SM、かけ目、Mの手前に2目残るまで裏編み、裏目の右上2目一度、SM、かけ目、最後に3目残るまで表編み、左上2目一度、PM、かけ目、裏目1。

184段め：Mまで表編み、SM、Mまで裏編み、SM、Mまで表編み、SM、最後の引き返し位置の1目手前まで裏編み、編み地を返す。

185段め：Mの手前に2目残るまで表編み、左上2目一度、SM、かけ目、Mの手前に2目残るまで裏編み、裏目の右上2目一度、SM、かけ目、Mの手前に2目残るまで表編み、左上2目一度、SM、最後まで裏編み。

186段め：Mまで表編み、SM、Mまで裏編み、SM、Mまで表編み、SM、最後の引き返し位置の1目手前まで裏編み、編み地を返す。

187〜210段め：185・186段めの手順をあと12回くり返す。

211段め：表目1、RM、Mの手前に2目残るまで裏編み、裏目の右上2目一度、SM、かけ目、Mの手前に2目残るまで表編み、左上2目一度、SM、かけ目、最後まで裏編み。

212段め：Mまで表編み、SM、Mまで裏編み、SM、最後の引き返し位置の1目手前まで表編み、編み地を返す。

213段め：Mの手前に2目残るまで裏編み、裏目の右上2目一度、SM、かけ目、Mの手前に2目残るまで表編み、左上2目一度、SM、かけ目、最後まで裏編み。

214段め：Mまで表編み、SM、Mまで裏編み、SM、最後の引き返し位置の1目手前まで表編み、編み地を返す。

215〜240段め：213・214段めの手順をあと13回くり返す。

241段め：裏目1、RM、Mの手前に2目残るまで表編み、左上2目一度、SM、かけ目、最後まで裏編み。

242段め：Mまで表編み、SM、最後に引き返した位置の1目手前まで裏編み、編み地を返す。

243段め：Mの手前に2目残るまで表編み、左上2目一度、SM、かけ目、最後に3目残るまで裏編み、裏目の右上2目一度、PM、かけ目、表目1。

244段め：Mまで裏編み、SM、Mまで表編み、SM、最後の引き返し位置の1目手前まで裏編み、編み地を返す。

245段め：Mの手前に2目残るまで表編み、左上2目一度、SM、かけ目、Mの手前に2目残るまで裏編み、裏目の右上2目一度、SM、かけ目、最後まで表編み。

246段め：Mまで裏編み、SM、Mまで表編み、SM、最後の引き返し位置の1目手前まで裏編み、編み地を返す。

247〜270段め：245・246段めの手順をあと12回くり返す。

271段め：表目1、RM、Mの手前に2目残るまで裏編み、裏目の右上2目一度、SM、最後まで表編み。

272段め：Mまで裏編み、SM、最後の引き返し位置の1目手前まで表編み、編み地

を返す。

273段め：Mの手前に2目残るまで裏編み、裏目の右上2目一度、SM、最後まで表編み。

274段め：Mまで裏編み、SM、最後の引き返し位置の1目手前まで表編み、編み地を返す。

275〜300段め：273・274段めの手順をあと13回くり返す。

301段め：裏目1、RM、最後まで表編み。

302段め：最後の引き返し位置の1目手前まで裏編み、編み地を返す。

303段め：最後に3目残るまで表編み、左上2目一度、PM、かけ目、裏目1。

304段め：Mまで表編み、SM、最後の引き返し位置の1目手前まで裏編み、編み地を返す。

305段め：Mの手前に2目残るまで表編み、左上2目一度、SM、かけ目、最後まで裏編み。

306段め：Mまで表編み、SM、最後の引き返し位置の1目手前まで裏編み、編み地を返す。

307〜330段め：305・306段めの手順をあと12回くり返す。

331段め：表目1、RM、最後まで裏編み。

332段め：最後の引き返し位置の1目手前まで表編み、編み地を返す。

333段め：最後まで裏編み。

334段め：最後の引き返し位置の1目手前まで表編み、編み地を返す。

335〜360段め：333・334段めの手順をあと13回くり返す。

パート3

準備段（裏面）：表面1、かけ目、最後まで表編み。（1目増、182目になる）

1段め（表面）：「表目7、2目の編み出し増し目」、「〜」を残り6目になるまでくり返し、表目5、かけ目、表目1。（23目増）

2段め（裏面）：表面1、かけ目、最後まで表編み。（1目増）

3段め：最後に1目残るまで表編み、かけ目、表目1。（1目増）

4段め：表面1、かけ目、最後まで表編み。（1目増）

5〜14段め：3・4段めの手順をあと5回くり返す。（10目増、218目になる）

15段め：表目1、「表目1、右針から左針へ2目移し、左上2目一度」、「〜」を最後までくり返す。

FINISHING ／ 仕上げ

糸端を30cm程度残して糸を切り、最後に目に通す。

好みでタッセルをつける

残り糸で長さ8〜10cm程度のタッセルを3つ作る。三角にタッセルを1つずつかがり付ける。

糸始末をしたあと、水通しをして寸法に合わせてブロッキングする。

20 HUGI

ヒューギ

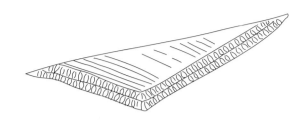

FINISHED MEASUREMENTS ／仕上がり寸法

幅：約198 cm
丈（中心）：81 cm

MATERIALS ／材料

糸：Anzula の Squishy（スーパーウォッシュメリノ80%・カシ
ミア10%・ナイロン10%、351m／100g）、〈Dany〉3カセ
もしくはフィンガリング（中細）程度の糸を約793 m
針：4mm（US6／JP6号）の輪針
その他の道具：ステッチマーカー、取り外し可能なマーカー、
なわ編み針

GAUGE ／ゲージ

27目×34段（メリヤス編み・10cm角、ブロッキング後）
24目×34段（5目のリブ編み・10cm角、ブロッキング後）

SPECIAL ABBREVIATIONS ／特別な用語

5目の編み出し増し目：1目に「表目1、かけ目、表目1、かけ目、
表目1」を編み入れることで5目に増やす。（4目増）
5目一度：5目を一度に表目に編む。（4目減）
7目一度：7目を一度に表目に編む。（6目減）
裏目2目の編み出し増し目：次の目に右針を入れて裏目を編む
が左針から外さず、続けて同じ目に裏目のねじり目を編む。左
針から目を外す。（1目増）
2目の編み出し増し目：次の目に右針を入れて表目を編むが左
針外さず、続けて同じ目に表目のねじり目を編む。左針から目
を外す。（1目増）

NOTES ／メモ

この作品は2方向に往復に編む。前半は斜めに横編みし、後半
は縁編みを針にかかっている編み目を作り目から編み広げ、続
けて三角形の一辺から拾い目をして縁編みを編み続ける。マー
カー（M）を使用すれば編む位置が分かりやすいため、5目増す
たびに付け替えるとよい。端では5段ごとに、中心の目の両端
では10段ごとに付け替える。
編み地の表面が分かりやすいように取り外し可能なマーカーを
付けておくと便利。

DIRECTIONS ／編み方

好みの方法で5目作る。
準備の増し目段（裏面）：最後に3目残るまで裏編み、裏目の2
目の編み出し増し目、PM、浮き目2。（1目増）
次段（表面）：表目2、SM、2目の編み出し増し目、最後に3目
残るまで表編み、左上2目一度、表目1。
増し目段（裏面）：表目1、Mの手前に1目残るまで裏編み、裏
目の2目の編み出し増し目、SM、浮き目2。（1目増）
上記2段の手順をあと2回くり返す。（9目になる）
次段（表面）：表目2、SM、裏目の2目の編み出し増し目、最
後に3目残るまで裏編み、裏目の左上2目一度、表目1。
増し目段（裏面）：Mの手前に1目残るまで表編み、2目の編み
出し増し目、SM、浮き目2。（1目増）
上記の表面と裏面の2段をあと2回編む。（12目になる）
上記の12段をあと22回編む。12段編むごとに6目ずつ増え、
合計144目になる。

ボーダー 1

準備段（表面）：表目2、SM、「5目一度」を27回、7目一度、
PM、1目拾い、PM、編み地を90度回転させ、左針先でバイ
ヤス状に編んだ6段から2目拾い、右針でその2目を表目の2
目一度に編み、
「左針先でバイヤス状に編んだ6段から3目拾い、右針でその3
目を表目の3目一度に編む」、「〜」までを合計44回編む、PM、
拾い目2目。（78目）
次段（裏面）：裏目2、SM、かけ目、PM、5目の編み出し増し
目を合計45回、SM、表目1、SM、5目の編み出し増し目を合
計28回、PM、かけ目、SM、浮き目2。（372目）
次段（表面）：表目2、SM、かけ目、裏目1、SM、「表目5、裏
目5」を14回、PM、右ねじり増し目1、SM、表目1、SM、左
ねじり増し目1、PM、「裏目5、表目5」を22回、裏目5、SM、
表目1、かけ目、SM、すべり目2。（376目）
次段（裏面）：裏目2、SM、かけ目、裏目2、SM、表目5、「裏
目5、表目5」を22回、SM、裏目1、SM、表目1、SM、裏目1、
SM、「表目5、裏目5」を14回、SM、表目2、かけ目、SM、浮
き目2。（378目）
次段（表面）：表目2、SM、かけ目、裏目3、SM、「表目5、裏
目5」を14回、SM、表目1、右ねじり増し目1、SM、表目1、
SM、左ねじり増し目1、表目1、「裏目5、表目5」を22回、
裏目5、SM、表目3、かけ目、SM、すべり目2。（382目）

次段（裏面）：裏目2、SM、かけ目、裏目4、SM、表目5、「裏目5、表目5」を22回、SM、裏目2、SM、表目1、SM、裏目2、SM、「表目5、裏目5」を14回、SM、表目4、かけ目、SM、浮き目2。（384目）

次段（表面）：表目2、SM、かけ目、PM、裏目5、RM、「表目5、裏目5」を14回、SM、表目2、右ねじり増し目1、SM、表目1、SM、左ねじり増し目1、表目2、SM、「裏目5、表目5」を22回、裏目5、RM、表目5、PM、かけ目、SM、すべり目2。（388目）

次段（裏面）：裏目2、SM、かけ目、表目1、SM、「裏目5、表目5」を23回、SM、裏目3、SM、表目1、SM、裏目3、SM、「表目5、裏目5」を14回、表目5、SM、裏目1、かけ目、SM、浮き目2。（390目）

次段（表面）：表目2、SM、かけ目、表目2、SM、裏目5、「表目5、裏目5」を14回、SM、表目3、右ねじり増し目1、SM、表目1、SM、左ねじり増し目1、表目3、PM、「裏目5、表目5」を23回、SM、裏目2、かけ目、SM、すべり目2。（394目）

次段（裏面）：裏目2、SM、かけ目、表目3、SM、「裏目5、表目5」を23回、SM、裏目4、SM、表目1、SM、裏目4、SM、「表目5、裏目5」を14回、表目5、SM、裏目3、かけ目、SM、浮き目2。（396目）

次段（表面）：表目2、SM、かけ目、表目4、SM、裏目5、「表目5、裏目5」を14回、SM、表目4、右ねじり増し目1、SM、表目1、SM、左ねじり増し目1、表目4、SM、「裏目5、表目5」を23回、SM、裏目4、かけ目、SM、すべり目2。（400目）

次段（裏面）：裏目2、SM、かけ目、PM、表目5、RM、「裏目5、表目5」を23回、RM、裏目5、SM、表目1、SM、裏目5、RM、「表目5、裏目5」を14回、表目5、RM、裏目5、PM、かけ目、SM、浮き目2。（402目）

次段（表面）：表目2、SM、かけ目、裏目1、SM、表目5、「裏目5、表目5」を15回、PM、裏目の右ねじり増し目1、SM、表目1、SM、裏目の左ねじり増し目1、PM、「表目5、裏目5」を24回、SM、表目1、かけ目、SM、すべり目2。（406目）

次段（裏面）：裏目2、SM、かけ目、裏目2、SM、「表目5、裏目5」を24回、SM、表目1、SM、表目1、SM、表目1、SM、「裏目5、表目5」を15回、裏目5、SM、表目2、かけ目、SM、浮き目2。（408目）

次段（表面）：表目2、SM、かけ目、裏目3、SM、表目5、「裏目5、表目5」を15回、

SM、裏目1、裏目の右ねじり増し目1、SM、表目1、SM、裏目の左ねじり増し目1、裏目1、SM、「表目5、裏目5」を24回、SM、表目3、かけ目、SM、すべり目2。（412目）

次段（裏面）：裏目2、SM、かけ目、裏目4、SM、「表目5、裏目5」を24回、SM、表目2、SM、表目1、SM、表目2、SM、「裏目5、表目5」を15回、裏目5、SM、表目4、かけ目、SM、浮き目2。（414目）

次段（表面）：表目2、SM、かけ目、PM、裏目5、RM、表目5、「裏目5、表目5」を15回、SM、裏目2、裏目の右ねじり増し目1、SM、表目1、SM、裏目の左ねじり増し目1、裏目2、SM、「表目5、裏目5」を24回、RM、表目5、PM、かけ目、SM、すべり目2。（418目）

次段（裏面）：裏目2、SM、かけ目、表目1、SM、裏目5、「表目5、裏目5」を24回、SM、表目3、SM、表目1、SM、表目3、SM、「裏目5、表目5」を16回、SM、裏目1、かけ目、SM、浮き目2。（420目）

次段（表面）：表目2、SM、かけ目、表目2、SM、「裏目5、表目5」を16回、SM、裏目3、裏目の右ねじり増し目1、SM、表目1、SM、裏目の左ねじり増し目1、裏目3、SM、「表目5、裏目5」を24回、表目5、SM、裏目2、かけ目、SM、すべり目2。（424目）

次段（裏面）：裏目2、SM、かけ目、表目3、SM、裏目5、「表目5、裏目5」を24回、SM、表目4、SM、表目1、SM、表目4、SM、「裏目5、表目5」を16回、SM、裏目3、かけ目、SM、浮き目2。（426目）

次段（表面）：表目2、SM、かけ目、表目4、SM、「裏目5、表目5」を16回、SM、裏目4、裏目の右ねじり増し目1、SM、表目1、SM、裏目の左ねじり増し目1、裏目4、SM、「表目5、裏目5」を24回、表目5、SM、裏目4、かけ目、SM、すべり目2。（430目）

次段（裏面）：裏目2、SM、かけ目、表目5、RM、裏目5、「表目5、裏目5」を24回、RM、表目5、SM、表目1、SM、表目5、RM、「裏目5、表目5」を16回、RM、裏目5、かけ目、SM、浮き目2。（432目）

ボーダー2

準備段（表面）：表目2、SM、かけ目、表目1、PM、「5目一度」を34回、SM、表目1、SM、「5目一度」を51回、PM、裏目1、かけ目、SM、すべり目2。（94目）

次段（裏面）：表目2、SM、かけ目、表目2、

SM、5目の編み出し増し目を合計51回、SM、表目1、SM、5目の編み出し増し目を合計34回、SM、裏目2、かけ目、SM、浮き目2。（436目）

次段（表面）：表目2、SM、かけ目、表目3、SM、「裏目5、表目5」を17回、PM、裏目の右ねじり増し目1、SM、表目1、SM、裏目の左ねじり増し目1、PM、「表目5、裏目5」を25回、表目5、SM、裏目3、かけ目、SM、すべり目2。（440目）

次段（裏面）：裏目2、SM、かけ目、表目4、SM、裏目5、「表目5、裏目5」を25回、SM、表目1、SM、表目1、SM、表目1、SM、「裏目5、表目5」を17回、SM、裏目4、かけ目、SM、浮き目2。（442目）

次段（表面）：表目2、SM、かけ目、PM、表目5、RM、「裏目5、表目5」を17回、SM、裏目1、裏目の右ねじり増し目1、SM、表目1、SM、裏目の左ねじり増し目1、裏目1、SM、「表目5、裏目5」を25回、表目5、RM、裏目5、PM、かけ目、SM、すべり目2。（446目）

次段（裏面）：裏目2、SM、かけ目、裏目1、SM、「表目5、裏目5」を26回、SM、表目2、SM、表目1、SM、表目2、「裏目5、表目5」を17回、裏目5、SM、表目1、かけ目、SM、浮き目2。（448目）

次段（表面）：表目2、SM、かけ目、裏目2、SM、表目5、「裏目5、表目5」を17回、SM、裏目2、裏目の右ねじり増し目1、SM、表目1、SM、裏目の左ねじり増し目1、裏目2、SM、「表目5、裏目5」を26回、SM、表目5、かけ目、SM、すべり目2。（452目）

次段（裏面）：裏目2、SM、かけ目、裏目3、SM、「表目5、裏目5」を26回、SM、表目3、SM、表目1、SM、表目3、SM、「裏目5、表目5」を17回、裏目5、SM、表目3、かけ目、SM、浮き目2。（454目）

次段（表面）：表目2、SM、かけ目、裏目4、SM、表目5、「裏目5、表目5」を17回、SM、裏目3、裏目の右ねじり増し目1、SM、表目1、SM、裏目の左ねじり増し目1、裏目3、SM、「表目5、裏目5」を26回、SM、表目4、かけ目、SM、すべり目2。（458目）

次段（裏面）：裏目2、SM、かけ目、PM、裏目5、RM、「表目5、裏目5」を26回、SM、表目4、SM、表目1、SM、表目4、SM、「裏目5、表目5」を17回、裏目5、RM、表目5、PM、かけ目、SM、浮き目2。（460目）

次段（表面）：表目2、SM、かけ目、表目1、SM、「裏目5、表目5」を18回、SM、裏目4、

裏目の右ねじり増し目1、SM、表目1、SM、裏目の左ねじり増し目1、裏目4、SM、表目5、「裏目5、表目5」を26回、PM、裏目1、かけ目、SM、すべり目2。(464目)

次段（裏面）：裏目2、SM、かけ目、表目2、SM、裏目5、「表目5、裏目5」を26回、RM、表目5、SM、表目1、SM、表目5、RM、「裏目5、表目5」を18回、SM、裏目2、かけ目、SM、浮き目2。(466目)

次段（表面）：表目2、SM、かけ目、表目3、SM、「裏目5、表目5」を18回、裏目5、PM、右ねじり増し目1、SM、表目1、SM、左ねじり増し目1、PM、「裏目5、表目5」を27回、SM、裏目3、かけ目、SM、すべり目2。(470目)

次段（裏面）：裏目2、SM、かけ目、表目4、SM、「裏目5、表目5」を27回、SM、裏目1、SM、表目1、SM、裏目1、SM、「表目5、裏目5」を18回、表目5、SM、裏目4、かけ目、SM、浮き目2。(472目)

次段（表面）：表目2、SM、かけ目、PM、表目5、RM、裏目5、「表目5、裏目5」を18回、SM、表目1、右ねじり増し目1、SM、表目1、SM、左ねじり増し目1、表目1、SM、「裏目5、表目5」を27回、RM、裏目5、PM、かけ目、SM、すべり目2。(476目）

次段（裏面）：裏目2、SM、かけ目、裏目1、SM、表目5、「裏目5、表目5」を27回、SM、裏目2、SM、表目1、SM、裏目2、SM、「表目5、裏目5」を19回、SM、表目1、かけ目、SM、浮き目2。(478目)

次段（表面）：表目2、SM、かけ目、裏目2、SM、「表目5、裏目5」を19回、SM、表目2、右ねじり増し目1、SM、表目1、SM、左ねじり増し目1、表目2、SM、「裏目5、表目5」を27回、裏目5、SM、表目2、かけ目、SM、すべり目2。(482目)

次段（裏面）：裏目2、SM、かけ目、裏目3、SM、表目5、「裏目5、表目5」を27回、SM、裏目3、SM、表目1、SM、裏目3、SM、「表目5、裏目5」を19回、SM、表目3、かけ目、SM、浮き目2。(484目)

次段（表面）：表目2、SM、かけ目、裏目4、SM、「表目5、裏目5」を19回、SM、表目3、右ねじり増し目1、SM、表目1、SM、左ねじり増し目1、表目3、SM、「裏目5、表目5」を27回、裏目5、SM、表目4、かけ目、SM、すべり目2。(488目)

次段（裏面）：裏目2、SM、かけ目、裏目5、RM、表目5、「裏目5、表目5」を27回、SM、裏目4、SM、表目1、SM、裏目4、SM、「表目5、裏目5」を19回、RM、表目5、かけ目、SM、浮き目2。(490目)

次段（表面）：表目2、SM、かけ目、表目1、裏目5、「表目5、裏目5」を19回、SM、表目4、右ねじり増し目1、SM、表目1、SM、左ねじり増し目1、表目4、SM、「裏目5、表目5」を28回、裏目1、かけ目、SM、すべり目2。(494目)

次段（表面）：裏目2、SM、かけ目、表目2、「裏目5、表目5」を28回、SM、裏目5、SM、表目1、SM、裏目5、SM、「表目5、裏目5」を19回、表目5、裏目2、かけ目、SM、浮き目2。(496目)

BIND-OFF ／止め

表目2、「右針の2目を左針に戻し、ねじり目を編むように2目を一度に編む」、「〜」を最後までくり返す。

FINISHING ／仕上げ

糸始末をしたあと、水通しをして寸法に合わせてブロッキングする。

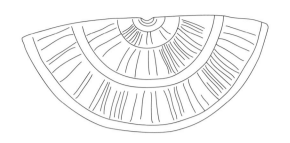

21 APERTURE

絞り

FINISHED MEASUREMENTS ／仕上がり寸法

幅：152.5 cm

長さ（最長）：76 cm

MATERIALS ／材料

糸：West Wool の Tandem（フォークランドメリノ90%・テクセルウール10%、230 m／100 g）

MC として〈Birch Tree〉4カセ、CC として〈Mouse〉2カセ

もしくは DK（並太〜合太）程度の糸を MC として約830 m、CC として420 m

針：4 mm（US6／JP6号）輪針（カラーワーク部分と止めに使用）

3.5 mm（US4／JP5号）輪針（ダブルニット部分に使用）

その他の道具：4.0mm（G-6／JP 7/0号）かぎ針、ステッチマーカー

GAUGE ／ゲージ

24目×28段（4.0mm針でメリヤス編みの編み込み模様・10cm角、ブロッキング後）

24目×28段（3.5mm針でダブルニッティング・10cm角、ブロッキング後）

SPECIAL ABBREVIATIONS AND TECHNIQUES ／特別な用語とテクニック

※下記の増し目は一般的な方法と少し異なるので注意。

左増し目：次の目を編まずに右針に移し、右針に移した目の1段下の目の左足に左針先を手前から入れて持ち上げ、その目を裏目に編む。（1目増）

※パターン中の「左増し目」は手順後半の増えた目を指す。

右増し目：左針にかかっている目の1段下の目に手前から右針先を入れて持ち上げて左針にのせ、その目を表目に編む。残っ

た元の目は編まずに右の針に移す。（1目増）

※パターン中の「右増し目」はこの手順の前半の増えた目を指す。

ねじり目の浮き目3：糸を手前におき、ねじり目のように左針の目の後ろ側に右針を入れて3目右針に移す。

リバーシブルクロッシェキャストオン

かぎ針にスリップノットを作って右手に持ち、スリップノットを押えながらかぎ針に糸を左側から右側にかける。（糸は右側にある状態で）かぎ針の先にかかったスリップノットと糸の2本を押さえ、編み針を左手に持ち、かぎ針をその上に直角に交差させ「×」になるように添える。

かぎ針と編み針が交差した「×」を崩さないよう、そしてかぎ針にかかった糸を落とさないように、糸をかぎ針の右側から編み針の下、そしてかぎ針の左側へ移し、かぎ針の針先に左から右へ糸をかける。これによってかぎ針に2本めの糸がかかり、かぎ針にはループが3本かかった状態になる。棒針はかぎ針の下に直角に交差し、かぎ針にかけた糸2本の間に挟まれる。

右手でかぎ針をしっかりと握り、最後にかけた糸をその前にかけた糸とスリップノットから引き出す。これで編み針に作り目が1目でき、かぎ針にループが1本残る。

編み針の上にかぎ針を直角に「×」にのせた状態を保ち、糸をかぎ針の上を左から右に糸をかけ、そのまま編み針の下を手前から左側へ、そしてかぎ針の上を左から右へ2本めの糸をかける。最後にかぎ針にかけた糸をその前の2本から引き出す。

この手順をくり返し、必要目数まであと1目のところまでくり返し、最後の1目はかぎ針にかかっている目を編み針の先にのせて必要目数になる。

NOTES ／メモ

すべり目は特に指示がない限り裏目を編むように（右から左へ）針を入れて右針に移す。

編み込み模様を編むときには渡り糸を絡げずに渡す。

チャートは色の配置を確認するためのもの。編み方の指示（メリヤス編み／裏メリヤス編み）については文章パターンの指示の通りに編む。

チャートは特に指示がない限りメリヤス編みする。

本パターン中の増し目について

「左増し目」、「右増し目」は、増し目の元となる目は編まない。増し目をしたら元の目は編まずに右針に移す。パターン中では「浮き目1、左増し目」または「右増し目、すべり目1」として記載し、パターン中では段のすべての目で増し目をする。「浮き目1」または「すべり目1」は増し目の元となる目を指す。
一般的な右増し目／左増し目は元の目と増やす目のどちらも編むが、今回は上記のように編むことで増し目がなめらかに仕上がる。

糸を渡すときにはCCを目立たせるため、MCの下になるように渡す。
毎段、最初に色替えを行うときにCCがMCの上になるよう交差させてからCCがMCの下になるように持つ。こうすることで2色の糸が固定され、端のアイコードと本体との間に隙間ができない。

糸継ぎは端の近くで行い、糸端をアイコードの中に糸始末する。

DIRECTIONS ／編み方

6号針とCCでリバーシブルクロッシェキャストオンの方法で14目作る。（本体6目、端のアイコード分として合計8目）

セクション1

1段め（表面）：ねじり目の浮き目3、裏目のねじり目1、表目のねじり目6、裏目のねじり目1、ねじり目の浮き目3。

2段め（裏面）：表目4、「浮き目1、左増し目」、「〜」を最後に4目残るまでくり返し、表目4。（6目増、合計20目になる）
3段め：MCに持ち替え、浮き目4、最後に2目残るまで表編み。編み地を返す。
4段め：最後に4目残るまで裏編み、浮き目4。
5段め：CCに持ち替え、浮き目3、裏目1、最後に4目残るまで表編み、裏目1、浮き目3。
6段め：表目4、「浮き目1、左増し目」、「〜」を最後に4目残るまでくり返し、表目4。（12目増、合計32目になる）

セクション2

1〜4段め：MCとCCでチャートAを編む。
5段め：CCに持ち替え、浮き目3、裏目1、最後に4目残るまで表編み、裏目1、浮き目3。
6段め：表目4、「浮き目1、左増し目」、「〜」を最後に4目残るまでくり返し、表目4。（24目増、合計56目になる）

セクション3

1段め（表面）：MCとCCでチャートBを編む。
2段め（裏面）：チャートBを10目分編む、PM、チャートBの続きを15目分編む、PM、チャートBの続きを最後まで編む。
3段め：チャートBをMまで編む、SM、MCとCCを編み地の手前に移し手前で糸を渡しながらチャートBの続きをMまで裏編み、SM、MCとCCの糸を編み地の後ろ側に移し後ろ側に渡しながらチャートBの続きを最後まで編む。
4段め：チャートBをMまで編む、SM、MCとCCを編み地の後ろで糸を渡しながらチャートBの続きをMまで表編み、SM、MCとCCを編み地の手前に移し手前で渡しながらチャートBの続きを最後まで編む。
5〜12段め：3・4段めの手順をくり返す。
13段め：CCに持ち替え、浮き目3、裏目1、Mをはずしながら最後に4目残るまで表編み、裏目1、浮き目3。
14段め：表目4、「浮き目1, 左増し目」、「〜」を最後に4目残るまでくり返し、表目4。（48目増、合計104目になる）

セクション4

1段め（表面）：MCとCCでチャートCを編む。
2段め（裏面）：チャートCを58目分編む、PM、チャートCの続き31目分編む、PM、チャートCの続きを最後まで編む。
3段め：チャートCをMまで編む、SM、MCとCCを編み地の手前に移し編み地の手前で糸を渡しながらチャートCの続きをMまで裏編み、SM、MCとCCを編み地の後ろ側に移しMCとCCの糸を後ろ側に渡しながらチャートCの続きを最後まで編む。
4段め：チャートCをMまで編む、SM、MCとCCを編み地の後ろ側に移し後ろ側で糸を渡しながら、チャートCの続きをMまで表編み、SM、MCとCCを編み地の手前に移してMCとCCの糸を手前で渡しながらチャートCの続きを最後まで編む。
5〜24段め：3・4段めの手順をくり返す。
25段め：CCに持ち替え、浮き目3、裏目1、最後に4目残るまでMをはずしながら表編み、裏目1、浮き目3。
26段め：表目4、「浮き目1、左増し目」、「〜」を最後に4目残るまでくり返し、表目4。（96目増、合計200目になる）

セクション5

1段め（表面）：MCとCCでチャートDを編む。
2段め（裏面）：チャートDを114目編む、PM、チャートDの続きをくり返しながら段の最後まで編む。
3段め：チャートDをMまで編み、SM、MCとCCを手前に移し、MCとCCの糸を編み地の手前で渡しながら最後まで裏編み。
4段め：チャートDを4目編み、MCとCCを編み地の後ろに移し、チャートDの続きをくり返し、MCとCCを編み地の後ろ側で渡しながらMまで表編み、SM、MCとCCを手前に移し、MCとCCを編み地の手前で渡しながらチャートDを最後まで編む。
5〜48段め：3・4段めの手順をくり返す。
49段め：CCに持ち替え、浮き目3、裏目1、Mまで表編み、SM、最後に4目残るまで裏編み、裏目1、浮き目3。
50段め：表目4、Mまで表編み、SM、最後に4目残るまで裏編み、表目4。

セクション6 ダブルニッティング

CCを切り、5号針に持ち替える。

1段め（表面）：MCで、すべり目4、Mまで表編み、SM、最後に4目残るまで裏編み、浮き目4。

2段め（裏面）：表目4、「右増し目、すべり目1」、「〜」をMまでくり返し、RM、「浮き目1、左増し目」、「〜」を最後に4目残るまでくり返し、表目4。
（192目増、合計392目になる）

3段め：浮き目3、裏目1、「浮き目1、表目1」、「〜」を最後に4目残るまでくり返し、裏目1、浮き目3。

4段め：表目4、「浮き目1、表目1」、「〜」を最後に4目残るまでくり返し、表目4。

5段め：浮き目4、「浮き目1、表目1」、「〜」を最後に4目残るまでくり返し、浮き目4。

6段め：表目4、「浮き目1、表目1」、「〜」を最後に4目残るまでくり返し、表目4。

7〜10段め：5・6段めと同様にあと2回編む。

11〜34段め：3〜10段めと同様にあと3回編む。両側で17段編んだことになる。

35段め：CCをつけ直し、浮き目4、左上2目一度を40回、PM、裏目の左上2目一度を51回、PM、左上2目一度を46回、PM、裏目の左上2目一度を27回、PM、左上2目一度を28回、浮き目4。（192目減、合計200目になる）

36段め：表目4、Mまで裏編み、SM、Mまで表編み、SM、Mまで裏編み、SM、Mまで表編み、SM、最後に4目残るまで裏編み、表目4。

37段め：浮き目3、裏目1、「右増し目、すべり目1」、「〜」をMまでくり返し、SM、「浮き目1、左増し目」、「〜」をMまでくり返し、SM、「右増し目1、すべり目1」、「〜」をMまでくり返し、SM、「浮き目1、左増し目」、「〜」をMまでくり返し、SM、「右増し目1、すべり目1」、「〜」を4目残るまでくり返し、裏目1、浮き目3。CCを切る。編み地は返さず、表面をもう一度編めるように編み地を反対側の針先までスライドさせる。
（192目増、合計392目になる）

セクション7

6号針に持ち替える。

1段め（表面）：CCの糸をつけ直し、MまでチャートEを編む、SM、チャートEの続きをくり返しながらMCとCCを編み地の手前に移し、MCとCCを編み地の手前で渡しながらMまで裏編み、SM、MCとCCを編み地の後ろ側に移し、MCとCCを編み地の後ろ側で渡しながらチャートEの続きをくり返しMまで編む、SM、MCとCCを編み地の手前に移しMCとCCを編み地の手前で渡しながらMまで裏編み、SM、MCとCCを編み地の後ろ側に移しMCとCCを編み地の後ろ側で渡しながらチャートEの続きを最後まで編む。

2段め（裏面）：チャートEをMまで編む、SM、チャートEの続きでMCとCCを編み地の後ろ側に移しMCとCCを編み地の手前で渡しながらMまで表編み、SM、MCとCCを編み地の手前に移しMCとCCを編み地の手前で渡しながらチャートEの続きをくり返しMまで編む、SM、MCとCCを編み地の後ろ側に移し、MCとCCを編み地の後ろ側で渡しながらチャートEの続きをくり返しMまで表編み、SM、MCとCCを編み地の手前に移し、MCとCCを編み地の手前で渡しながらチャートEの続きを最後まで編む。

3〜66段め：1・2段めの手順をくり返す。

67段め：CCで、浮き目3、裏目1、Mまで表編み、SM、Mまで裏編み、SM、Mまで表編み、SM、Mまで裏編み、SM、最後に4目残るまで表編み、裏目1、浮き目3。

68段め：表目4、Mまで裏編み、SM、Mまで表編み、SM、Mまで裏編み、SM、Mまで表編み、SM、最後に4目残るまで裏編み、表目4。CCを切る。

セクション8 ダブルニッティング

5号針に持ち替える。

1段め（表面）：MCに持ち替え、すべり目4、Mまで表編み、SM、Mまで裏編み、SM、Mまで表編み、SM、Mまで裏編み、SM、最後に4目残るまで表編み、浮き目4。

2段め（裏面）：表目4、「浮き目1、左増し目」、「〜」をMまでくり返し、SM、「右増し目、すべり目1」、「〜」をMまでくり返し、SM、「浮き目1、左増し目」、「〜」をMまでくり返し、SM、「右増し目、すべり目1」、「〜」をMまでくり返し、SM、「浮き目1、左増し目」、「〜」を最後に4目残るまでくり返し、表目4。（384目増、合計776目になる）

3段め：浮き目3、裏目1、「浮き目1、表目1」、Mを移動させながら「〜」を最後に4目残るまでくり返し、裏目1、浮き目3。

4段め：表目4、「浮き目1、表目1」、Mを移しながら「〜」を最後に4目残るまでくり返し、表目4。

5段め：浮き目4、「浮き目1、表目1」、Mを移しながら「〜」を最後に4目残るまでくり返し、浮き目4。

6段め：表目4、「浮き目1、表目1」、Mを移しながら「〜」を最後に4目残るまでくり返し、表目4。

7〜10段め：5・6段めと同様にあと2回編む。

11〜34段め：3〜10段めと同様にあと3回編む。両側で17段編んだことになる。

35段め：CCをつけ直し、浮き目4、Mまで左上2目一度をくり返す、RM、Mまで裏目の左上2目一度をくり返す、RM、Mまで左上2目一度をくり返す、RM、Mまで裏目の左上2目一度をくり返す、RM、最後に4目残るまで表編み、浮き目4。
（384目減、合計392目になる）

FINISHING／仕上げ

6号針に持ち替える。

①：表目4、左針に4目戻し、表目3、左針に3目戻し、表目2、左針に2目戻し、表目1、左針に1目戻し、表目2、左針に2目戻し、表目3、左針に3目戻す。

※この手順によって端の目を引き返し編みで角を作りながら止める。

②：「表目2、右上2目一度、左針に3目戻す」、「〜」を最後に6目（アイコードの3目と端目3目）残るまでくり返す。

③：左針にすべての目がかかった状態で、表目3、左針に3目戻し、表目2、左針に2目戻し、表目1、左針に1目戻し、表目2、この2目は右針に残し、すべり目1。

右針のアイコードの3目と左針の端目3目をメリヤスはぎで合わせる。

※この手順によって端の目を引き返し編みで角を作りながら止める。

糸始末をしたあと、水通しをして寸法に合わせてブロッキングする。

チャートA

偶数段／裏面 奇数段／表面

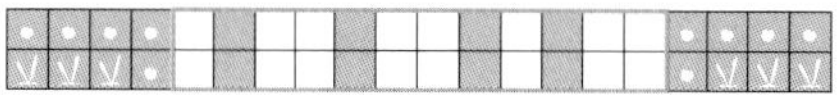

チャートB

偶数段／裏面 奇数段／表面

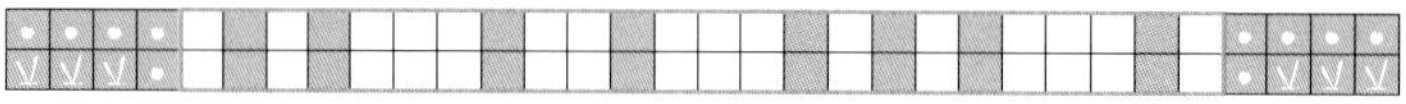

チャートC

偶数段／裏面 奇数段／表面

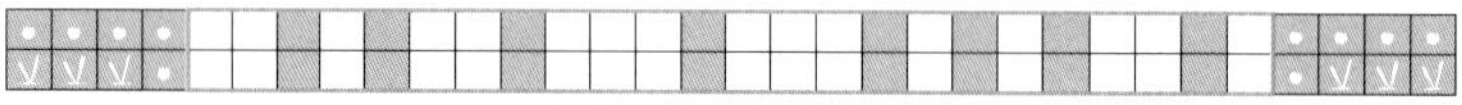

チャートD

偶数段／裏面 奇数段／表面

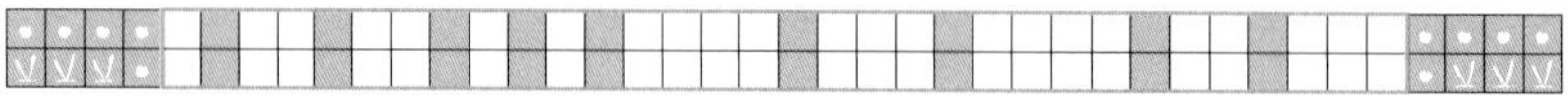

チャートE

偶数段／裏面 奇数段／表面

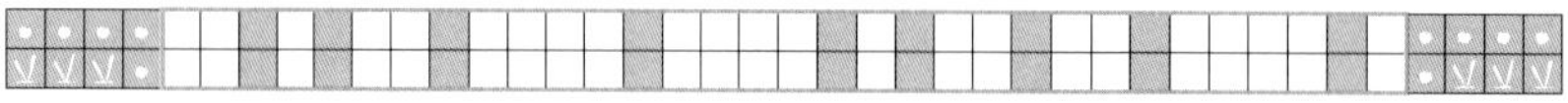

	メリヤス編み：	表面／表編み
		裏面／裏編み
	裏メリヤス編み：	表面／裏編み
		裏面／表編み

	MC
	CC
	繰り返し部分

・	表面／裏目
	裏面／表目
V	表面／浮き目

色替えはチャートを参照し、表または裏編みの指示に従ってください。

22 KORPSÅNG

合唱曲

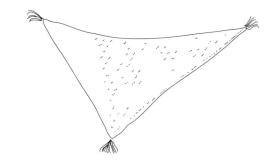

FINISHED MEASUREMENTS ／仕上がり寸法

幅：163 cm
丈：78 cm

MATERIALS ／材料

糸：The Birlinn Yarn Company の 4Ply Natural（チェビオット
ウール 100%、175m ／50g）MC として〈Canach - Bog Cotton〉
5 カセ
The Birlinn Yarn Company の 4Ply Natural（ヘブリディーズ
ウール 100%、175 m/ 50 g）、CC として〈Mòine-dhon – Peaty
brown〉1 カセ
もしくはスポーツ（合太）程度の糸を MC として 800 m、CC と
して 120 m
針：3.75 mm（US5 ／JP5 〜JP6）輪針
その他の道具：ステッチマーカー

GAUGE ／ゲージ

21 目× 32 段（模様編み・10cm 角、ブロッキング済み）

STITCH PATTERNS ／模様編み

バード模様

1 段め（表面）：表目 1、かけ目、左上 2 目一度。
2・4・6 段め：裏編み。
3 段め：右上 2 目一度、かけ目、表目 1。
5 段め：1 段めと同様に編む。
1 〜 6 段めまでをくり返す。

左端：すべり目模様

1 段め（表面）：「表目 1、すべり目 1」を 2 回、表目 2。
2 段め（裏面）：表目 2、「裏目 1、表目 1」を 2 回。
1・2 段めをくり返す。

右端：ガーター編み

1 段め（表面）：表目 3。
2 段め（裏面）：表目 3。
1・2 段めをくり返す。

SPECIAL TECHNIQUES ／特別なテクニック

左縁編みの刺繍

刺繍は CC 糸を先の丸いとじ針に通して、作り目の端から刺し
はじめる。
①：左側のすべり目の中心に針を入れ、右側のすべり目の中心
　　から針を出す。
②：針を出した右側のすべり目の足 2 本の下を通し、斜めに横
　　切るように 1 段上の左のすべり目の足 2 本の下を通す。
左端全体を通して①・②をくり返す。最後は裏面で糸始末し、
糸端はタッセルの中に入れて処理する。

NOTES ／メモ

チャートは右から左へ読み進める。チャートには表面のみ記
載。裏面はすべて裏編みする。

ショール全体を通しての右端は 3 目のガーター編み、左端がす
べり目模様というように異なる模様で編む。（上記の「模様編
み」参照）。全体を通して表面を編むたびに、編みはじめの端 3
目の直後に 1 目増し目をする。

基本となる模様は以下の通り

表面：表目 3、SM、左ねじり増し目 1。MB までチャートの通
りに編む、SM、「表目 1、すべり目 1」を 2 回、表目 2。
裏面：表目 2、「裏目 1、表目 1」を 2 回、SM、MA まで裏編み、
SM、表目 3。

ショールの下端にはガーター編みがバイヤス状に入る。これは
裏面を編むたびにガーター編みを 3 目ずつ多く編むことによる。
バード模様は左右対称になるように位置をずらす。

バード模様は 6 段の模様でショールの全体を通してメリヤス編
み 8 目で間隔をあけながら編む。バード模様の最後の段に取り
外し可能なマーカーを付けておくと次の模様の編みはじめが分
かりやすい。

DIRECTIONS／編み方

※ここでは、マーカー（M）をA、B、Cで区別している。

3目作って1段表編み。

次段：2目の編み出し増し目を3回。6目になる。

準備のセクション

1段め（裏面）：表目2、「裏目1、表目1」を2回。

2段め（表面）：2目の編み出し増し目、表目5。（7目）

3段め（裏面）：表目2、「裏目1、表目1」を2回、表目1。

4段め（表面）：2目の編み出し増し目、「表目1、すべり目1」を2回、表目2。（8目）

5段め（裏面）：表目2、「裏目1、表目1」を2回、最後まで表編み。

6段め（表面）：2目の編み出し増し目、表目1、PMA、「表目1、すべり目1」を2回、表目2。（9目）

7段め（裏面）：表目2、「裏目1、表目1」を2回、SM、最後まで表編み。

8段め（表面）：MAまで表編み、SM、左ねじり増し目、PMB、「表目1、すべり目1」を2回、表目2。（10目）

9段め（裏面）：表目2、「裏目1、表目1」を2回、SM、Mまで裏編み、SM、表目3。

10段め（表面）：Mまで表編み、SM、左ねじり増し目、Mまで表編み、SM、「表目1、すべり目1」を2回、表目2。（11目）

Mの間が8目になるまで9・10段めを編む。9段めをもう一度編む。

チャートA

1段め（表面）：表目3、SM、MBまでチャートAの通りに編む、SM、「表目1、すべり目1」を2回、表目2。

2段め（裏面）：表目2、「裏目1、表目1」を2回、SM、MAまで裏編み、SM、表目3。チャートAをひと通り編む。MAとMBの間の目数は22目になる。

チャートB

1段め（表面）：表目3、SM、MBの手前に6目残るまでチャートBを編む、表目1、かけ目、左上2目一度、表目3、SM、「表

目1、すべり目1」を2回、表目2。

2段めと偶数段すべて：表目2、「裏目1、表目1」を2回、SM、MAまで裏編み、SM、表目3。

3段め：表目3、SM、MBの手前に6目残るまでチャートBを編む、右上2目一度、かけ目、表目4、SM、「表目1、すべり目1」を2回、表目2。

5段め：表目3、SM、MBの手前に6目残るまでチャートBを編む、表目1、かけ目、左上2目一度、表目3、SM、「表目1、すべり目1」を2回、表目2。

7、9、11、13段め：表目3、SM、MBの手前に6目残るまでチャートBを編む、表目6、SM、「表目1、すべり目1」を2回、表目2。

15、17、19、21、23、25、27段め：表目3、SM、MBの手前に5目残るまでチャートBを編む、表目5、SM、「表目1、すべり目1」を2回、表目2。

29、31、33、35、37、39、41段め：表目3、SM、MBまでチャートBを編む、SM、「表目1、すべり目1」を2回編む、表目2。

43、45、47、49、51、53、55段め：表目3、SM、MBの手前に7目残るまでチャートBを編む、表目7、SM、「表目1、すべり目1」を2回、表目2。

57、59、61、63、65、67、69段め：表目3、SM、MBの手前に2目残るまでチャートBを編む、表目2、SM、「表目1、すべり目1」を2回、表目2。

71、73、75、77、79、81、83段め：表目3、SM、MBの手前に9目残るまでチャートBを編む、表目9、SM、「表目1、すべり目1」を2回、表目2。

85、87、89、91、93、95、97段め：表目3、SM、MBの手前に4目残るまでチャートBを編む、表目4、SM、「表目1、すべり目1」を2回、表目2。

89段め：表目3、SM、MBの手前に11目残るまでチャートBを編む、表目5、かけ目、左上2目一度、表目4、SM、「表目1、すべり目1」を2回、表目2。

101段め：表目3、SM、MBの手前に11目残るまでチャートBを編む、表目4、右上2目一度、かけ目、表目5、SM、「表目1、すべり目1」を2回、表目2。

103段め：表目3、SM、MBの手前に11目残るまでチャートBを編む、表目5、かけ目、左上2目一度、表目4、SM、「表目1、すべり目1」を2回、表目2。

105、107、109、111段め：表目3、SM、

MBの手前に11目残るまでチャートBを編む、表目11、SM、「表目1、すべり目1」を2回、表目2。

113、115、117、119、121、123、125段め：表目3、SM、MBの手前に6目残るまでチャートBを編む、表目6、SM、「表目1、すべり目1」を2回、表目2。

127、129、131、133、135、137、139段め：表目3、SM、MBの手前に1目残るまでチャートBを編む、表目1、SM、「表目1、すべり目1」を2回、表目2。

141、143、145、147、149、151、153段め：表目3、SM、MBの手前に8目残るまでチャートBを編む、表目8、SM、「表目1、すべり目1」を2回、表目2。

155、157、159、161、163、165、167段め：表目3、SM、MBの手前に3目残るまでチャートBを編む、表目3、SM、「表目1、すべり目1」を2回、表目2。

1〜168段めまでを一度編む。必要に応じてくり返し部分を指定の回数編む（最後は裏面の段を編む）。

1〜75段めまでをもう一度編む。75段めで3つ目のバード模様の最初のかけ目の前（Aから32目め）にPMC。こうすることで端のガーター編みセクションを編みながらバード模様の位置を揃えることができる。以降、このマーカーは移動させながら編む。MAとMBの間は144目になる。

端のガーター編みを編みはじめる

1段め（裏面）：表目2、「裏目1、表目1」を2回、SM、MCまで裏編み、SM、MAまで裏編み、SM、表目3。

2段め（表面）：表目3、SM、左ねじり増し目、表目3、PMD、MCまで表編み、SM、MBまで表編み、SM,「表目1、すべり目1」を2回、表目2。

3段めと裏面の段すべて：表目2、「裏目1、表目1」を2回、SM、MCまで裏編み、SM、MDまで裏編み、SM、MAまで表編み、SM、表目3。

4段め：表目3、SM、左ねじり増し目、MDまで表編み、MDをはずす、表目3、MDをつけ直す、MCまで表編み、SM、MBまで表編み、SM、「表目1、すべり目1」を2回、表目2。

5〜8段め：3・4段めを2回編む。
MAとMBの間は148目になる。

バード模様とガーター編み
セクション1

10段め（表面）：表目3、SM、左ねじり増し目1、MDまで表編み、MDをはずす、表目3、MDをつけ直す、MCまで表編み、SM、MBの手前に4目残るまでバード模様のチャートをくり返す、MBまで表編み、SM、「表目1、すべり目1」を2回編む、表目2。

12段め（表面）：表目3、SM、左ねじり増し目1、MDまで表編み、MDをはずす、表目3、MDをつけ直す、MCまで表編み、SM、MBの手前に4目残るまでバード模様のチャートをくり返す、MBまで表編み、SM、「表目1、すべり目1」を2回編み、表目2。

14段め（表面）：10段めと同様に編むと同時に、MCをはずし、2つ目のバード模様の最初のかけ目の手前（MDから28目）につけ直す。

15〜22段め：3・4段めを4回編む。MAとMBの間は155目になる。

バード模様とガーター編み
セクション2

注意：最後の模様は目数が1目少なくなる。

24段め（表面）：表目3、SM、左ねじり増し目1、MDまで表編み、MDをはずす、表目3、MDをつけ直す、MCまで表編み、SM、MBまでバード模様のチャートをくり返す、SM、「表目1、すべり目1」を2回、表目2。

26段め（表面）：表目3、SM、左ねじり増し目1、MDまで表編み、MDをはずす、表目3、MDをつけ直す、MCまで表編み、SM、MBまでバード模様のチャートをくり返す、SM、「表目1、すべり目1」を2回、表目2。

28段め（表面）：24段めと同様に編むと同時に、MCをはずし、2つ目のバードの最初のかけ目の手前（MDから28目）につけ直す。

29〜36段め：3・4段めを4回編む。MAとMBの間は162目になる。

バード模様とガーター編み
セクション3

38段め（表面）：表目3、SM、左ねじり増し目1、MDまで表編み、MDをはずす、表目3、MDをつけ直す、MCまで表編み、SM、MBの手前に6目残るまでバード模様のチャートをくり返す、MBまで表編み、SM、「表目1、すべり目1」を2回、表目2。

40段め（表面）：表目3、SM、左ねじり増し目1、MDまで表編み、MDをはずす、表目3、MDをつけ直す、MCまで表編み、SM、MBの手前に7目残るまでバード模様のチャートをくり返し、MBまで表編み、SM、「表目1、すべり目1」を2回、表目2。

42段め（表面）：38段めと同様に編むと同時に、MCをはずし、3つ目のバード模様の最初のかけ目の手前（MDから32目）につけ直す。

43〜50段め：3・4段めを4回編む。MAとMBの間は169目になる。

バード模様とガーター編み
セクション4

52段め（表面）：表目3、SM、左ねじり増し目1、MDまで表編み、MDをはずす、表目3、MDをつけ直す、MCまで表編み、SM、MBの手前に1目残るまでバード模様のチャートをくり返し、MBまで表編み、SM、「表目1、すべり目1」を2回、表目2。

54段め（表面）：表目3、SM、左ねじり増し目1、MDまで表編み、MDをはずす、表目3、MDをつけ直す、MCまで表編み、SM、MBの手前に2目残るまでバード模様のチャートをくり返し編む、MBまで表編み、SM、「表目1、すべり目1」を2回編み、表目2。

56段め（表面）：52段めと同様に編みながらMCをはずし、2つ目のバード模様の最初のかけ目の手前（MDから28目）につけ直す。

57〜64段め：3・4段めを4回編む。MAとMBの間は176目になる。

バード模様とガーター編み
セクション5

66段め（表面）：表目3、SM、左ねじり増し目1、MDまで表編み、MDをはずす、表目3、MDをつけ直す、MCまで表編み、SM、MBの手前に8目残るまでバード模様のチャートをくり返し、MBまで表編み、SM、「表目1、すべり目1」を2回、表目2。

68段め（表面）：表目3、SM、左ねじり増し目1、MDまで表編み、MDをはずす、表目3、MDをつけ直す、MCまで表編み、SM、MBの手前に9目残るまでバード模様のチャートをくり返す、MBまで表編み、SM、「表目1、すべり目1」を2回編み、表目2。

70段め（表面）：66段めと同様に編むと同時に、MCをはずし、2つ目のバード模様の最初のかけ目の手前（MDから24目）につけ直す。

71〜78段め：3・4段めを4回編む。MAとMBの間は183目になる。

バード模様とガーター編み
セクション6

80段め（表面）：表目3、SM、左ねじり増し目1、MDまで表編み、MDをはずす、表目3、MDをつけ直す、MCまで表編み、SM、MBの手前に3目残るまでバード模様のチャートをくり返し、MBまで表編み、SM、「表目1、すべり目1」を2回編み、表目2。

82段め（表面）：表目3、SM、左ねじり増し目1、MDまで表編み、MDをはずす、表目3、MDをつけ直す、MCまで表編み、SM、MBの手前に3目残るまでバード模様のチャートをくり返し編む、MBまで表編み、SM、「表目1、すべり目1」を2回、表目2。

84段め（表面）：80段めと同様に編む。MCをはずす。

85段め（裏面）：表目2、「裏目1、表目1」を2回、SM、MDまで裏編み、SM、MAまで表編み、SM、表目3。

86段め（表面）：表目2、SM、左ねじり増し目1、MDまで表編み、MDをはずす、表目3、MDをつけ直す、MBまで表編み、SM、「表目1、すべり目1」を2回、表目2。

87〜88段め：85・86段めをもう一度編み、88段めを編みながらMDをはずす。

89段め（裏面）：表目2、「裏目1、表目1」を2回、SM、MAまで表編み、SM、表目3。

90段め（表面）：表目3、SM、左ねじり増し目1、MBまで表編み、SM、「表目1、すべり目1」を2回、表目2。

91〜92段め：89・90段めと同様に編む。

93段め（裏面）：89段めをもう一度編む。MAとMBの間は190目になる。

伸縮性のある止め方で止める。

FINISHING ／仕上げ

糸始末をしたあと、水通しをして寸法に合わせてブロッキングする。
左端の縁編みに刺繍を刺す。

タッセルを作る

タッセルを作り、角に1つずつ付ける。
CCの糸と7cmのタッセルメーカー（または厚紙）に、糸を50回巻く。とじ針に長さ20cmのCC糸を巻いた糸の束の下を通して、タッセルの上部で結ぶ。タッセルメーカー（または厚紙）からタッセルを外し、タッセルの上端から2cm下がった位置に糸を数回しっかりと巻き付ける。タッセルの下端を切り開いて揃える。同じ要領であと2つ作る。出来た上がったタッセルを三角に、刺繍を刺した部分は刺した端の部分は隠すように縫い付ける。

チャートA

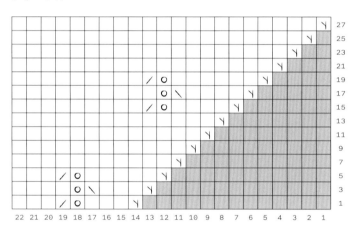

チャートB

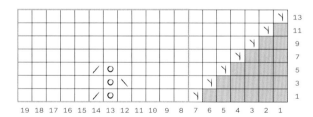

チャートC

	表目
\	右上2目一度
/	左上2目一度
O	かけ目
↘	左ねじり増し目
▨	実際にはない目
	くり返し部分

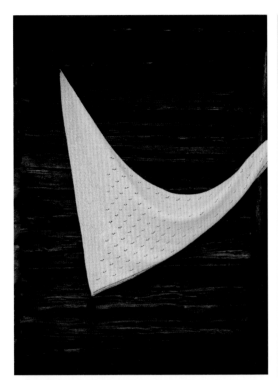

23 LEVEZA

エアリー

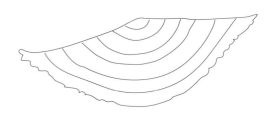

FINISHED MEASUREMENTS ／仕上がり寸法

幅：約260 cm
丈（中心）：104 cm

MATERIALS ／材料

糸：Neighborhood Fiber Co. の Loft（キッドモヘヤ60％・シルク40％、320m ／28g）MC〈Charles Centre〉3カセ、CC〈Cross Street Market〉1カセ
もしくはレース（極細）程度のモヘヤをMCとして約915m、CCとして約320m
針：5mm（US8／JP10号）の輪針
その他の道具：ステッチマーカー、取り外し可能なマーカー、なわ編み針

GAUGE ／ゲージ

20目×28段（メリヤス編み・10cm角、ブロッキング後）
26目×21段（ボブルステッチ模様・10c m角、ブロッキング後）

SPECIAL ABBREVIATIONS ／特別な用語

5目の編み出し増し目：1目に「表目1、かけ目、表目1、かけ目、表目1」を編み入れる。（4目増）
裏目の5目一度：5目を一度に裏目に編む。（4目減）

STITCH PATTERNS ／模様編み

ボブルステッチ模様（6目の倍数）
1段め（表面）：表編み。
2段め（裏面）：「裏目の5目一度、5目の編み出し増し目」、「〜」を最後までくり返す。
3段め：表編み。
4段め：「5目の編み出し増し目、裏目の5目一度」、「〜」を最後までくり返す。
1〜4段めをくり返す。

NOTES ／メモ

色替えは32段ごとに行う。ゲージはボブルの大きさやドレープ感、そして仕上がり寸法の目安として確認しておくとよい。表面に取り外し可能なマーカーを付けておくと便利。

モヘヤとシルクには伸縮性がないためブロッキングは必須。編み進むに従ってこのショールは半円ではなく「洋ナシ型」のような形に見えてくる。ブロッキングは水通した後のウェットブロッキング、もしくはスチームブロッキングがよい。最初に横幅（ショールの上端）を直線に整えてピンを打ち、残りの半円形を指先または必要に応じてピン打ちして調整する。

DIRECTIONS ／編み方

ストキネットタブ（メリヤス編みの編み地からの作り目）

別鎖の作り目からMCで4目拾う。
次段（表面）からメリヤス編みで合計8段編む。
次段（表面）：表目4、編み地を90度回転させ、編み地の端から4目拾う。さらに90度回転させ別鎖をほどいて目を左針に移し、表目4（合計12目になる）。
準備の増し目段（裏面）：裏目3、PM、裏目6、PM、浮き目3。

セクション1（MCで3段）

増し目段（表面）：表目3、SM、「表目1、かけ目」を6回、SM、すべり目3。（6目増、18になる）
次段（裏面）：裏目3、SM、Mまで裏編み、SM、浮き目3。
次段：表目3、SM、Mまで表編み、SM、すべり目3。

セクション2（MCで8段）

増し目段（裏面）：裏目3、SM、「かけ目、裏目1」を12回、SM、浮き目3。（12増、30になる）
次段（表面）：表目3、SM、Mまで表編み、SM、すべり目3。
次段（裏面）：裏目3、SM、「5目の編み出し増し目、裏目の5目一度」、「〜」を合計4回編む、SM、浮き目3。
次段：表目3、SM、Mまで表編み、SM、すべり目3。
次段（裏面）：裏目3、SM、「裏目の5目一度、5目の編み出し増し目」、「〜」を合計4回編む、SM、浮き目3。
次段：表目3、SM、Mまで表編み、SM、すべり目3。
次段（裏面）：裏目3、SM、「5目の編み出し増し目、裏目の5目一度」、「〜」を合計4回編む、SM、浮き目3。
次段：表目3、SM、Mまで表編み、SM、すべり目3。

セクション3（MCで16段）

増し目段（裏面）：裏目3、SM、「かけ目、裏目1」を24回編む、

SM、浮き目3。(24目増、54目になる)

次段(表面)：表目3、SM、Mまで表編み、SM、すべり目3。

次段：裏目3、SM、「裏目の5目一度、5目の編み出し増し目」、「〜」を合計8回編む、SM、浮き目3。

次段：表目3、SM、Mまで表編み、SM、すべり目3。

次段：裏目3、SM、「5目の編み出し増し目、裏目の5目一度」、「〜」を合計8回編む、SM、浮き目3。

次段：表目3、SM、Mまで表編み、SM、すべり目3。

次段：裏目3、SM、「裏目の5目一度、5目の編み出し増し目」、「〜」を合計8回編む、SM、浮き目3。

最後の4段をあと2回編む。合計12段。

次段(表面)：表目3、SM、Mまで表編み、SM、すべり目3。

セクション4
(32段－MC3段、CC29段)

増し目段(裏面)：裏目3、SM、「かけ目、裏目1」を48回編む、SM、浮き目3。(48目増、102目になる)

次段(表面)：表目3、SM、Mまで表編み、SM、すべり目3。

次段：裏目3、SM、「5目の編み出し増し目、裏目の5目一度」、「〜」を合計16回編む、SM、浮き目3。

糸端を約10cm残して糸を切る。

次段：CCで、表目3、SM、Mまで表編み、SM、すべり目3。

次段：裏目3、SM、「裏目の5目一度、5目の編み出し増し目」、「〜」を合計16回編む、SM、浮き目3。

次段：表目3、SM、Mまで表編み、SM、すべり目3。

次段：裏目3、SM、「5目の編み出し増し目、裏目の5目一度」、「〜」を合計16回編む、SM、浮き目3。

最後の4段をあと6回編む。合計28段。

次段(表面)：表目3、SM、Mまで表編み、SM、すべり目3。

セクション5
(64段－CC3段、MC32段、CC29段)

増し目段(裏面)：裏目3、SM、「かけ目、裏目1」を96回編む、SM、浮き目3。(96目増、198目になる)

次段(表面)：表目3、SM、Mまで表編み、SM、すべり目3。

次段：裏目3、SM、「裏目の5目一度、5目の編み出し増し目」、「〜」を合計32回編む、SM、浮き目3。

糸端を約10cm残して糸を切る。

次段：MCに持ち替え、表目3、SM、Mまで表編み、SM、すべり目3。

次段：裏目3、SM、「5目の編み出し増し目、裏目の5目一度」、「〜」を合計32回編む、SM、浮き目3。

次段：表目3、SM、Mまで表編み、SM、すべり目3。

次段：裏目3、SM、「裏目の5目一度、5目の編み出し増し目」、「〜」を合計32回編む、SM、浮き目3。

最後の4段をあと7回編む。合計32段。

糸端を約10cm残して糸を切る。

次段(表面)：CCに持ち替え、表目3、SM、Mまで表編み、SM、すべり目3。

次段(裏面)：裏目3、SM、「5目の編み出し増し目、裏目の5目一度」、「〜」を合計32回編む、SM、浮き目3。

次段：表目3、SM、Mまで表編み、SM、すべり目3.

次段：裏目3、SM、「裏目の5目一度、5目の編み出し増し目」、「〜」を合計32回編む、SM、浮き目3。

最後の4段をあと6回編む。合計28段。

次段(表面)：表目3、SM、Mまで表編み、SM、すべり目3。

セクション6
(96段－CC3段、MC32段、CC32段、MC29段)

増し目段(裏面)：裏目3、SM、「かけ目、裏目1」を192回、SM、浮き目3。(192目増、合計390目)

次段(表面)：表目3、SM、Mまで表編み、SM、すべり目3。

次段：裏目3、SM、「5目の編み出し増し目、裏目の5目一度」、「〜」を合計64回編む、SM、浮き目3。

糸端を約10cm残して糸を切る。

次段：MCに持ち替え、表目3、SM、Mまで表編み、SM、すべり目3。

次段：裏目3、SM、「裏目の5目一度、5目の編み出し増し目」、「〜」を合計64回編む、SM、浮き目3。

次段：表目3、SM、Mまで表編み、SM、すべり目3。

次段：裏目3、SM、「5目の編み出し増し目、裏目の5目一度」、「〜」を合計64回編む、SM、浮き目3。

最後の4段をあと7回編む。合計32段。

糸端を約10cm残して糸を切る。

次段(表面)：CCに持ち替え、表目3、SM、Mまで表編み、SM、すべり目3。

次段(裏面)：裏目3、SM、「裏目の5目一度、5目の編み出し増し目」、「〜」を合計64回編む、SM、浮き目3。

次段：表目3、SM、Mまで表編み、SM、すべり目3。

次段：裏目3、SM、「5目の編み出し増し目、裏目の5目一度」、「〜」を合計64回編む、SM、浮き目3。

最後の4段をあと7回編む。合計32段。

糸端を約10cm残して糸を切る。

次段(表面)：MCに持ち替え、表目3、SM、Mまで表編み、SM、すべり目3。

次段(裏面)：裏目3、SM、「裏目の5目一度、5目の編み出し増し目」、「〜」を合計64回編む、SM、浮き目3。

次段：表目3、SM、Mまで表編み、SM、すべり目3。

次段：裏目3、SM、「5目の編み出し増し目、裏目の5目一度」、「〜」を合計64回編む、SM、浮き目3。

最後の4段をあと6回編む。合計28段。

次段(表面)：表目3、SM、Mまで表編み、SM、すべり目3。

セクション7
(7段－CC3段、MC4段)

増し目段(裏面)：裏目3、SM、「かけ目、裏目1」を384回編む、SM、浮き目3。(384増、774目になる)

次段(表面)：表目3、SM、Mまで表編み、SM、すべり目3。

次段：裏目3、SM、「5目の編み出し増し目、裏目の5目一度」、「〜」を合計128回編む、SM、浮き目3。

次段：MCで、表目3、SM、Mまで表編み、SM、すべり目3。

次段：裏目3、SM、Mまで表編み、SM、浮き目3。

最後の2段をあと1回編む。合計4段。

BIND-OFF／止め

次の手順でゆるめに止める：表目2、「右針の2目を左針に戻し、表目のねじり目を

編むように2目を一度に編む」、「〜」を最
後までくり返す。

FINISHING ／仕上げ

糸始末をしたあと、水通しまたはスチーム
を当て、寸法に合わせてブロッキングす
る。

ブロッキング順

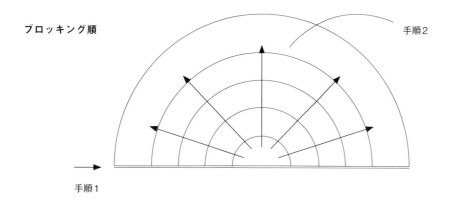

手順2

手順1

24 SOLARI

太陽

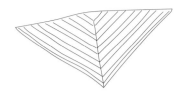

SIZES ／サイズ

サイズ1 {2} サンプルはサイズ2

FINISHED MEASUREMENTS ／仕上がり寸法

幅：157 {190} cm
中心の長さ：66 {84} cm

MATERIALS ／材料

糸：Hudson + West Co. の Weld（メリノ70%・コリデール
30%、183m／50g）
MC〈Fawn〉3 {5} カセ、CC〈Gold Leaf〉3 {4} カセ
もしくはフィンガリング（中細）程度の糸をMCとして549
{768} m、CCとして457 {622} m
針：3.5 mm（US4／JP5）の輪針
その他の道具：取り外し可能なマーカー

GAUGE ／ゲージ

24目×34段（3.5mm針でオルタネーティングリブステッチ・
10cm角、ブロッキング後）

STITCH PATTERNS ／模様編み

オルタネーティングリブステッチ

1段め（表面）：表目3、SM、右ねじり増し目、Mまで表編み、
左ねじり増し目、SM、表目1、SM、右ねじり増し目、Mまで
表編み、左ねじり増し目、SM、表目3。
2段め（裏面）：表目3、SM、「表目1、裏目1」をMまでくり返
す、SM、裏目1、SM、「裏目1、表目1」をMまでくり返す、
SM、表目3。
3段め：表目3、SM、右ねじり増し目、「裏目1、表目1」をM
までくり返す、左ねじり増し目、SM、表目1、SM、右ねじり
増し目、「表目1、裏目1」をMまでくり返す、左ねじり増し目、
SM、表目3。
4段め：表目3、SM、「裏目1、表目1」をMまでくり返す、
SM、裏目1、SM、「表目1、裏目1」をMまでくり返す、SM、
表目3。
5段め：表目3、SM、右ねじり増し目、「表目1、裏目1」をM
までくり返す、左ねじり増し目、SM、表目1、SM、右ねじり
増し目、「裏目1、表目1」をMまでくり返す、左ねじり増し目、
SM、表目3。
6段め：2段めと同様に編む。
1〜6段めまでをあと3回編む。（48目増）

4目増やすガーター編み

1段め（表面）：表目3、SM、右ねじり増し目、Mまで表編み、
左ねじり増し目、SM、表目、SM、右ねじり増し目、Mまで
表目、左ねじり増し目、SM、表目3。
2段め（裏面）：表編み。

2目増やすガーター編み

1段め（表面）：表目3、SM、Mまで表編み、左ねじり増し目、
SM、表目1、SM、右ねじり増し目、Mまで表編み、SM、表
目3。
2段め（裏面）：表編み。

すべり目の矢羽根模様

1段め（表面）：表目3、SM、右ねじり増し目1、「表目3、浮き
目3」をMの手前に3目残るまでくり返し、表目3、左ねじり増
し目1、SM、表目1、SM、右ねじり増し目1、表目3、「浮き目
3、表目3」をMまでくり返し、左ねじり増し目1、SM、表目3。
2段め（裏面）：表目3、SM、すべり目2、「裏目3、すべり目3」
をMの手前に3目残るまでくり返し、裏目3、SM、裏目1、
SM、裏目3、「すべり目3、裏目3」をMの手前に2目残るまで
くり返し、すべり目2、SM、表目3。
3段め：表目3、SM、右ねじり増し目1、浮き目3、「表目3、浮
き目3」をMの手前に2目残るまでくり返す、表目2、左ねじり
増し目1、SM、表目1、SM、右ねじり増し目1、表目2、「浮き
目3、表目3」をMの手前に3目残るまでくり返し、浮き目3、左
ねじり増し目1、SM、表目3。
4段め：表目3、SM、裏目2、すべり目3、「裏目3、すべり目3」
をMの手前に2目残るまでくり返し、裏目2、SM、裏目1、
SM、裏目2、「すべり目3、裏目3」をMの手前に5目残るまでく
り返し、すべり目3、裏目2、SM、表目3。
5段め：表目3、SM、右ねじり増し目1、「表目3、浮き目3」を
Mの手前に1目残るまでくり返し、表目1、左ねじり増し目1、
SM、表目1、SM、右ねじり増し目1、表目1、「浮き目3、表目3」
をMまでくり返し、左ねじり増し目1、SM、表目3。
6段め：表目3、SM、すべり目2、「裏目3、すべり目3」をMの
手前に1目残るまでくり返し、裏目1、SM、裏目1、SM、裏目1、
「すべり目3、裏目3」をMの手前に2目残るまでくり返し、すべ
り目2、SM、表目3。
7段め：表目3、SM、右ねじり増し目1、浮き目3、「表目3、浮
き目3」をまでくり返し、左ねじり増し目1、SM、表目1、SM、
右ねじり増し目1、「浮き目3、表目3」をmの手前に3目残るま
でくり返し、浮き目3、左ねじり増し目1、SM、表目3。
8段め：表目3、SM、裏目2、すべり目3、「裏目3、すべり目3」
をMまでくり返し、SM、裏目1、SM、「すべり目3、裏目3」を

Mの手前に5目残るまでくり返し、すべり目3、裏目2、SM、表目3。

9段め：表目3、SM、右ねじり増し目1、「表目3、浮き目3」をMの手前に5目残るまでくり返し、表目3、浮き目2、左ねじり増し目1、SM、表目1、SM、右ねじり増し目1、浮き目2、表目3、「浮き目3、表目3」をMまでくり返し、左ねじり増し目1、SM、表目3。

10段め：表目3、SM、裏目2、「裏目3、すべり目3」をMの手前に5目残るまでくり返し、裏目3、すべり目2、SM、裏目1、SM、すべり目2、裏目3、「すべり目3、裏目3」をMの手前に2目残るまでくり返し、裏目2、SM、表目3。

11段め：表目3、SM、右ねじり増し目1、表目1、「表目3、浮き目3」をMまでくり返し、左ねじり増し目1、SM、表目1、SM、右ねじり増し目1、「浮き目3、表目3」をMの手前に1目残るまでくり返す、表目1、左ねじり増し目1、SM、表目3。

12段め：表目3、SM、裏目1、「裏目3、すべり目3」をMの手前に2目残るまでくり返す、裏目2、SM、裏目1、SM、裏目2、「すべり目3、裏目3」をMの手前に1目残るまでくり返し、裏目1、SM、表目3。

13段め：表目3、SM、右ねじり増し目1、「表目3、浮き目3」をMの手前に3目残るまでくり返し、表目3、左ねじり増し目1、SM、表目1、SM、右ねじり増し目1、表目3、「浮き目3、表目3」をMまでくり返し、左ねじり増し目1、SM、表目3。

14段め：表目3、SM、「裏目3、すべり目3」をMの手前に5目残るまでくり返し、裏目3、すべり目2、SM、裏目1、SM、すべり目2、裏目3、「すべり目3、裏目3」をMまでくり返し、SM、表目3。

15段め：表目3、SM、右ねじり増し目1、表目2、浮き目3、「表目3、浮き目3」をMまでくり返し、左ねじり増し目1、SM、表目1、SM、右ねじり増し目1、「浮き目3、表目3」をMの手前に5目残るまでくり返し、浮き目3、表目2、左ねじり増し目1、SM、表目3。

16段め：表目3、SM、裏目2、すべり目3、「裏目3、すべり目3」をMの手前に2目残るまでくり返し、裏目2、SM、裏目1、SM、裏目2、「すべり目3、裏目3」をMの手前に5目残るまでくり返し、すべり目3、裏目2、SM、表目3。

17段め：表目3、SM、右ねじり増し目1、表目1、浮き目3、「表目3、浮き目3」をMの手前に3目残るまでくり返し、表目3、左ね

じり増し目1、SM、表目1、SM、右ねじり増し目1、表目1、「浮き目3、表目3」をMの手前に4目残るまでくり返し、浮き目3、表目1、左ねじり増し目1、SM、表目3。

18段め：表目3、SM、裏目1、「すべり目3、裏目3」をMの手前に2目残るまでくり返し、すべり目2、SM、裏目1、SM、すべり目2、「裏目3、すべり目3」をMの手前に1目残るまでくり返し、裏目1、SM、表目3。

19段め：表目3、SM、右ねじり増し目1、浮き目3、「表目3、浮き目3」をMまでくり返し、左ねじり増し目1、SM、表目1、SM、右ねじり増し目1、「浮き目3、表目3」をMの手前に3目残るまでくり返し、浮き目3、左ねじり増し目1、SM、表目3。

20段め：表目3、SM、すべり目3、「裏目3、すべり目3」をMの手前に2目残るまでくり返し、裏目2、SM、裏目1、SM、裏目2、「すべり目3、裏目3」をMの手前に3目残るまでくり返し、すべり目3、SM、表目3。(40目増)

裏編みの2段

1段め(表面)：表目3、右ねじり増し目1、Mまで裏編み、左ねじり増し目1、SM、裏目1、SM、右ねじり増し目1、Mまで裏編み、左ねじり増し目1、SM、表目3。

2段め(裏面)：表目3、最後に3目残るまで裏編み、表目3。(4目増)

ブロークンリブステッチ

1段め(表面)：表目3、SM、右ねじり増し目1、Mまで表編み、左ねじり増し目1、SM、表目1、SM、右ねじり増し目1、Mまで表編み、左ねじり増し目1、SM、表目3。

2段め(裏面)：表目3、SM、「表目1、裏目1」をMまでくり返す、SM、裏目1、SM、「裏目1、表目1」を最後に3目残るまでくり返す、SM、表目3。

3段め(表面)：1段めと同様に編む。

4段め(裏面)：表目3、SM、「裏目1、表目1」をMまでくり返す、SM、裏目1、SM、「表目1、裏目1」を最後に3目残るまでくり返す、SM、表目3。(8目増)

NOTES／メモ

すべり目模様を編むときには、すべり目／浮き目の次の目はゆるめに編むことでブロッキング時に渡り糸を伸ばす余地を残す。すべり目／浮き目の直前で増し目をす

るときには、すべり目／浮き目ではなく、今編んだ目と次の目の間に渡っている糸で増し目をする。

ここでは2通りのサイズを紹介。パターンはガータータブキャストオンで作り目、最初の模様編みを編みはじめる前に準備段を2段編む。模様編みの①〜⑧を4 {5}回編んだあと縁編みを編んで止める。

DIRECTIONS／編み方

ガータータブキャストオン

MCで3目作る。
表編みで10段編む（ガーター編み）。
編み地を90度回転させ端から5目拾う。
再び90度回転させ作り目側から3目拾う。
11目になる。

準備段（2段）

1段め(表面)：表目3、PM、右ねじり増し目、表目2、左ねじり増し目、PM、表目1、PM、右ねじり増し目、表目2、左ねじり増し目、PM、表目3。(4目増、15目になる)

2段め(裏面)：表目3、SM、最後に3目残るまで裏編み、SM、表目3。15目になる。

模様編みの編み順

下記の①〜⑧を4 {5}回編む。
②③⑦⑧では使用していない糸を端で渡しながら編む。

① ：MCでオルタネーティングリブステッチの24段（6段1模様を4回）を編む。
② ：CCで4目増やすガーター編みの2段を編む。
③ ：MCで2目増やすガーター編みの2段を編む。MCの糸を切る。
④ ：CCで4目増やすガーター編みの2段を編む。
⑤ ：CCですべり目の矢羽根模様20段を編む。
⑥ ：CCで裏編みの2段を編む。
⑦ ：MCで2目増やすガーター編みの2段を編む。
⑧ ：CCで4目増やすガーター編みの2段を編む。CCの糸を切る。

1巡目を編んだあとの目数は123目、2巡

目のあとは231目、3巡目のあとは339目、4巡目（サイズ1は最終回）のあとは447目、5巡目（サイズ2は最終回）のあとは555目。合計447｛555｝目になる。

縁編みと止め

①：MCでブロークンリブステッチの4段を2回編む。
MCの糸を切る。［463｛571｝目］
②：CCで4目増やすガーター編みの2段を2回編む。［471｛579｝目］
CCの糸でゆるめに伏せ止めする。

FINISHING／仕上げ

糸始末をしたあと、水通しをして寸法に合わせてブロッキングする。

25 AUTUMN VIBES
秋の気配

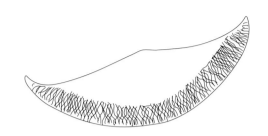

SIZES ／サイズ

サイズ1 {2} サンプルはサイズ2

FINISHED MEASUREMENTS ／仕上がり寸法

長さ (左右)：165 {190} cm
幅 (上下)：44 {50} cm

MATERIALS ／材料

糸：Helena Lima の Single DK（BFL75%・ミッドブラウンマ
シャム25%、200m／100g）〈Sage〉2 {3} カセ
もしくは DK（合太〜並太）程度の糸を370 {560} m
針：5 mm（US8／JP10号）の輪針、4mm（US6／JP7/0号）
のかぎ針

GAUGE ／ゲージ

20目×28段（メリヤス編みを輪編み・10 cm角、ブロッキング
後）

SPECIAL ABBREVATIONS ／特別な用語

2目の編み出し増し目：次の目に右針を入れて表目を編むが左
針は抜かず、続けて右針を同じ目にねじり目を編むようにもう
1目編む。左針から目を外す。（1目増）
3目の編み出し増し目：1目に「表目1、かけ目、表目1」を編み
入れる。（2目増）
右上1目交差：左針の2目めに（編み地の後ろから）表目のねじ
り目を編み、1目に表目を編む。2目とも針から外す。
左上1目交差：左針の2目めに表目を編み、1目めを表編みす
る。2目とも左針から外す。

DIRECTIONS ／編み方

ガータータブの作り目

3目作り、表編みで6段編む。そのまま編み地を90度右に回転
させ、段から3目拾い、もう一度90度回転させ、作り目側か
ら3目拾う。9目になる。

セクション1：ショール本体

2段め (裏面)：表目2、2目の編み出し増し目、裏目3、2目の
編み出し増し目、表目2。（2目増）
3段め (表面)：「2目の編み出し増し目」を11回編む。（11目増）
4段め：表目2、2目の編み出し増し目、最後に3目残るまで裏
編み、2目の編み出し増し目、表目2。（2目増）
5段め：表目2、3目の編み出し増し目、最後に3目残るまで表
編み、3目の編み出し増し目、表目2（4目増）
6段め：表目2、2目の編み出し増し目、最後に3目残るまで裏
編み、2目の編み出し増し目、表目2。（2目増、30目になる）
5・6段めを27 {41} 回くり返し、最後は6段めで編み終える。
192 {276} になる。

セクション2：縁編み

縁編みのチャートを1回編む。
縁編みを編んだ針より1号太い針ですべての目を目なりに伏せ
止めする。

FINISHING ／仕上げ

糸始末をしたあと、水通しをして寸法に合わせてブロッキング
する。

縁編みのチャート

	表面：表目／裏面：裏目			実際にはない目
●	表面：裏目／裏面：表目			くり返し部分
∨	3目の編み出し増し目		⋋ ⋌	右上1目交差
∨	2目の編み出し増し目		⋎ ⋋	左上1目交差

26 STAIRWAY

階段

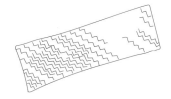

FINISHED MEASUREMENTS ／仕上がり寸法

丈：180 cm

幅：56 cm

MATERIALS ／材料

糸：TréLizのPsyche（メリノ50％・シルク50％、400m／100g）
A〈Sufragettes〉、B〈Moria〉各2カセ
もしくはフィンガリング（中細）程度の糸を約1464m（各色732m）
針：3.5mm（US4／JP5号）の輪針、1号細い輪針（ダブル仕立ての縁編みと3ニードルバインドオフ用）
その他の道具：別鎖の作り目のためのかぎ針と別糸

GAUGE ／ゲージ

20目×44段（ガーター編み・10cm角、ブロッキング後）
20目×22段（ブリオッシュ編み・10cm角、ブロッキング後）
分かりにくい場合はきつめのゲージで編むとよい。

SPECIAL ABBREVIATIONS AND TECHNIQUES ／特別な用語とテクニック

すべり目＋かけ目：編み糸は手前にある状態にして、次の目を右針にすべらせると同時に、糸をすべり目の上に重ねるようにかける。

表引上げ目：前段の「すべり目1＋かけ目」をいっしょに表目に編む。

裏引上げ目：前段の「すべり目1＋かけ目」をいっしょに裏目に編む。

表目または表引上げ目のあとの「すべり目1＋かけ目」：編み糸を編み針の下から編み地の手前に移し、次の目を右針にすべらせると糸を右針（とすべり目）の上から後ろ側へ次の目を編む位置へ移す。すべり目にかけ目を重ねた目は2本合わせて1目として扱う。

裏目または裏引上げ目のあとの「すべり目1＋かけ目」：編み糸は手前にある状態で、次の目を右針にすべらせると糸を右針（とすべり目）の上から後ろ側へ、そして針の下から手前へ、次の目を編む位置へ移す。すべり目にかけ目を重ねた目は2本合わせて1目として扱う。

スライド：すべての目を輪針の反対側の針の方へコード上を移動させ、再び同じ面の段を編めるようにする。

2色で編むブリオッシュ編みのリズム

A色で表面を編んだら、編み目を反対側の針先にスライドさせてもう一度表面をB色で編む。編み地を返し、裏面をA色で編み、再び編み目を反対側の針先にスライドさせて裏面をB色で編む。編み方本文では、編み糸の色を段の表示に併記。

DIRECTIONS ／編み方

ダブル仕立ての縁編み

別鎖を編み針に編みつける方法で5号針に125目作る。
Aでメリヤス編みを表編みの段から6段編む。続けてBでもメリヤス編みで6段編み、裏編みの段で編み終える。別鎖をほどき、編み目を1号細い輪針にのせる。
編み地を外表に折り、細い方の針を後ろ側に、2本の針を平行にして左手に持つ。
5号針で続けて編む。

本体

準備段1（表面A）：「後ろの針から裏目1、手前の針からすべり目1」を3回くり返す、「前後の針から1目ずつを一度に表目に編む」、「〜」を前後の針に3目ずつ残るまでくり返す（合計残り6目）、「手前の針からすべり目1、後ろの針から裏目1」、「〜」を合計3回くり返し、スライド。（6目増、131目）

準備段2（表面B）：Bで、「浮き目1、表目1」を3回、「すべり目1＋かけ目、（裏目1、すべり目1＋かけ目）を10回、裏目7」、を最後に13目残るまで編む、すべり目1＋かけ目、「裏目1、すべり目1＋かけ目」を3回、「表目1、浮き目1」を3回編む。編み地を返す。

1段め（裏面A）：「表目1、浮き目1」を3回、裏引上げ目1、「すべり目1＋かけ目、裏引上げ目1」を3回、「裏目7、裏引上げ目1、（すべり目1＋かけ目、裏引上げ目1）を10回」、「〜」を最後に6目残るまで編む、「浮き目1、表目1」を最後までくり返す。スライド。

1段め（裏面B）：「すべり目1、裏目1」を3回、すべり目1＋かけ目、「表引上げ目1、すべり目1＋かけ目」を3回、「表目7、すべり目1＋かけ目、（表引上げ目1、すべり目1＋かけ目）を10回」、「〜」を最後に6目残るまで編む、「裏目1、すべり目1」を最後までくり返す。編み地を返す。

2段め（表面A）：「裏目1、すべり目1」を3回、「表引上げ目1、（すべり目1＋かけ目、表引上げ目1）を10回、表目7」、「〜」を最後に13目残るまで編む、表引上げ目1、「すべり目1＋かけ目、表引上げ目1」を3回、「すべり目1、裏目1」を最後までくり返す。スライド。

2段め（表面B）：「浮き目1、表目1」を3回、「すべり目1＋かけ目、（裏引上げ目1、すべり目1＋かけ目）を10回、裏目7」、「〜」を最後に13目残るまで編む、すべり目1＋かけ目、「裏引上げ目1、すべり目1＋かけ目」を3回、「表目1、浮き目1」を3回編

む。編み地を返す。

1・2段めをもう1回編み、1段めだけもう一度編む。

6段め(表面A):「裏目1、すべり目1」を3回、表引上げ目1、「すべり目1+かけ目、表引上げ目1」を3回、「(裏目1、表引上げ目1)を7回、表目7、表引上げ目1、(すべり目1+かけ目、表引上げ目1)を3回」、「〜」を最後に6目残るまで編む、「すべり目1、裏目1」を最後までくり返す。スライド。

6段め(表面B):「浮き目1、表目1」を3回、すべり目1+かけ目、「裏引上げ目1、すべり目1+かけ目」を3回、「裏目21、すべり目1+かけ目、(裏引上げ目1、すべり目1+かけ目)を3回」、「〜」を最後に6目残るまで編む、「表目1、浮き目1」を3回編む。編み地を返す。

7段め(裏面A):「表目1、浮き目1」を3回、裏引上げ目1、「すべり目1+かけ目、裏引上げ目1」を3回、「裏目21、裏引上げ目1、(すべり目1+かけ目、裏引上げ目1)を3回」、「〜」を最後に6目残るまで編む、「浮き目1、表目1」を最後までくり返す。スライド。

7段め(裏面B):「すべり目1、裏目1」を3回、すべり目1+かけ目、「表引上げ目1、すべり目1+かけ目」を3回、「表目21、すべり目1+かけ目、(表引上げ目1、すべり目1+かけ目)を3回」、「〜」までを最後に6目残るまで編む、「裏目1、すべり目1」を最後までくり返す。編み地を返す。

8段め(表面A):「裏目1、すべり目1」を3回、表引上げ目1、「すべり目1+かけ目、表引上げ目1」を3回、「表目21、表引上げ目1、(すべり目1+かけ目、表引上げ目1)を3回」、「〜」を最後に6目残るまで編み、「すべり目1、裏目1」を最後までくり返す。スライド。

8段め(表面B):「浮き目1、表目1」を3回、すべり目1+かけ目、「裏引上げ目1、すべり目1+かけ目」を3回、「裏目21、すべり目1+かけ目、(裏引上げ目1、すべり目1+かけ目)を3回」、「〜」を最後に6目残るまで編む、「表目1、浮き目1」を3回編む。編み地を返す。

7・8段めをもう1回編み、7段めをさらにもう一度編む。

12段め(表面A):「裏目1、すべり目1」を3回編み、表引上げ目1、「すべり目1+かけ目、表引上げ目1」を3回、「表目8、(すべり目1+かけ目、表目1)を6回、(すべり目1+かけ目、表引上げ目1)を4回」、「〜」を

最後に6目残るまで編み、「すべり目1、裏目1」を最後までくり返す。スライド。

12段め(表面B):「浮き目1、表目1」を3回、すべり目1+かけ目、「裏引上げ目1、すべり目1+かけ目」を3回、「裏目7、すべり目1+かけ目、(裏引上げ目1、すべり目1+かけ目)を10回」、「〜」を最後に6目残るまで編み、「表目1、浮き目1」を3回、;編み地を返す。

13段め(裏面A):「表目1、浮き目1」を3回、「裏引上げ目1、(すべり目1+かけ目、裏引上げ目1)を10回、裏目7」、「〜」を最後に13目残るまで編み、裏引上げ目1、「すべり目1+かけ目、裏引上げ目1」を3回編み、「浮き目1、表目1」を最後までくり返す。スライド。

13段め(裏面B):「すべり目1、裏目1」を3回、「すべり目1+かけ目、(表引上げ目1、すべり目1+かけ目)を10回、表目7」、「〜」を最後に13目残るまで編み、すべり目1+かけ目、「表引上げ目1、すべり目1+かけ目」を3回編み、「裏目1、すべり目1」を最後までくり返す。編み地を返す。

14段め(表面A):「裏目1、すべり目1」を3回、表引上げ目1、「すべり目1+かけ目、表引上げ目1」を3回、「表目7、表引上げ目1、(すべり目1+かけ目、表引上げ目1)を10回」、「〜」を最後に6目残るまで編む、「すべり目1、裏目1」を最後までくり返す。スライド。

14段め(表面B):「浮き目1、表目1」を3回、すべり目1+かけ目、「裏引上げ目1、すべり目1+かけ目」を3回編む、「裏目7、すべり目1+かけ目、(裏引上げ目1、すべり目1+かけ目)を10回」、「〜」を最後に6目残るまで編む、「表目1、浮き目1」を3回編む。編み地を返す。

13・14段めをもう1回編み、13段めをさらにもう一度編む。

18段め(表面A):「裏目1、すべり目1」を3回、表引上げ目1、「裏目1、表目1」を3回、「表目7、表引上げ目1、(すべり目1+かけ目、表引上げ目1)を3回、(裏目1、表引上げ目1)7回」、「〜」を最後に6目残るまで編む、「すべり目1、裏目1」を最後までくり返す。スライド。

18段め(表面B):「浮き目1、表目1」を3回、裏目7、「裏目7、すべり目1+かけ目、(裏引上げ目1、すべり目1+かけ目)を3回、裏目14」、「〜」を最後に6目残るまで編む、「表目1、浮き目1」を3回編む。編み地を返す。

19段め(裏面A):「表目1、浮き目1」を3回、

最後に6目残るまで編み、「すべり目1、裏目1」を最後までくり返す。スライド。

12段め(表面B):「浮き目1、表目1」を3回、すべり目1+かけ目、「裏引上げ目1、すべり目1+かけ目」を3回、「裏目7、すべり目1+かけ目、(裏引上げ目1、すべり目1+かけ目)を10回」、「〜」を最後に6目残るまで編み、「表目1、浮き目1」を3回、;編み地を返す。

裏目7、「裏目7、裏引上げ目1、(すべり目1+かけ目、裏引上げ目1)を3回編む、裏目14、「〜」を最後に6目残るまで編む、「浮き目1、表目1」を最後までくり返す。スライド。

19段め(裏面B):「すべり目1、裏目1」を3回、表目7、「表目7、すべり目1+かけ目、(表引上げ目1、すべり目1+かけ目)を3回、表目14」、「〜」を最後に6目残るまで編む、「裏目1、すべり目1」を最後までくり返す。編み地を返す。

20段め(表面A):「裏目1、すべり目1」を3回、表目7、「表目7、表引上げ目1、(すべり目1+かけ目、表引上げ目1)を3回、表目14」、「〜」を最後に6目残るまで編む、「すべり目1、裏目1」を最後までくり返す。スライド。

20段め(表面B):「浮き目1、表目1」を3回、裏目7、「裏目7、すべり目1+かけ目、(裏引き上げ目1、すべり目1+かけ目)を3回、裏目14」、「〜」を最後に6目残るまで編む、「表目1、浮き目1」を3回。編み地を返す。

19・20段めをもう1回編み、19段めをさらにもう一度編む。

24段め(表面A):「裏目1、すべり目1」を3回、「(表目1、すべり目1+かけ目)を7回、表引き上げ目1、(すべり目1+かけ目、表引き上げ目1)を3回、表目7」、「〜」を最後に13目残るまで編む、表目1、「すべり目1+かけ目、表目1」を3回、「すべり目1、裏目1」を最後までくり返す。スライド。

24段め(表面B):「浮き目1、表目1」を3回、「すべり目1+かけ目、(裏引き上げ目1、すべり目1+かけ目)を10回、裏目7」、「〜」を最後に13目残るまで編む、すべり目1+かけ目、「裏引き上げ目1、すべり目1+かけ目」を3回、「表目1、浮き目1」を3回。編み地を返す。

25段め(裏面A):「表目1、浮き目1」を3回、裏引き上げ目1、「すべり目1+かけ目、裏引き上げ目1」を3回、「裏目7、裏引き上げ目1、(すべり目1+かけ目、裏引き上げ目1)を10回」、「〜」を最後に6目残るまで編む、「浮き目1、表目1」を最後までくり返す。スライド。

25段め(裏面B):「すべり目1、裏目1」を3回、すべり目1+かけ目、「表引き上げ目1、すべり目1+かけ目」を3回、「表目7、すべり目1+かけ目、(表引き上げ目1、すべり目1+かけ目)を10回」、「〜」を最後に6目残るまで編む、「裏目1、すべり目1」を最後までくり返す。編み地を返す。

26段め (表面A)：「裏目1、すべり目1」を3回、「表引き上げ目1、(すべり目1＋かけ目、表引き上げ目1)を10回、表目7」、「～」を最後に13目残るまで編む、表引き上げ目1、「すべり目1＋かけ目、表引き上げ目1」を3回、「すべり目1、裏目1」を最後までくり返す。スライド。

26段め (表面B)：「浮き目1、表目1」を3回、「すべり目1＋かけ目、(裏引き上げ目1、すべり目1＋かけ目)を10回、裏目7」、「～」を最後に13目残るまで編む、すべり目1＋かけ目、「裏引き上げ目1、すべり目1＋かけ目」を3回、「表目1、浮き目1」を3回。編み地を返す。

27〜29段め：25・26段めをもう1回編み、25段めをさらにもう一度編む。

6〜29段めをあと13回編み、6〜17段めをもう一度編む。Aを切る。

ダブル仕立ての縁編み

準備段 (表面)：Bで、左上2目一度を3回、表引上げ目1、「裏目1、表引上げ目1」を3回、「表目7、表引上げ目1、(裏目1、表引上げ目1)を10回」、「～」を最後に6目残るまでくり返し、右上2目一度を3回。編み地を返す。(6目減、合計125目)

Bでメリヤス編みを裏編みの段から編みはじめて、5段編み、Bを切る。

さらにAでメリヤス編みを6段編み、裏編みの段で編み終える。

細い針で、Bで編んだメリヤス編みの1段めの裏面の裏編みの目125目に針を通す。この針を後ろ側にして、既に目がかかっている方の針の表面を手前にして2本を平行に持ち、3ニードルバインドオフ(または引き抜きはぎ)ではぎ合わせる。Bの糸を切る。

FINISHING／仕上げ

糸始末をしたあと、水通しをして寸法に合わせてブロッキングする。

27

39

27 週〜 39 週目

DROPS OF MEMORY — Mari Tobita   SEEDLING — Pauliina Karru

DEER SCARF — Mariya Matveeva   KOSTNER — Erin Jensen

WINDY FIELDS — Marjut Lund-Rahkola   MOSS COWL — Sveina Björk Jóhannesdóttir

EVERYDAY COLLAR — Andrea Aho   FLORENCE — Miriam Walchshäusl

INEY — Nataliya Sinelshchikova   MOOI — Niina Tanskanen   WINDGATE — Fiona Alice

CROSSHATCH — Rachel Brockman   SKARN — Evgeniya Dupliy

27 DROPS OF MEMORY

記憶のかけら

Sizes／サイズ

1 {2、3}　サンプルはサイズ3

FINISHED MEASUREMENTS／仕上がり寸法

長さ：152 {176.5、202} cm

幅：26 {51、63} cm

MATERIALS／材料

糸：Magpie Fibers の Swanky Sock（メリノ80%・カシミア10%・ナイロン10%、366m／115g）、MC〈Stag Rabbit〉、CC〈Evil Beaver〉各2 {3、4} カセ

もしくはフィンガリング（中細）程度の糸をMCとして440 {965、1280}} m、CCとして485 {1010、1375} m

針：3mm (US 2.5／JP3号) と 3.25mm (US 3／JP4号) の　輪針

その他の道具：ステッチマーカー

GAUGE／ゲージ

26目×36段（3.25mm針でメリヤス編み・10cm角、ブロッキング後）

29.5目×60段（3.25mm針でチャートAとC、ブロッキング後）

29.5目×54段（3.25mm針でチャートB、ブロッキング後）

SPECIAL TECHNIQUES／特別なテクニック

指でかける作り目（糸を2本使う方法）

作り目数が多いときに最適な方法。

糸を2本合わせた状態でスリップノットを作り右針に通す。2本を1本ずつに分けて、指でかける作り目の要領で必要な目数になるまで作る。最後は1本の糸端を15cm程度残して切る。

最初に作ったスリップノットは目数に数えず、編みはじめる前に針からはずす。

NOTES／メモ

チャートは表面のみ掲載。裏面の段はすべて以下のように編む：前段の表面で編んだ色の糸で、裏目は表目に、すべり目は浮き目にする。

例えば、チャートAの2段め（裏面／CC）：表目2、「（表目1、浮き目1、表目2、浮き目1）を2回、表目2」、「〜」を最後に1目残るまでくり返す、表目1。

色替えのときには、今まで編んでいた糸の下から新しい色の糸を持ち上げ、交差させないようにする。

DIRECTIONS／編み方

センターセクション

MC2本と3号針を使い、2本の糸で指でかける作り目の方法で399 {471、543} 目作る。必要に応じてマーカーを使うと数えやすくなる。ここからは1本で編む。

MCでガーター編みを2段編み、CCでも2段編む。

次段（表面／MC）：表目1、「すべり目1、表目1」を最後までくり返す。

次段（裏面／MC）：表目1、「浮き目1、表目1」を最後までくり返す。

CCでガーター編みを2段編み、MCでも2段編む。

4号針に持ち替える。

チャートAの34段までをひと通り編む。最後は裏面の段で編み終える。

3号針に持ち替える。MCでガーター編みを2段編む。

次段（表面／CC）：左上2目一度、最後まで表編み。［1目減、398 {470、542} 目になる］

次段（裏面／CC）：表編み。

ガーター編みをCCで0 {2、2} 段、次にMCで2段編む。

4号針に持ち替える。

表目1、チャートBの16目1模様を24 {29、33} 回編み、最後の1模様では16目うちの12 {4、12} 目を編み、最後は表目1。

チャートBの32段を1 {5、7} 回編み、1
～16段めまでをもう一度編む。
3号針に持ち替える。
ガーター編みをCCで2段、次にMCで2
段編む。
次段（表面／CC）：最後に1目残るまで表
編み、2目の編み出し増し目。［1目増、
399 {471、543} 目になる］
次段（裏面／CC）：表編み。
ガーター編みをCCで0（2、2）段、次に
MCで2段。
4号針に持ち替える。

チャートAの34段までをひと通り編む。
最後は裏面の段で編み終える。
3号針に持ち替える。
MCでガーター編みを2段編み、CCでも2
段編む。
次段（表面／MC）：表目1、「すべり目1、
表目1」を最後までくり返す。
次段（裏面／MC）：表目1、「浮き目1、表
目1」を最後までくり返す。
ガーター編みをCCで2段、次にMCで2
段編む。
すべての目を裏編みしながら伏せ止めする。

サイドセクション

表面から3号針とCCで、短い方の端から
75 {147、183} 目均等に（ガーター編みの
山と山の間か1目ずつを目安に）拾う。
次段（裏面／CC）：表編み。
MCでガーター編みを2段編む。
次段（表面／CC）：表目1、「すべり目1、
表目1」を最後までくり返す。
次段（裏面／CC）：表目1、「浮き目1、表
目1」を最後までくり返す。
MCでガーター編みを2段編む。
4号針に持ち替える。
チャートCの26段分をひと通り編み、最
後は裏面で編み終える。
3号針に持ち替える。
MCでガーター編みを2段編む。
次段（表面／CC）：表目1、「すべり目1、
表目1」を最後までくり返す。
次段（裏面／CC）：表目1、「浮き目1、表
目1」を最後までくり返す。
MCでガーター編みを2段編み、CCでも2
段編む。
裏編みしながら伏せ止めする。
反対側のサイドセクションも同様に編む。

FINISHING／仕上げ

糸始末をしたあと、水通しをして寸法に合
わせてブロッキングする。

チャートA

チャートB

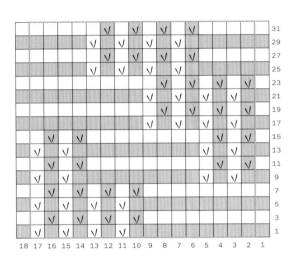

チャートC

☐	MC
▨	CC
☐	表目
☑	すべり目
☐	くり返し部分

28 SEEDLING

シードリング

FINISHED MEASUREMENTS ／仕上がり寸法

幅：250 cm
長さ：44 cm

MATERIALS ／材料

糸：Camellia Fiber Co. の Flax Fingering（アルパカ50％・リネン25％・シルク25％、398m／100g）、〈Dahlia〉2カセもしくはフィンガリング（中細）程度の糸を約640m
針：3.5mm（US4／JP5号）の輪針

GAUGE ／ゲージ

20目×24段（模様編み・10cm角、ブロッキング後）

NOTES ／メモ

浮き目模様の模様編み部分では、編まずに右針に移すだけの操作が多いため伸縮性に欠ける。針は適度なドレープ感が出る号数で編むのがよい。

DIRECTIONS ／編み方

3目作る。ガーター編み（毎段表編み）で10段編む。
編み地を90度右に回転させ、端のガーター編みの畝から5目拾い、再び回転させて作り目側の端から3目拾う。（11目）

浮き目模様

次段：表目2、裏目7、表目2。
1段め（表面）：表目1、2目の編み出し増し目を2回、「浮き目1、表目1」、「〜」を最後に4目残るまでくり返し、浮き目1、2目の編み出し増し目を2回、表目1。（4目増）
2段め（裏面）：表目2、2目の編み出し増し目、「表目1、すべり目1」、「〜」を最後に4目残るまでくり返し、表目1、2目の編み出し増し目、表目2。（2目増）
3段め：表目1、2目の編み出し増し目を2回、「表目1、浮き目1」、「〜」を最後に4目残るまでくり返し、表目1、2目の編み出し増し目を2回、表目1。（4目増）
4段め：表目2、2目の編み出し増し目、「すべり目1、表目1」、

「〜」を最後に4目残るまでくり返し、すべり目1、2目の編み出し増し目、表目2。（2目増）
1〜4段めを合計36回編む。（443目）

ボーダーの準備

準備段（表面）：表目1、「表目7、左上2目一度」、「〜」を最後に1目残るまでくり返し、表目1。（49目減、394目）
次段（裏面）：表目2、2目の編み出し増し目、最後に3目残るまで表編み、2目の編み出し増し目、表目2。（2目増）

アイレット模様（透かし模様）

1段め（表面）：表目1、2目の編み出し増し目を2回、最後に3目残るまで表編み、2目の編み出し増し目を2回、表目1。（4目増）
2段め（裏面）：表目2、2目の編み出し増し目、最後に3目残るまで裏編み、2目の編み出し増し目、表目2。（2目増）
3段め：表目1、2目の編み出し増し目を2回、最後に3目残るまで表編み、2目の編み出し増し目を2回、表目1。（4目増）
4段め：表目2、2目の編み出し増し目、最後に3目残るまで表編み、2目の編み出し増し目、表目2。（2目増）
5段め：表目1、2目の編み出し増し目を2回、表目1、「かけ目、左上2目一度」、「〜」を最後に4目残るまでくり返し、表目1、2目の編み出し増し目を2回、表目1。（4目増）
6段め：表目2、2目の編み出し増し目、最後に3目残るまで表編み、2目の編み出し増し目、表目2。（2目増）
1〜6段めをもう一度編む。（432目）
7段め：表目1、2目の編み出し増し目を2回、最後に3目残るまで表編み、2目の編み出し増し目を2回、表目1。（4目増）
8段め：表目2、2目の編み出し増し目、最後に3目残るまで表編み、2目の編み出し増し目、表目2。（2目増）
3〜6段めをもう一度編む。（450目）
そして7・8段めをもう一度編む。（456目）
次の表面の段で伏せ止めする。

FINISHING ／仕上げ

糸始末をしたあと、水通しをして寸法に合わせてブロッキングする。

29 DEER SCARF

鹿角のマフラー

FINISHED MEASUREMENTS ／仕上がり寸法

長さ：207 cm
幅：55 m

MATERIALS ／材料

糸：The Little Grey Sheep Hampshire 4ply（バージンウール
98%・アルパカ2%、220m／60g）〈21051 Oatmeal〉6カセ
もしくはフィンガリング（中細）程度の糸を約1230m
針：リブ編み用に3mm（US 2.5／JP3号）、鹿角模様（US6／
JP6号）
その他の道具：ステッチマーカー2個、表面が滑らかな別糸、
3.75 mm（US F-5／JP 6/0または7/0号）のかぎ針

GAUGE ／ゲージ

22目×32段（鹿角模様・10cm角、ブロッキング後）

NOTES ／メモ

裏面を編むときには、前段のかけ目をすべて表目のねじり目に
して編む。

このマフラーの端は、左端は7目、右端は8目のリブ編みする。
リブ編みの間の中心部分は鹿角模様のチャートを見ながら編
む。

DIRECTIONS ／編み方

リブ編み（編みはじめ）

3号のかぎ針で、別鎖の作り目で119目作る。
1段め（表面）：すべり目1、「表目1、裏目1」を最後までくり返
す。

2段め（裏面）：すべり目1、「裏目1、表目1」を最後に2目残る
までくり返し、裏目2。
1・2段めを合計15回編む。30段編んだことになる。

本体

6号針に持ち替え、鹿角模様のチャートを編む。
1段め（表面）：すべり目1、「表目1、裏目1」を3回、表目1、
PM、チャートの1段めを編む、くり返し部分を6回編む、
PM、「裏目1、表目1」を3回、裏目1。
2段め（裏面）：すべり目1、「裏目1、表目1」を3回、SM、チャー
トの次の段をMまで編む、SM、「裏目1、表目1」を3回、裏目2。
3段め（表面）：すべり目1、「表目1、裏目1」を3回、表目1、
PM、チャートの次の段をMまで編む、SM、「裏目1、表目1」
を3回、裏目1。
上記のようにチャートの1〜32段めまでを合計13回編み、続
けて1〜16段めまでをもう一度編む。

リブ編み（編み終わり）

3号針に持ち替える。
1段め（表面）：すべり目1、「表目1、裏目1」を最後にくり返す。
2段め（裏面）：すべり目1、「裏目1、表目1」を最後に2目残る
までくり返し、裏目2。
1・2段めを合計15回編む。30段編んだことになる。
好みの手法で止める。
作り目側に戻り別鎖をほどき、編み終わりと同じように止めて
端を揃える。

FINISHING ／仕上げ

糸始末をしたあと、水通しをして寸法に合わせてブロッキング
する。

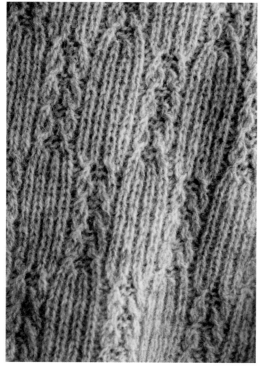

鹿角模様のチャート

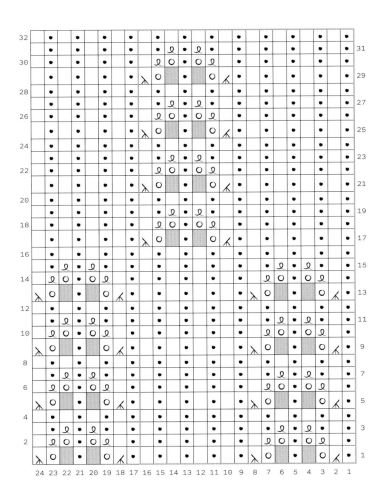

□ 表面：表目／裏面：裏目

• 表面：裏目／裏面：表目

○ かけ目

♀ 表目のねじり目

人 左上3目一度

入 右上3目一度

▨ 実際には目がない

□ くり返し部分

30 KOSTNER
鹿角のマフラー

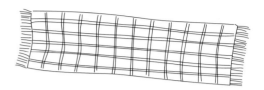

FINISHED MEASUREMENTS ／ 仕上がり寸法

長さ（フリンジ含む）：175 cm
幅：53 cm

MATERIALS ／ 材料

糸：Plucky Knitter の Beauregard DK（ヤク 60%・カシミア
40%、274 m ／ 100 g）合計 6 カセ
MC〈Sockeye〉3 カセ、CC1 として〈Good Jeans〉、CC2 とし
て〈Twill〉、CC3 として〈Wax Poetic〉各 1 カセ
もしくは DK（合太〜並太）程度の糸を MC：713 m、CC1：
126 m、CC2：66 m、CC3：49 m
針：5mm（US8 ／ JP10 号）の輪針
その他の道具：5mm（US H ／ JP8/0 号）かぎ針

GAUGE ／ ゲージ

18.5 目× 28.5 段（ガーター編み・10cm 角、ブロッキング後）

STITCH PATTERN ／ 模様編み（97 目のパネル）

1段め（表面）：表目 2、「表目 13、裏目 1、表目 1、裏目 1」、「〜」
を 5 回編む、表目 13、すべり目 2。
2段めと裏面の段すべて：裏目 2、最後に 2 目残るまで表編み、
すべり目 2。

SPECIAL TECHNIQUES ／ 特別なテクニック

かぎ針で編みつけるチェーンステッチ

表面を見て糸は裏側に持ち、作り目側の端から始める：
①：かぎ針を表面から裏面へ通す。
②：裏面でかぎ針の先に糸をかける。
③：糸をかけた状態で引き出し、表面に出したループでチェー
　　ンステッチができる。
※チェーンステッチをはじめに編みつけるときは、糸をかぎ針
で引き出すことで最初のループを作る。以降、裏目 2 目ごとに
糸を引き出し、編み終わりの端までチェーンステッチを編みつ
ける。

NOTES ／ メモ

チェーンステッチを編みつける前に、ショール本体の仕上がり
寸法に合わせてブロッキングしておくとよい。またチェーンス
テッチを入れるときには、糸の引き加減に気をつける。きつく
引き過ぎると全体の寸法に影響するので注意。
本体のゲージに合わせて針の号数を調整した場合、かぎ針もそ
れに合わせて変える。

DIRECTIONS ／編み方

MCで指でかける作り目の方法で97目作る。
準備段（裏面）：裏目2、最後に2目残るまで表編み、すべり目2。

本体

1段め（表面）：表目2、「表目13、裏目1、表目1、裏目1」、「～」を5回編む、表目13、すべり目2。
2段め（裏面）：裏目2、最後に2目残るまで表編み、すべり目2。
3～30段め：1・2段めの手順をあと14回くり返す。MCは切らずにつなげておく。
31・32段め：CC1に持ち替え、1・2段めと同様に編む。CC1を切る。
33・34段め：MCに持ち替え、1・2段めと同様に編む。
35・36段め：CC2に持ち替え、1・2段めと同様に編む。CC2を切る。
注意：MCの糸は縦に渡しながら切らずに編む。
1～36段めをあと10回くり返し、1～30段めをもう一度編む。
模様編みしながらゆるめに伏せ止めする。

FINISHING ／仕上げ

糸始末をしたあと、水通しをして寸法に合わせてブロッキングする。

チェーンステッチを編みつける

使用する糸を編み地の裏側に持ち、作り目の直ぐ上の右端の裏目の列から、糸端を13cm程度残して、かぎ針でチェーンステッチを編みつける。チェーンステッチは編み方向に沿って編みつける。
ガーター編みを背景に裏目の縦のライン2本の上からCC1（右側）とCC3（左側）を刺す。裏目の縦のラインに沿って裏目2目ごとにかぎ針を入れ、編み終わりまでチェーンステッチをくり返す。
最後はフリンジ用に糸端を最低13cm残して糸を切る。
糸端はかぎ針の先に残ったループから引き出して止める。
この段階で再度ショールを軽くブロッキングしてもよい。

フリンジ

編みはじめと編み終わりの両端で、糸色に合わせてフリンジを1本ずつつける。チェーンステッチの糸色に合わせ、ラインの間のMCのセクションごとに等間隔に3カ所つける。
フリンジ用にMCを72本、CC1とCC3を10本ずつ、合計で糸を92本、25cmに切る。
編みはじめ／編み終わりの端に、裏から表面に向けてかぎ針を入れ、糸を半分に折った状態でかぎ針の先にかけ、やさしく引き出す。引き出したループに糸端を通し、しっかり止める。
※CCのフリンジをつけるときにはチェーンステッチの糸端も含める。この場合、フリンジ用の糸を針先にかけ、引き出すときに糸端もいっしょに引き出す。フリンジ用の糸を同じ長さで用意しても付け終わると長さが不揃いになるため最後に同じ長さに切り揃える。

31 WINDY FIELDS

風の野原

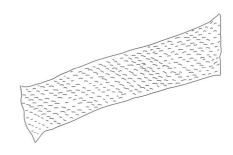

FINISHED MEASUREMENTS ／仕上がり寸法

長さ：200 cm
幅：63 cm

MATERIALS ／材料

糸：Ito の Sensai（モヘア60%・シルク40%、240 m／20 g）
〈String〉7カセ
もしくはレース（極細）程度の糸を約1680 m
針：2.5mm（US1.5／JP1号）輪 針、3mm（US 2.5／JP3号）
輪針（作り目／止め用）

GAUGE ／ゲージ

27目×43段（2.5 mmの針でメリヤス編み・10cm角、ブロッ
キング後）
32目×39段（2.5 mmの針でメリヤス編み・10cm角、ブロッ
キング前）

SPECIAL ABBREVIATIONS ／特別な用語

7目の編み出し増し目（表面で編む）：1目に「表目1、かけ目」
を3回と表目1を編み入れる。（6目増）
※ゆるめに編むために表目の糸を長め（0.9cm程度）に引き出す。
裏目の7目一度（裏面で編む）：前段で7目編み出した増し目分
を7目一度に裏目に編む。（6目減）

DIRECTIONS ／編み方

ボーダー

3号針で175目作る。
1段め（表面）：最後に1目残るまで表編み、浮き目1。
1号針に持ち替える。

2段め（裏面）：表目1、最後に1目残るまで裏編み、浮き目1。
1・2段めの手順をあと9回くり返す。

本体

1段め（表面）：表目21、チャートの1段め（20目分）を7回く
り返す表目13、浮き目1。
2段め（裏面）：表目1、最後に1目残るまで裏編み（チャートの
2段め）、浮き目1。
3段め：表目21、チャートの次の段を7回くり返す、表目13、
浮き目1。
4段め：表目1、裏目13、チャートの次の段を7回くり返す、
裏目20、浮き目1。
5～12段め：3・4段めの要領で編む。（チャートのすべての段
を編み切る。）
13段め（表面）：表目11、チャートの1段めを7回くり返す、
表目23、浮き目1。
14段め（裏面）：表目1、最後に1目残るまで裏編み（チャート
の2段め）、浮き目1。
15段め：表目11、チャートの次の段を7回くり返す、表目23、
浮き目1。
16段め：表目1、裏目23、チャートの次の段を7回くり返す、
裏目10、浮き目1。
17～24段め：15・16段めの要領で編む（チャートのすべての
段を編み切る）。
25段め（表面）：表目1、チャートの1段めを8回くり返す表目
13、浮き目1。
26段め（裏面）：表目1、最後に1目残るまで裏編み（チャート
の2段め）、浮き目1。
27段め：表目1、チャートの次の段を8回くり返す、表目13、
浮き目1。
28段め：表目1、裏目13、チャートの次の段を8回くり返す、
浮き目1。
29～36段め：27・28段めの要領で編む（チャートのすべての
段を編み切る）。

13〜36段めをあと28回くり返す。

13〜24段めをもう一度編む。レース模様を完成するには次の12段を編む。

1段め（表面）：表目1、チャートの1段めを7回くり返す、表目33、浮き目1。

2段め（裏面）：表目1、最後に1目残るまで裏編み（チャートの2段め）、浮き目1。

3段め：表目1、チャートの次の段を7回くり返す、表目33, 浮き目1。

4段め：表目1、裏目33、チャートの次の段を7回くり返す、浮き目1。

5〜12段め：3・4段めの要領で編む（チャートのすべての段を編み切る）。

ボーダー

1段め（表面）：最後に1目残るまで表編み、浮き目1。

2段め（裏面）：表目1、最後に1目残るまで裏編み、浮き目1。

1・2段めをあと8回くり返す。（175目）

3号針で伏せ止めする。

FINISHING／**仕上げ**

糸始末をしたあと、好みで水通しをして寸法に合わせてブロッキングする。

※ふっくらとした風合いを残すため、サンプルはブロッキングしていない。

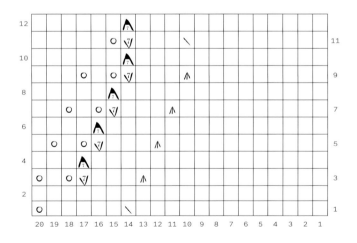

	表面：表目／裏面：裏目
\	右上2目一度
O	かけ目
ⱱ	7目の編み出し増し目
⋀	裏目の7目一度
⋔	中上3目一度

32 MOSS COWL

モスカウル

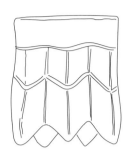

FINISHED MEASUREMENTS／仕上がり寸法

周囲：75 cm
長さ：45 cm

MATERIALS／材料

糸：EinrumのE+2（アイスランド産ウール80%・マルベリータイシルク20%、208m／50g）A：〈1010〉、B：〈1009〉、C：〈1011〉各色1玉ずつ
OnionのSilk + Kid Mohair（キッドモヘア60%・マルベリーシルク40%、240m／25g）、
D：〈v3008〉2カセ
もしくはフィンガリング（中細）程度の糸をA：163 m、B：110 m、C：112 m。レース（極細）の糸をD：385 m。
針：4.5mm（US 7／JP8号）の60cm輪針と4（5）本針
その他の道具：ステッチマーカー、編み針と同等の号数のかぎ針、輪針と同等の号数の4（5）本針、別糸、蜜蝋（好みで）

GAUGE／ゲージ

20目×28段（メリヤス編み・10cm角、ブロッキング後）

SPECIAL ABBREVIATIONS AND TECHNIQUES／特別な用語とテクニック

BC：ブレード色
2回巻きのドライブ編み：1目に表目を編むように右針を入れ針先に糸を2回巻いて引き出す。
次段では2回巻きの最初のループに右針を入れて、2回巻いた糸をほどいて伸ばした状態で表目を編む。

別鎖の作り目

編み糸に近い太さで滑らかな別糸と編み針に近い号数のかぎ針を用意し、別糸でくさり目を3目編み、両先針とA＋Dの糸を引き揃えてくさり目から1目ずつ拾う。

アイコード

「3目を表編み。編み地を返さずに編み針の反対側までスライドさせ、再び3目表編み」。必要な段数になるまで「～」をくり返す。

DIRECTIONS／編み方

Aの糸1本とD（シルクモヘア）1本を引き揃えて編みはじめる。

アイコードの縁編み

別鎖の作り目を3目作る。
別糸で鎖目を3目編み、AとDの糸を引き揃えて両先針で鎖目から1目ずつ拾う。アイコードを170段編む。
一定の段数ごと（25段など）に取り外し可能なマーカーをつけておくと段数が数えやすい。
別鎖の作り目をほどき、コードがねじれないように気をつけながら、メリヤスはぎではぎ合わせて輪にする。

モスセクション1

A＋Dの糸を引き揃えて、輪針で、アイコードに沿って170目拾う。
拾い目は編み目の両足に針を入れて拾う。マーカーを使用した場合は、すべてアイコードからはずしておく。
ここから輪に編む。

準備段：「PM、表目1、浮き目1、表目1、PM、2目の編み出し増し目、表目13、中上3目一度、表目13、2目の編み出し増し目」、「〜」を合計5回編む。

1段め：「SM、すべり目1、裏目1、すべり目1、SM、表目31」、「〜」を合計5回編む。

2段め：「SM、表目1、浮き目1、表目1、SM、左ねじり増し目1、表目14、中上3目一度、表目14、右ねじり増し目1」、「〜」を合計5回編む。

1・2段めをあと2回編む。

7段め（模様編み1段め）：「SM、すべり目1、裏目1、すべり目1、SM、2回巻きのドライブ編みを15目、表目1、2回巻きのドライブ編みを15目」、「〜」を合計5回編む。

8段め（模様編み2段め）：「SM、表目1、浮き目1、表目1、SM、前段のドライブ編みをほどきながら表目15、表目1、前段のドライブ編みをほどきながら表目15」、「〜」を合計5回編む。

1〜8段めをあと2回編み、1・2段めをあと3回、1段めをもう一度編む。

フェンスセクション（ラトビアンブレード）

※モヘア糸でラトビアンブレードを編むのは大変。糸を蜜蝋で処理しておくと編みやすい：糸を1.5mずつ蝋引きする。糸端をもち、反対の手で糸を蝋に押し付けるようにして押さえてもち、そのままゆっくり引く。蝋が糸をコーティングするので、絡まっても3段でほどけるので大丈夫。

MC=BとDの糸を引き揃える。
BC=AとDの糸を引き揃える。

1段め：[SM、BCで表目1、浮き目1、表目1、SM、「MCで表目1、BCで表目1」、「〜」をMまでくり返す]、「〜」を合計5回くり返す。

次の2段で、MとMの間の短いセクションをBCで編むときは、BCとMCの両方を編み地の後ろ側に移す。

2段め：[SM、BCですべり目1、裏目1、すべり目1、SM、MCとBCを手前に移し、「MCで裏目1、MCの下からBCを持ち上げ、BCで裏目1、BCの下からMCを持ち上げる」、「〜」をMまでくり返す]、「〜」を5回くり返す。

3段め：[SM、BCで表目1、浮き目1、表目1、SM、MCとBCを手前に移し、「MC

で裏目1、BCをMCの上にし、MCで裏目1、BCをMCの上にする」、「〜」をMまでくり返す]、「〜」を合計5回編む。

BCを切り、続きはMCで編む。

モスセクション2

準備段：「SM、すべり目1、裏目1、すべり目1、SM、表目31」、「〜」を5回くり返す。

1段め：「SM、表目1、浮き目1、表目1、SM、左ねじり増し目、（表目2、裏目2）を3回、表目2、中上3目一度、（表目2、裏目2）を3回、表目2、右ねじり増し目」、「〜」を合計5回くり返す。

2段め：「SM、すべり目1、裏目1、すべり目1、SM、裏目1、（表目2、裏目2）を3回、表目5、（裏目2、表目2）を3回、裏目1」、「〜」を合計5回くり返す。

3段め：「SM、表目1、浮き目1、表目1、SM、左ねじり増し目、（裏目2、表目2）を3回、裏目2、中上3目一度、（裏目2、表目2）を3回、裏目2、右ねじり増し目」、「〜」を合計5回くり返す。

4段め：「SM、すべり目1、裏目1、すべり目1、SM、表目1、（裏目2、表目2）を3回、裏目2、表目1、裏目2、（表目2、裏目2）を3回、表目1」、「〜」を合計5回くり返す。

1〜4段めをあと7回くり返す。

ラトビアンブレード

蝋引きについてフェンスセクション（ラトビアンブレード）を参照。

MC＝CとDの糸を引き揃える。
BC＝BとDの糸を引き揃える。
フェンスセクションと同様に編む。
BCを切る。MCで続きを編む。

モスセクション3

準備段：「SM、すべり目1、裏目1、すべり目1、SM、表目31」、「〜」を合計5回くり返す。

1段め：「SM、表目1、浮き目1、表目1、SM、（表目3、浮き目1）を7回、表目3」、「〜」を合計5回くり返す。

2段め：「SM、すべり目1、裏目1、すべり目1、SM、裏目1、（すべり目1、裏目3）を7回、すべり目1、裏目1」、「〜」を合計5回くり返す。

1・2段めをあと15回編む。

マーカーをはずしながら表編みで1段きつめに編む。

アイコードバインドオフ

段のはじめでニッテッドキャストオンの方法で3目作る。

「表2、ねじり目の2目一度。右針の3目を左針に戻す」。

アイコードをしっかり編みながら最後にアイコードの3目だけが残るまで「〜」をくり返す。糸端を残して切る。残りの3目と編みはじめの3目をメリヤスはぎで合わせる。

FINISHING／仕上げ

糸始末をしたあと、水通しをして寸法に合わせてブロッキングする。

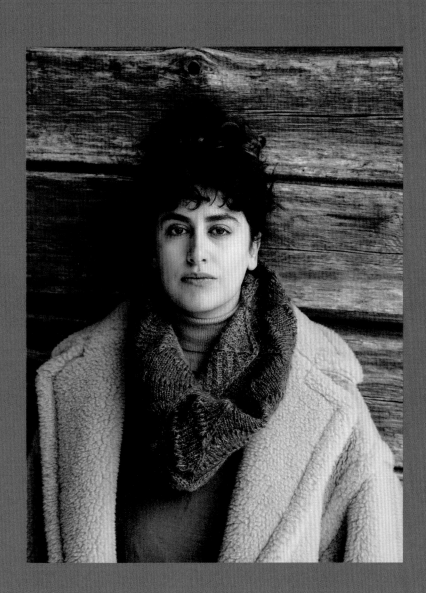

33 EVERYDAY COLLAR
エブリデイカラー

FINISHED MEASUREMENTS ／仕上がり寸法

長さ：51 cm
幅：38 cm

MATERIALS ／材料

糸：Isager の Silk Mohair（モヘア75%・シルク25%、212 m
／25 g）A：〈6〉4玉
Brightwool の Sport Weight Rambouillet（ランブイエ100%、
229m／91g）B：〈Natural〉4カセ
もしくはレース（極細）程度の糸を840 mとスポーツ（合太～並
太）程度の糸を840 m
針：4mm（US 6／JP6号）の40cmと80 cm輪針
予備の4mm（US 6／JP6号）針（3ニードルバインドオフ用）ま
たは同等の号数のかぎ針（引き抜きはぎ）
その他の道具：ステッチマーカー

GAUGE ／ゲージ

22目×38段（AとBを引き揃えて本体の模様編み・10cm角、
ブロッキング後）

SPECIAL ABBREVIATIONS & TECHNIQUES ／
特別な用語とテクニック

DS（Double Stitch）：ダブルステッチ（ジャーマンショートロ
ウの引き返し編みの以下の操作でできる目）
MDS（Make Double St）：糸を手前にして左針の目を右針に
移し、糸を右針の手前から上へ、そして編み地の後ろに引っぱ
る。2目のように見える目（ダブルステッチ）ができる。

2目ゴム編み止め

［Clare Mountain-Manipon（Sister Mountain）の手法を引用。］
2×2目のテュビュラーバインドオフ（2目ゴム編み止め）は、
はじめに2目ゴム編みを1目ゴム編みの状態にしてから実際の
止めをする、次の2工程に分けて行う。

①2目ゴム編みを1目ゴム編み状態にする

1. 1目めを表目に編む。
2. 右針を左針の2目めの後ろ側に右から左へ入れる。
3. 上記の状態で左針から2目めを1目めと同時にはずす。
4. 編み地の手前で1目めを左針にのせ、右針に移した目を左
   針に戻す。（左針の1目めと2目めが入れ替わる）。
5. 次の3目を「裏目1、表目、裏目1」。
6. 手順の1～5を最後までくり返す。

②止める

1. 止める部分の長さの約3～4倍の長さの糸端を残して糸を
   切り、とじ針に通す
2. とじ針を編み針にかかっている1目に表目を編むように（左
   から右に）入れ、編み針からはずし、糸を引く。
3. とじ針を編み針にかかっている2目めに裏目を編むように
   （右から左に）入れ、糸を引く
4. とじ針を編み針にかかっている1目めに裏目を編むように
   入れ、編み針からはずし、糸を引く。
5. 編み地の後ろ側からとじ針を編み針にかかっている1目め
   と2目の間に入れ、糸を引く。
6. 2目めにとじ針を表目を編むように入れ、糸を引く。
上記の手順の2～6を最後までくり返す。

NOTES ／メモ

全体を通して糸を2本取りにして編む。

DIRECTIONS／編み方

リブ編み（前）

100目作る。

1段め（裏面）：裏目3、「表目2、裏目2」を最後に1目残るまでくり返し、すべり目1。

2段め（表面）：表目3、「裏目2、表目2」を最後に1目残るまでくり返し、すべり目1。

上記の2段をくり返し、リブ編みが作り目から7.5cmになるまで編み、裏面の段で編み終える。

前身頃

1段め（表面）：表目3「（すべり目1、表目1）を7回、PM、すべり目2、PM」、「〜」を合計5回くり返す、「すべり目1、表目1」を7回、表目2、すべり目1。

2段め（裏面）：裏目3、「（裏目1、表目1）を7回、SM、裏目2、SM」、「〜」を合計5回くり返す、「裏目1、表目1」を7回、裏目2、すべり目1。

3段め（表面）：表目3、「（すべり目1、表目1）を7回、SM、すべり目2、SM」、「〜」を合計5回くり返す、「すべり目1、表目1」を7回、表目2、すべり目1。

2・3段めをくり返し、前身頃が作り目から42cmになるまで編む。

襟の伏せ目段（表面）：模様編みで33目編み、次の34を伏せ、残りは模様編みで最後まで編む。

右前の33目を別針に移す。左前は元の針に休ませておく。

右前身頃

右前襟ぐりのシェーピング

右襟ぐりの減目1（裏面）：裏目3、最後に3目残るまで模様編み、左上2目一度、表目1。（1目減）

右襟ぐりの減目2（表面）：表目1、右上2目一度、最後までパターン通りに編む。（1目減）

右襟ぐりの減目1・2をもう一度編む。29目になる。

毎段の減目をしたあと、次のように2段ごとに表面の段で行う。

1段め（裏面）：最後に1目残るまで模様編み、表目1。

2段め（表面）：表目1、裏目の右上2目一度、最後まで模様編み。（1目減）

3段め（裏面）：最後に1目残るまで模様編み、表目1。

4段め（表面）：表目1、右上2目一度、最後まで模様編み。（1目減）

1〜4段めをもう一度編む。25目になる。

右肩の準備段

模様編みであと3段編む。裏面の段で編み終える。

右肩の引き返し編み

引き返し編み段1（表面）：最後に4目残るまで模様編み、編み地を返す。

引き返し編み段2（裏面）：MDS、最後まで模様編み。

引き返し編み段3（表面）：前段のDSの手前に3目残るまで模様編み、編み地を返す。

引き返し編み段4（裏面）：MDS、最後まで模様編み。

引き返し編み段3・4をあと5回くり返す（合計6回）。

次段（表面）：DSを1目として編みながら最後まで模様編み。

次段（裏面）：最後まで模様編み。糸を切る。編み目は休ませておく。

左前身頃

左前襟ぐりのシェーピング

襟端に新しい糸玉から糸をつける。

左襟ぐりの減目段1（裏面）：表目1、右上2目一度、最後まで模様編み。（1目減）

左襟ぐりの減目段2（表面）：手前に3目残るまで模様編み、左上2目一度、表目1。（1目減）

左襟ぐりの減目段1・2をもう一度編む。29目になる。

毎段の減目をしたあと、次のように2段ごとに表面の段で行う。

1段め（裏面）：表目1、最後まで模様編み。

2段め（表面）：最後に3目残るまで模様編み、左上2目一度、表目1。（1目減）

3段め（裏面）：表目1、最後まで模様編み。

4段め（表面）：最後に3目残るまで模様編み、裏目の左上2目一度、表目1。（1目減）

1〜4段めをもう一度編む。25目になる。

左肩下がりの準備段

模様編みで2段編む。表面の段で編み終える。

左肩の引き返し編み

引き返し編み段1（裏面）：表目1、最後に4目残るまで模様編み、編み地を返す。

引き返し編み段2（表面）：MDS、最後まで模様編み。

引き返し編み段3（裏面）：表目1、前段のDSの手前に3目残るまで模様編み、編み地を返す。

引き返し編み段4（表面）：MDS、最後まで模様編み。

引き返し編み段3・4をあと5回編む。

次段（裏面）：表目1、DSを1目として扱いながら最後まで模様編み。

糸を切る。編み目は休ませておく。

リブ編み（後ろ）

100目作る。

1段め（裏面）：裏目3、「表目2、裏目2」を最後に1目残るまでくり返し、すべり目1。

2段め（表面）：表目3、「裏目2、表目2」を最後に1目残るまでくり返し、すべり目1。

上記の2段をくり返し、リブ編みが作り目から7.5cmになるまで編み、裏面の段で編み終える。

後ろ身頃

1段め（表面）：表目3、「（すべり目1、表目1）を7回、PM、すべり目2、PM」、「〜」を合計5回くり返す、「すべり目1、表目1」を7回、表目2、すべり目1。

2段め（裏面）：裏目3、「（裏目1、表目1）を7回、SM、裏目2、SM」、「〜」を合計5回くり返す、「裏目1、表目1」を7回、裏目2、すべり目1。

3段め（表面）：表目3、「（すべり目1、表目1）を7回、SM、すべり目2、SM」、「〜」を合計5回くり返す、「すべり目1、表目1」を7回、表目2、すべり目1。

2・3段めをくり返し、後ろ身頃が作り目から49.5cmになるまで編み、表面の段で編み終える。

後ろ襟と肩のシェーピング

準備段（裏面）：裏目3、「（裏目1、表目1）を7回、SM、裏目2、SM」、「〜」を合計5回くり返す、「裏目1、表目1」を7回、裏目2、すべり目1。

引き返し編み段1（表面）：表目3、最後に4目残るまで模様編み、編み地を返す。

引き返し編み段2（裏面）：MDS、最後に4目残るまで模様編み、編み地を返す。

引き返し編み段3（表面）：MDS、前段のDSの手前に3目残るまで模様編み、編み地を返す。

引き返し編み段4（裏面）：MDS、前段のDSの手前に3目残るまで模様編み、編み地を返す。

引き返し編み段3・4をあと5回編む（合計6回）。

引き返し編み段5（表面）：MDS、DSを1目として編みながら最後に3目残るまで模様編み、表目3。

襟ぐりの止め（裏面）：模様編みで25目編み、DSを1目として編みながら次の50目を伏せ止めし、その次の25目を模様編み。

肩はぎ

両肩とも同じ要領ではぎ合わせる。
裏面から前後身頃を中表にして3ニードルバインドオフまたはかぎ針による引き抜きはぎで、前後の25目ずつをはぎ合わせる。

襟

6号の輪針で表面から襟ぐりの目を次のように拾う。
左襟ぐりから18目、前中央から34目、右襟から18目、後ろ襟から50目（合計120目）。
2目ゴム編みで20cm編み、2目ゴム編み止めで止める。

FINISHING／仕上げ

糸始末をしたあと、水通しをして寸法に合わせてブロッキングする。

34 FLORENCE

フローレンス

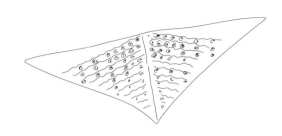

FINISHED MEASUREMENTS ／仕上がり寸法

幅：290 cm

深さ：110 cm

MATERIALS ／材料

糸：Knitting for Olive の Merino（メリノ100%、250m／50g）〈Putty〉8カセ、

Knitting for Olive の Soft Silk Mohair（モヘア70%・シルク30%、225m／25g）〈Light Grey〉9カセ

※全体を通して2種類の色を引き揃えて編む。もしくは同等の太さの糸を2,000mずつ

針：3.5mm（US4／JP5）棒針

その他の道具：ステッチマーカー、なわ編み針

GAUGE ／ゲージ

16目×28段（裏メリヤス編み・10cm角、ブロッキング後）

SPECIAL ABBREVIATIONS AND TECHNIQUES ／特別な用語とテクニック

右上1目と2目の交差（下の目が裏目）：1目をなわ編み針に移し手前におき、左針から裏目2、なわ編み針から表目1。

左上1目と2目の交差（下の目が裏目）：2目をなわ編み針に移し後ろにおき、左針から表目1、なわ編み針から裏目2。

右上1目交差（下の目が裏目）：1目をなわ編み針に移し手前におき、左針から裏目1、なわ編み針から表目1。

左上1目交差（下の目が裏目）：1目をなわ編み針に移し後ろにおき、左針から表目1、なわ編み針から裏目1。

ボッブル：次の目に「表目1、裏目1」を2回くり返し、編み地を返す。4目を裏編みし、編み地を返す。4目を表編みし、編み地を返す。裏目の2目一度を2回、編み地を返す。2目を一度に表編み。この目を裏面から編むときには表目で編む。

フラワーベース：

左上2目一度をして1目めだけ左針からはずし、2目めは針に残す。残した目を表目に編み、そのまま左針に残し、この目と次の目とで右上2目一度を編む。この3目を裏面で編むときには「裏目1、表目1、裏目1」。

フラワートップ：

裏目の左ねじり増し目1、次の目に表目を編むように右針を入れて移し、次の2目を左上2目一度、右針に移した目を2目一度に編んだ目にかぶせる。最後に裏目の右ねじり増し目1。この3目を裏面で編むときには「表目3」。

リーフベースL：

1目をなわ編み針に移して手前におき、なわ編み針の目に表目1、編めた目は右針に、元の目はなわ編み針に残す。左針から裏目1。なわ編み針の目を左針に移し、次の目と右上2目一度に編む。この3目を裏面で編むときには「裏目1、表目1、裏目1」。

リーフベースR：

1目めに裏目を編むように針を入れて右針に移し、次の目をなわ編み針に移して後ろにおく。右針に移した目を左針に戻し、左上2目一度に編むが2目めだけを左針に残す。なわ編み針の目を裏目1、左針の目を表目1。この3目を裏面で編むときには「裏目1、表目1、裏目1」。

表目の増し目：次の目との間の渡り糸をねじらずに表目に編む。

裏目のねじり増し目：

次の目との間の渡り糸に左針を手前から後ろへ入れて持ち上げてねじらずにそのまま裏目に編む。

NOTES ／メモ

チャート2、3、4について
中心の目は左右のチャート両方に記載があるが、編むのは1目（1回）だけ。

注意！：チャートの白マス□は裏目、⊡は表目。

ショール全体を通して両端と中心で増し目をする。ステッチマーカーは左針から右針に移しながら編む。チャートでは表面の段だけを記載（「編みはじめ」のチャートは除く）。
裏面の段は次の2段めと4段めを交互に編む。
2段め：表目1、2目の編み出し増し目、最後に2目残るまで目なりに編み、2目の編み出し増し目、表目1。（2目増）
4段め：表目1、最後に1目残るまで目なりに編み、表目1。
模様をくり返し編むにしたがって毎段目数が増える。増し目はショール端の裏メリヤス編み部分で増え、その幅が毎段広くなる。そのため、段のはじめからの目数が数えにくく、模様編みの開始位置が分かり辛くなるので、ショールの表面で目数を数える代わりに、チャートを見ながら前段の開始位置を参考にして判断するとよい。フラワーモチーフは互いに合流し、一連の流れが途切れることはない。

DIRECTIONS ／編み方

セクション1：準備
ガータータブキャストオン

3目作り、表編み（ガーター編み）で6段編む。
最後の段を編むと編み地を返さずそのまま編み地を90度右に回転させてガーター編みの左端から3目拾う。再び編み地を90度回転させ、作り目側から3目拾う。（合計9目）
チャート1を1回編む。29目になる。
このチャートの4段にわたる両端と中心で目を増やすパターンは以降もショール全体を通して続く。この増し目のパターンはチャート部分を編み進めながらも編み続ける。
基本段1（表面）：表目1、裏目2目の編み出し増し目、次のMまでチャートの通りに編む、裏目のねじり増し目、表目1、裏

目のねじり増し目、最後に2目残るまでチャートの通りに編む、裏目2目の編み出し増し目、表目1。（4目増）
基本段2（裏面）：表目1、表目2目の編み出し増し目、最後に2目残るまで目なりに編む、表目2目の編み出し増し目、表目1。（2目増）
基本段3：基本段1と同様に編む。（4目増）
基本段4：表目1、最後に1目残るまで目なりに編む、表目1。

セクション2：フラワー模様

チャート2〈右〉と〈左〉の1〜50段めまでを1回編み、そのあと27〜50段めを3回編む。
チャート2を1回編んだあと、中心の増し目の記載はないが、表目との間の裏目が9目になると中心の目の前後に新たに表目を編む。チャート2をくり返すたびに1模様（赤い囲み線）増える。このセクションを編み終えるとショールの両側にフラワー模様が5模様ずつでき、目数は335目になる。

セクション3：フラワー＆リーフ

チャート3〈右〉と〈左〉の1〜48段めまでを2回編む。2回目を編むときには中心の目の手前の表目は省き、代りに裏目の増し目を編む。
※チャートは下から上、右から左に向けて編む。ただし、くり返し部分を編む前に、チャートの左側（中心の目）からの目数によってフラワートップを編む位置、リーフベースだけを編む位置を確認する。
さらにフラワートップになる表目のラインが分かるようにMをつけておくこと。このセクションを編み終えるとショールの両側にフラワー模様5つがリーフ模様で仕切られたかたちになる。575目になる。

セクション4：フラワー＆リーフ3枚

ここではショールの幅を考慮してチャートでは完全に図解していない。
チャート4〈右〉と〈左〉1〜48段めまでを1回編む。
色分けしたフラワーとリーフを下表の順に編む。

このセクションを編み終えると、最上列にはフラワー模様3つをリーフ模様3つで区切り、両端にはリーフ模様が2つできる。695目になる。

FINISHING ／仕上げ

インビジブルアイコードで仕上げる：
最後の裏面の段で1目作り、編み地を返す。「表目1、ねじり目の左上2目一度、右針の2目を左針に戻す」。左針に2目残るまで「〜」をくり返し、最後は伏せ止めする。糸始末をしたあと、水通しをして寸法に合わせてブロッキングする。

左側	中央	右側
BACBBACBBA	中心の目	ABBCABBCABA
A = リーフトップとフラワーボトム		
B = リーフのみ		
C = フラワートップとリーフボトム		

チャート1

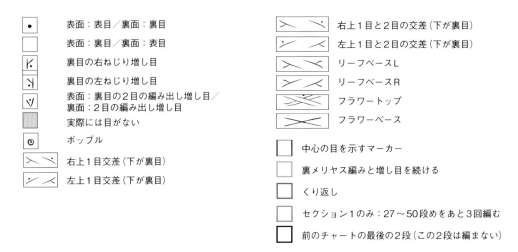

•	表面：表目／裏面：裏目		$\diagdown$ $\diagdown$	右上1目と2目の交差（下が裏目）
	表面：裏目／裏面：表目		$\diagup$ $\diagup$	左上1目と2目の交差（下が裏目）
$\diagup$	裏目の右ねじり増し目		$\diagdown$ $\diagdown$	リーフベースL
$\diagdown$	裏目の左ねじり増し目		$\diagup$ $\diagup$	リーフベースR
$\vee$	表面：裏目の2目の編み出し増し目／裏面：2目の編み出し増し目		$\diagup\diagdown$	フラワートップ
	実際には目がない		$\diagdown\diagup$	フラワーベース
ⓑ	ボッブル			中心の目を示すマーカー
$\diagdown$ $\diagup$	右上1目交差（下が裏目）			裏メリヤス編みと増し目を続ける
$\diagup$ $\diagdown$	左上1目交差（下が裏目）			くり返し

| | セクション1のみ：27～50段めをあと3回編む |
| | 前のチャートの最後の2段（この2段は編まない） |

チャート2〈右〉

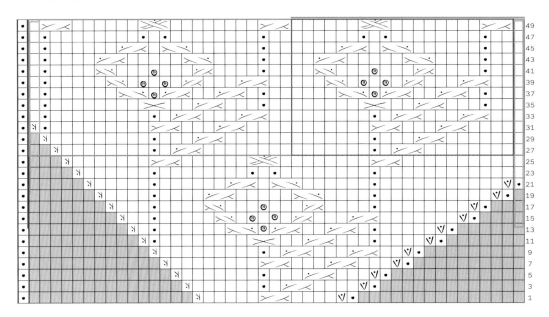

チャート2〈左〉

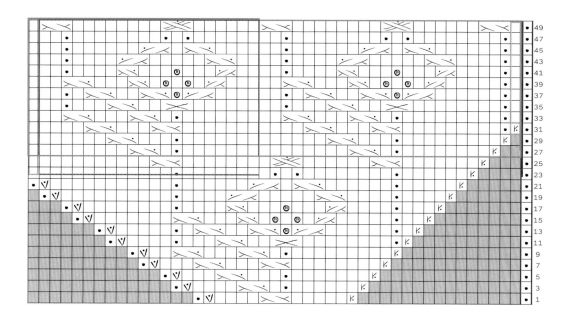

チャート3〈右〉

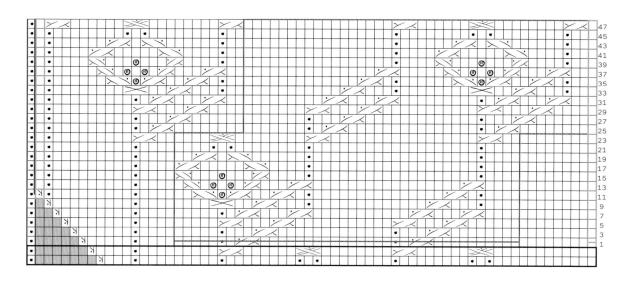

チャート3〈左〉

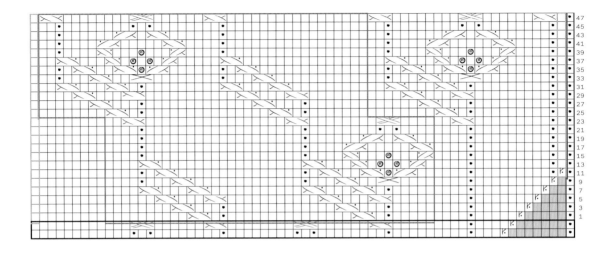

チャート4〈右〉

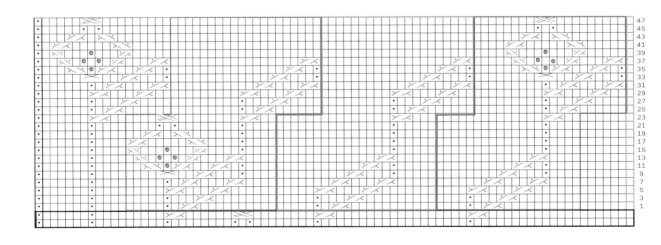

チャート4のくり返し記号図

[ ] くり返しA

[ ] くり返しB

[ ] くり返しC

チャート4〈左〉

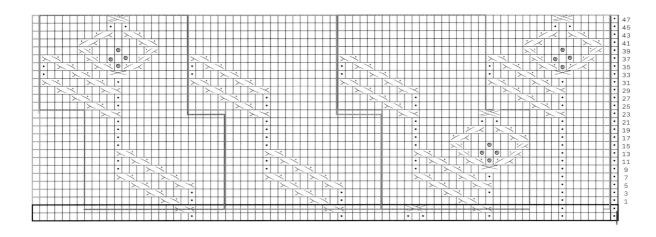

35 INEY
アイニー

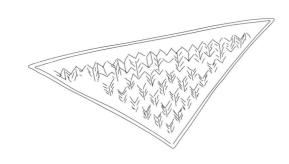

FINISHED MEASUREMENTS ／仕上がり寸法

幅：200 cm
長さ（中心）：95 cm

MATERIALS ／材料

糸：Glafira's Yarn の Feodosiia（スーパーファインラムウール
100%、230m／50g）
MC〈Derby Grey 024〉3カセ、CC1〈Flannel Grey 023〉3カセ、
CC2〈Soft Denim 031〉2カセ
もしくは、フィンガリング（中細）程度の糸をMCとして
530m、CC1として690m、CC2として330m
針：4mm（US6／JP6）輪針もしくは4（5）本針
縁編み用に3.5mm（US4／JP5）120cmの付け替え式輪針と
120cmのコード、
もしくは3.5mm（US4／JP5）120cmの輪針を3本
その他の道具：ステッチマーカー、別糸またはホルダー、
4mm（JP7/0号）のかぎ針

GAUGE ／ゲージ

24目×27段（4mm輪針でチャート3の編み込み模様を輪編み・
10cm角、ブロッキング後）
24目×32段（4mm輪針でメリヤス編みを輪編み・10cm角、ブ
ロッキング後）

NOTES ／メモ

このショールはボトムアップに毎段増し目をしながら輪に編
む。全体を編み終わったらスティークを切り開き、端に縁編み
を編みつける。

スティーク部分の編み目はチャートには記載していない。
編みはじめは4（5）本針または輪針を使ってマジックループ式

に編む。

編み込み模様の渡り糸がきつくならないように注意。
MCが背景色。この背景色の糸は、常に配色糸の上になるよう
に渡す。

チャート5、6、7の、31段めを編み終えた時点でCC2をつけ
る。CC2は、MCとCC1の下になるように渡す。チャート5、6、
7の39段めではCC1を背景色としCC2を配色とする（CC2が
CC1の下になるように渡す）。

編み地の厚みを均一に保つため、セクション5ではCCを2本
使い、2色で編み込み模様を編むかのようにし、1本は背景色、
もう1本は配色として扱う。

マーカー（M）は特に指示がない限り左針から右針に移しなが
ら編み進める。

SPECIAL ABBREVIATIONS ／特別な用語

左増し目：右針にかかっている編み終えた目の2段下の編み目
の左足を持ち上げ、表目を編む。（1目増）
右増し目：次に編む目の1段下の編み目の右足を持ち上げ、表
目を編む。（1目増）
K&T（Knit & Trap float）：表目を1目編んで糸同士を絡げる。
2色で横糸渡しの編み込み模様を編むとき：指定の色で表目を
1目編んだあと、編み地の裏面でもう片方の糸と絡げる。
3色で横糸渡しの編み込み模様を編むとき：指定の色で表目を
1目編んだあと、編み地の裏面で残りの2本の糸と絡げる。
（CC1で編む目のときには、CC2の1本に絡げる。）

STITCH PATTERNS ／模様編み

スティークを切り開くための編み目は合計8目。段のはじめに
4目、あとの4目は段の最後になる。

2色の横糸渡しの編み込み模様の段のはじめを編むとき

「CC1で表目1、MCで表目1」を2回編む。

2色の横糸渡しの編み込み模様の段の終わりを編むとき

「MCで表目1、CC1で表目1」を2回編む。

3色の横糸渡しの編み込み模様を編むとき

（チャート5、6、7の32段めから）

段のはじめ：CC1で表目1、CC2で表目1、CC1で表目1、MCで表目1。

段の終わり：MCで表目1、CC1で表目1、CC2で表目1、CC1で表目1。

2色の横糸渡しの編み込み模様を編むとき

（チャート5、6、7の39段めから）

段のはじめ：「CC2で表目1、CC1で表目1」を2回編む。

段の終わり：「CC1で表目1、CC2で表目1」を2回編む。

1色を2本使って横糸渡しの編み込み模様を編むとき

DC：配色、BC：背景色(地色)

段のはじめ：「DCで表目1、BCで表目1」を2回編む。

段の終わり：「BCで表目1、DCで表目1」を2回編む。

DIRECTIONS／編み方

編みはじめ

CC1の糸を使って指でかける作り目の方法で10目作る。

段のはじめを示す(BOR) Mを入れて輪にする。MCの糸を付ける。

1段め：スティーク分4目、PM、CC1で表目2、PM、スティーク分4目。

2段め：スティーク分4目、SM、CC1でK&T、CC1で左増し目、CC1右増し目、CC1でK&T、SM、スティーク分4目。(2目増、4目+スティーク分8目)

3段め：スティーク分4目、SM、CC1でK&T、CC1で表目1、CC1で左ねじり増し目1、CC1で表目1、CC1でK&T、SM、スティーク分4目、(1目増、5目+スティーク分8目)

本体

以下の手順に従って編む。毎段編みはじめと編み終わりはスティーク分の目を編む。この部分はチャートには記載していないので注意すること。

パート1

1段め：スティーク分4目、SM、チャート1を編む、SM、スティーク分4目。

この段の手順でチャートを編み切る。目数は61目+スティーク分8目となる。

パート2

1段め：スティーク分4目、SM、チャート2を編む、チャート3の1〜20までを編み、チャート4を編む、SM, スティーク分4目。

この段の手順でチャートを編み切る。目数は101目+スティーク分8目となる。

パート3

※チャート3を最初に編むときだけ2段めの1目めで糸を絡げる。

1段め：スティーク分4目、SM、チャート2を編む、チャート3を1回編む、チャート3の1〜20までを編む、チャート4を編む、SM、スティーク分4目。

この段の手順でチャートを編み切る。チャート3では必要に応じてマーカーで印を付ける。

目数は141目+スティーク分8目となる。

パート3をあと5回編み、チャート3をくり返す回数を毎回1回ずつ増やす。

必要に応じてチャート3を1回編むたびにマーカーを付ける。

目数は341目+スティーク分8目となる。

パート4

※チャート6を最初に編むときだけ2段めの1目めで糸を絡げる。

以下の手順の通りに編み、31段めを編み終えたところでCC2を付けて3本で横糸渡しの編み込み模様を編む。38段めを編み終えたところでMCの糸を切り、2色で編み込み模様を編む。

1段め：スティーク分4目、SM, チャート5を編む、チャート6を7回編む、チャート6の1〜20までを編み、チャート7を編む、SM、スティーク分4目。

この段の手順でチャートを編み切る。目数は423目+スティーク分8目。

パート5

CC1の糸を切り、CC2の糸を新たにつけて、同色の糸2本で編む。

裏面を均一にするために、以下の手順通りに編む。

1段め：スティーク分4目、SM、DCでK&T、DCで左増し目、DCで表目1、BCで表目2、「DCで表目2、BCで表目2」、「〜」をMの手前に1目残るまでくり返し、DCで右増し目、DCでK&T、SM、スティーク分4目。(2目増)

2段め：スティーク分4目、SM、DCでK&T、DCで左増し目、「DCで表目2、BCで表目2」、「〜」をMの手前に2目残るまでくり返し、DCで表目1、DCで右増し目、DCでK&T、SM、スティーク分4目。(2目増)

3段め：スティーク分4目、SM、DCでK&T、DCで左増し目、BCで表目1、「DCで表目2、BCで表目2」、「〜」をMの手前に3目残るまでくり返し、DCで表目2、DCで右増し目、DCでK&T、SM、スティーク分4目。(2目増)

4段め：スティーク分4目、SM、DCでK&T、DCで左増し目、BCで表目2、「DCで表目2、BCで表目2」、「〜」をMの手前に4目残るまでくり返し、DCで表目2、BCで表目1、DCで右増し目、DCでK&T、SM、スティーク分4目。(2目増)

1〜4段めをあと5回編む。

目数は471目+スティーク分8目。

最後の段で最初のスティーク分の4目を伏せ、SM、Mまで指示通りに編む、SM、最後のスティーク分4目を伏せる。

別糸またはホルダーに471目を移して休ませる。

スティークを切り開く前にスティークの中心に沿って左右両側にかぎ針で細編みを1段編んで補強する。MCの糸で、スティークの中心の2目の外側の足と、隣接する目の足の2本を拾って細編。細編みの目をきつく編みすぎないように注意。補強したあと、中心の2目の間を切り開く。

ヘム

表面

準備段：CC1の糸を新たにつけ直し、下の角から3.5mm針でショールの右端から236

NATALIYA SINELSHCHIKOVA   185

目、1段から1目ずつ拾い、スティークの
隣の目（ショール本体の1目め）の中心に針
を入れ、PM、休ませておいた471目を表
編み、PM。ショールの左端からも右端と
同様に236目拾う。段のはじめ（BOR）に
Mを入れ、次のように輪に編む。（943目）
1段め：表編み。
2段め：「表目1、左増し目、Mの手前に1
目残るまで表編み、右増し目、表目1、
SM」、「〜」までをあと2回編む。（6目増）
1・2段をもう1回編む。（955目）
1段めだけもう一度編み、目を休ませる。

裏面
準備段：編み地を裏面に返す。下の角から、
表面から準備段でできた裏目から236目拾
う。PM、最も長い辺の裏目に沿って471
目拾い、PM。最後の1辺の裏目に沿って
236目拾う。CC1の糸を新たにつけ、段の
はじめにMを入れ、次のように輪に編む。
（943目）
1段め：表編み。
2段め：「表目1、左増し目、Mの手前に1
目残るまで表編み、右増し目、表目1、
SM」、「〜」までをあと2回編む。（6目増）

1・2段めをもう一度編む。（955目）
1段めだけもう一度編む。
ヘムの両面をメリヤスはぎで合わせる。

FINISHING／仕上げ

糸始末をしたあと、水通しをして寸法に合
わせてブロッキングする。

チャート1

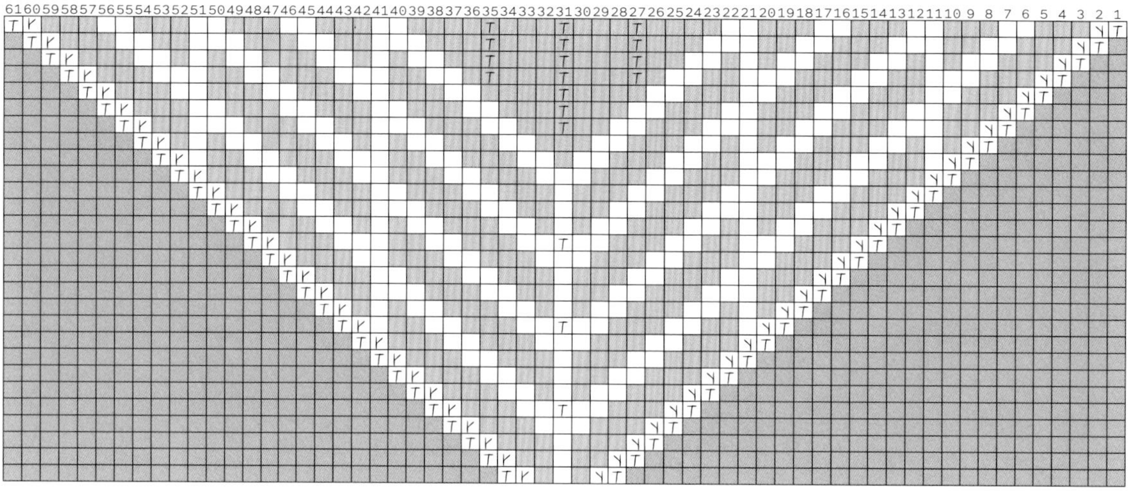

- MC
- CC1
- CC2
- 実際には目がない
- 左増し目
- 右増し目
- 表編みし、渡り糸を絡げる

チャート2

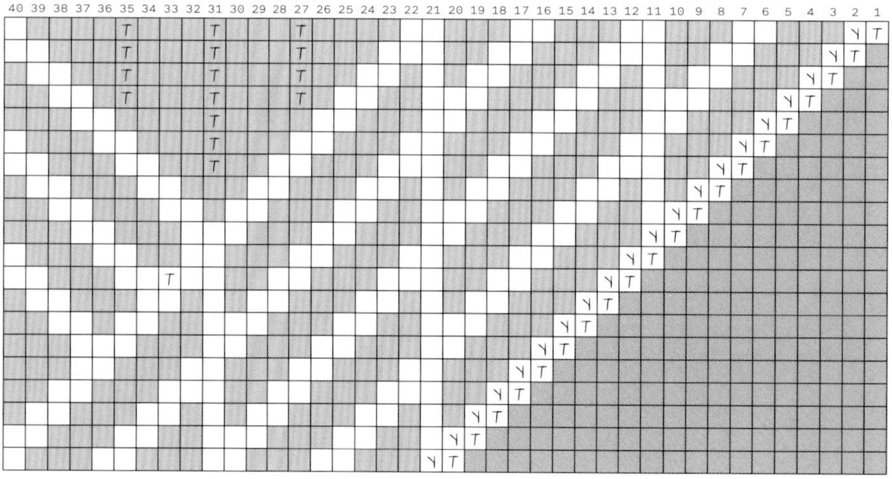

チャート3

チャート4

チャート5

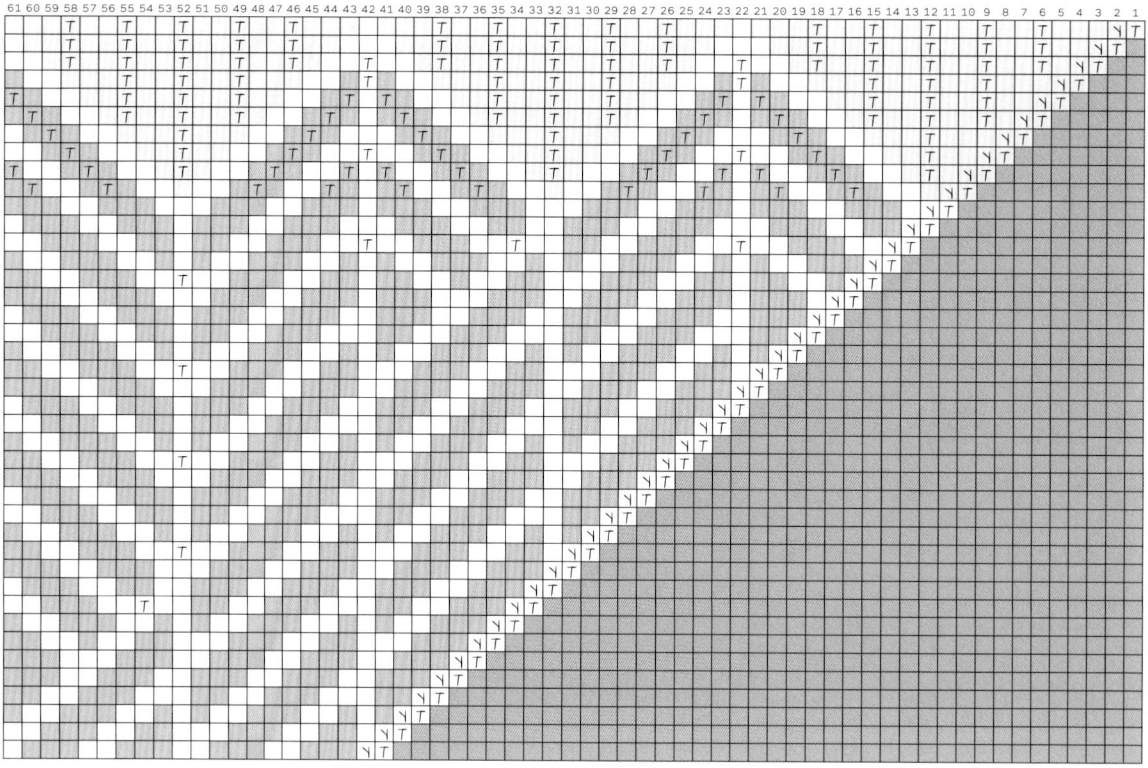
61 60 59 58 57 56 55 54 53 52 51 50 49 48 47 46 45 44 43 42 41 40 39 38 37 36 35 34 33 32 31 30 29 28 27 26 25 24 23 22 21 20 19 18 17 16 15 14 13 12 11 10 9 8 7 6 5 4 3 2 1

チャート6

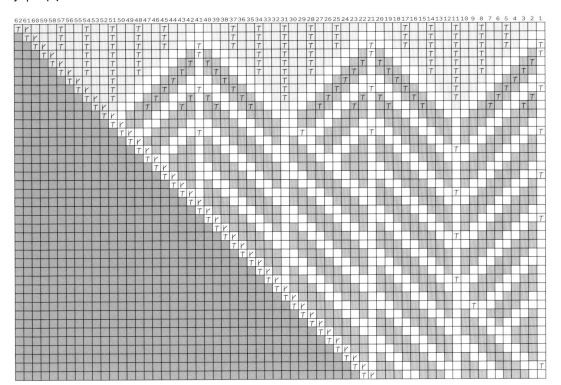

チャート7

36 MOOI

モーイ（素敵）

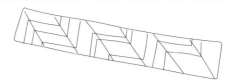

FINISHED MEASUREMENTS ／**仕上がり寸法**

丈：180 cm

幅：32 cm

MATERIALS ／**材料**

糸：Kässäkerho Pom PomのSuoma Single（ウール100%、205m ／50g）MC〈Lempi〉とCC1〈Vispi〉各2カセ、CC2〈Koralli〉1 カセ

もしくはフィンガリング（中細）程度の糸をMCとして377m、 CC1として250m、CC2として209m

Note ／**メモ**

カラーブロックは自由にアレンジしてよい。パターンでは、色 替えする段のモデルとして記載。上記の色の配分通りに編む場 合は、スケッチを参考に配置を決めるとよい。

針：3.25mm（US3／JP3）輪針

その他の道具：取り外し可能なステッチマーカー2個

GAUGE ／**ゲージ**

22目×46段（模様編み・10cm角、ブロッキング後）

SPECIAL ABBREVIATIONS ／**特別な用語**

DECM (decrease marker)：減目箇所を示すマーカー。3目一度 につける。

INCM (increase marker)：増し目箇所を示すマーカー。2目の 増し目を示す。

2目の編み出し増し目（1目めが浮き目）：糸を手前にして浮き 目の状態で右針を入れるが、編み目は左針からはずさず、糸を 後ろに移して同じ目にねじり目を編む。（1目増）

中上3目一度：表目を編むように次の2目に同時に右針を入れ て移し、表目1、右針に移した2目を編んだ目にかぶせる。（2 目減）

NOTES ／**メモ**

各セクションは4部構成（パートA〜C＋止め／作り目）になっ ており、各セクションを合計3回くり返す。

DIRECTIONS ／**編み方**

作り目の準備の段

指でかける作り目の方法で141目作る。

表面から中心の目にM（＝DECM）を、左端の最後の目にもM （＝INCM）をつける。

M（マーカー）は編み目につけ、本文中ではMの手前の目数を 指す。

パートA

ここではスカーフのZ字型の部分を編む。

DECMは2目の減目の斜線を、INCMはスカーフを横切る2目 の増し目の斜線を示す。

このパート中の目数は変わらない。

1段め（裏面）：浮き目1、「表目9、浮き目1」を最後に10目残 るまでくり返し、表目10。

2段め（表面）：浮き目1、表目4、「浮き目1、表目9」をDECM の手前に5目残るまでくり返し、浮き目1、表目3、中上3目一 度、表目3、浮き目1、「表目9、浮き目1」をINCMの手前に4 目残るまでくり返し、表目3、2目の編み出し増し目を2回。

3段め：裏目1、浮き目1、裏目1、「表目9、浮き目1」を DECMの手前に8目残るまでくり返し、表目8、浮き目1、表目 8、「浮き目1、表目9」を最後に1目残るまでくり返し、表目1。

4段め：浮き目1、表目4、「浮き目1、表目9」をDECMの手前 に4目残るまでくり返し、浮き目1、表目2、中上3目一度、表 目2、浮き目1、「表目9、浮き目1」をINCMの手前に5目残る までくり返し、表目4、2目の編み出し増し目を2回、表目1。

5段め：浮き目1、表目1、浮き目1、表目1、浮き目1、「表 目9、浮き目1」をDECMの手前に7目残るまでくり返し、表 目7、浮き目1、表目7、「浮き目1、表目9」を最後に1目残る までくり返し、表目1。

6段め：浮き目1、表目4、「浮き目1、表目9」をDECMの手前 に3目残るまでくり返し、浮き目1、表目1、中上3目一度、表 目1、浮き目1、「表目9、浮き目1」をINCMの手前に6目残る までくり返し、表目5、2目の編み出し増し目を2回、表目2。

7段め：浮き目1、表目2、浮き目1、表目2、浮き目1、「表 目9、浮き目1」をDECMの手前に6目残るまでくり返し、表 目6、浮き目1、表目6、「浮き目1、表目9」を最後に1目残る までくり返し、表目1。

8段め：浮き目1、表目4、「浮き目1、表目9」をDECMの手 前に2目残るまでくり返し、浮き目1、中上3目一度、浮き目 1、「表目9、浮き目1」をINCMの手前に7目残るまでくり返 し、表目6、2目の編み出し増し目を2回、表目3。

9段め：浮き目1、表目3、浮き目1、表目3、浮き目1、「表 目9、浮き目1」をDECMの手前に5目残るまでくり返し、表 目5、浮き目1、表目5、「浮き目1、表目9」を最後に1目残る までくり返し、表目1。

10段め：浮き目1、表目4、「浮き目1、表目9」をDECMの手 前に1目残るまでくり返し、中上3目一度、「表目9、浮き目1」 をINCMの手前に8目残るまでくり返し、表目7、2目の編み出し

増し目を2回、表目4。

11段め：浮き目1、表目4、浮き目1、表目4、浮き目1、「表目9、浮き目1」をDECMの手前に4目残るまでくり返し、表目4、浮き目1、表目4、「浮き目1、表目9」を最後に1目残るまでくり返し、表目1。

12段め：浮き目1、表目4、「浮き目1、表目9」をDECMの手前に10目残るまでくり返し、浮き目1、表目8、中上3目一度、表目8、浮き目1、「表目9、浮き目1」をINCMの手前に9目残るまでくり返し、表目8、2目の編み出し増し目を2回、表目5。

13段め：浮き目1、表目5、浮き目1、表目5、浮き目1、「表目9、浮き目1」をDECMの手前に3目残るまでくり返し、表目3、浮き目1、表目3、「浮き目1、表目9」を最後に1目残るまでくり返し、表目1。

14段め：浮き目1、表目4、「浮き目1、表目9」をDECMの手前に9目残るまでくり返し、浮き目1、表目7、中上3目一度、表目7、浮き目1、「表目9、浮き目1」をINCMの手前に10目残るまでくり返し、表目9、2目の編み出し増し目(1目めが浮き目)、2目の編み出し増し目、浮き目1、表目5

15段め：浮き目1、表目6、浮き目1、表目6、浮き目1、「表目9、浮き目1」をDECMの手前に2目残るまでくり返し、表目2、浮き目1、表目2、「浮き目1、表目9」を最後に1目残るまでくり返し、表目1。

16段め：浮き目1、表目4、「浮き目1、表目9」をDECMの手前に8目残るまでくり返し、浮き目1、表目6、中上3目一度、表目6、浮き目1、「表目9、浮き目1」をINCMの手前に1目残るまでくり返し、2目の編み出し増し目を2回、表目1、浮き目1、表目5。

17段め：浮き目1、表目7、浮き目1、表目7、浮き目1「表目9、浮き目1」をDECMの手前に1目残るまでくり返し、表目1、浮き目1、表目1、「浮き目1、表目9」を最後に1目残るまでくり返し、表目1。

18段め：浮き目1、表目4、「浮き目1、表目9」をDECMの手前に7目残るまでくり返し、浮き目1、表目5、中上3目一度、表目5、浮き目1、「表目9、浮き目1」をINCMの手前に2目残るまでくり返し、表目1、2目の編み出し増し目を2回、表目2、浮き目1、表目5。

19段め：浮き目1、表目8、浮き目1、表目8、浮き目1、「表目9、浮き目1」をDECMの手前に10目残るまでくり返し、表目9、裏目1、浮き目1、裏目1、表目9、

「浮き目1、表目9」を最後に1目残るまでくり返し、表目1。

好みで色を替える。

20段め：浮き目1、表目4、「浮き目1、表目9」をDECMの手前に6目残るまでくり返し、浮き目1、表目4、中上3目一度、表目4、浮き目1、「表目9、浮き目1」をINCMの手前に3目残るまでくり返し、表目2、2目の編み出し増し目を2回、表目3、浮き目1、表目5。

21段め：浮き目1、表目9、浮き目1、「表目9、浮き目1」をDECMの手前に9目残るまでくり返し、表目9、浮き目1、表目9、「浮き目1、表目9」を最後に1目残るまでくり返し、表目1。

22段め：浮き目1、表目4、「浮き目1、表目9」をDECMの手前に5目残るまでくり返し、浮き目1、表目3、中上3目一度、表目3、浮き目1、「表目9、浮き目1」をINCMの手前に4目残るまでくり返し、表目3、2目の編み出し増し目を2回、表目4、浮き目1、表目5。

23段め：浮き目1、表目9、裏目1、浮き目1、裏目1、「表目9、浮き目1」をDECMの手前に8目残るまでくり返し、表目8、浮き目1、表目8、「浮き目1、表目9」を最後に1目残るまでくり返し、表目1。

24段め：浮き目1、表目4、「浮き目1、表目9」をDECMの手前に4目残るまでくり返し、浮き目1、表目2、中上3目一度、表目2、浮き目1、「表目9、浮き目1」をINCMの手前に5目残るまでくり返し、表目4、2目の編み出し増し目を2回、表目5、浮き目1、表目5。

141目になる。

パートB

ここでは模様単位で編み進める。
(表面で)DECMの手前に残る目数が16目なるまで1～20段めをくり返し、最後は5段めで編み終える。このセクション中の目数は変わらない。

1段め(裏面)：浮き目1、「表目9、浮き目1」をINCMの手前に1目残るまでくり返す、表目1、浮き目1、表目1、浮き目1、「表目9、浮き目1」をDECMの手前に7目残るまでくり返す、表目7、浮き目1、表目7、「浮き目1、表目9」を最後に1目残るまでくり返し、表目1。

2段め(表面)：浮き目1、表目4、「浮き目1、

表目9」をDECMの手前に3目残るまでくり返す、浮き目1、表目1、中上3目一度、表目1、浮き目1、「表目9、浮き目1」をINCMの手前に6目残るまでくり返す、表目5、2目の編み出し増し目を2回、表目1、「表目5、浮き目1、表目4」、「～」を最後に1目残るまでくり返し、表目1。

3段め：浮き目1、「表目9、浮き目1」をINCMの手前に2目残るまでくり返す、表目2、浮き目1、表目2、浮き目1、「表目9、浮き目1」をDECMの手前に6目残るまでくり返す、表目6、浮き目1、表目6、「浮き目1、表目9」を最後に1目残るまでくり返し、表目1。

4段め：浮き目1、表目4、「浮き目1、表目9」をDECMの手前に2目残るまでくり返す、浮き目1、中上3目一度、浮き目1、「表目9、浮き目1」をINCMの手前に7目残るまでくり返す、表目6、2目の編み出し増し目を2回、表目2、「表目5、浮き目1、表目4」、「～」を最後に1目残るまでくり返し、表目1。

5段め：浮き目1、「表目9、浮き目1」をINCMの手前に3目残るまでくり返す、表目3、浮き目1、表目3、浮き目1、「表目9、浮き目1」をDECMの手前に5目残るまでくり返す、表目5、浮き目1、表目5、「浮き目1、表目9」を最後に1目残るまでくり返し、表目1。

6段め：浮き目1、表目4、「浮き目1、表目9」をDECMの手前に1目残るまでくり返す、中上3目一度、「表目9、浮き目1」をINCMの手前に8目残るまでくり返す、表目7、2目の編み出し増し目を2回、表目3、「表目5、浮き目1、表目4」、「～」を最後に1目残るまでくり返し、表目1。

7段め：浮き目1、「表目9、浮き目1」をINCMの手前に4目残るまでくり返す、表目4、浮き目1、表目4、浮き目1、「表目9、浮き目1」をDECMの手前に4目残るまでくり返す、表目4、浮き目1、表目4、「浮き目1、表目9」を最後に1目残るまでくり返し、表目1。

8段め：浮き目1、表目4、「浮き目1、表目9」をDECMの手前に10目残るまでくり返す、浮き目1、表目8、中上3目一度、表目8、浮き目1、「表目9、浮き目1」をINCMの手前に9目残るまでくり返す、表目8、2目の編み出し増し目を2回、表目4、「表目5、浮き目1、表目4」を最後に1目残るまでくり返し、表目1。

9段め：浮き目1、「表目9、浮き目1」を

INCMの手前に5目残るまでくり返す、表目5、浮き目1、表目5、浮き目1、「表目9、浮き目1」をDECMの手前に3目残るまでくり返す、表目3、浮き目1、表目3、「浮き目1、表目9」を最後に1目残るまでくり返し、表目1。

10段め：浮き目1、表目4、「浮き目1、表目9」をDECMの手前に9目残るまでくり返す、浮き目1、表目7、中上3目一度、表目7、浮き目1、「表目9、浮き目1」をINCMの手前に10目残るまでくり返す、表目9、2目の編み出し増し目（1目めが浮き目）、2目の編み出し増し目、浮き目1、表目4、「表目5、浮き目1、表目4」、「〜」を最後に1目残るまでくり返し、表目1。

11段め：浮き目1、「表目9、浮き目1」をINCMの手前に6目残るまでくり返す、表目6、浮き目1、表目6、浮き目1、「表目9、浮き目1」をDECMの手前に2目残るまでくり返す、表目2、浮き目1、表目2、「浮き目1、表目9」を最後に1目残るまでくり返し、表目1。

12段め：浮き目1、表目4、「浮き目1、表目9」をDECMの手前に8目残るまでくり返す、浮き目1、表目6、中上3目一度、表6、浮き目1、「表目9、浮き目1」をINCMの手前に1目残るまでくり返す、2目の編み出し増し目を2回、表目1、浮き目1、表目4、「表目5、浮き目1、表目4」、「〜」を最後に1目残るまでくり返し、表目1。

13段め：浮き目1、「表目9、浮き目1」をINCMの手前に7目残るまでくり返す、表目7、浮き目1、表目7、浮き目1、「表目9、浮き目1」をDECMの手前に1目残るまでくり返す、表目1、浮き目1、表目1、「浮き目1、表目9」を最後に1目残るまでくり返し、表目1。

14段め：浮き目1、表目4、「浮き目1、表目9」をDECMの手前に7目残るまでくり返す、浮き目1、表目5、中上3目一度、表目5、浮き目1、「表目9、浮き目1」をINCMの手前に2目残るまでくり返す、表目1、2目の編み出し増し目を2回、表目2、浮き目1、表目4、「表目5、浮き目1、表目4」、「〜」を最後に1目残るまでくり返し、表目1。

15段め：浮き目1、「表目9、浮き目1」をINCMの手前に8目残るまでくり返す、表目8、浮き目1、表目8、浮き目1、「表目9、浮き目1」をDECMの手前に10目残るまでくり返す、表目9、裏目1、浮き目1、裏目1、表目9、「浮き目1、表目9」を最後に1目残るまでくり返し、表目1。

好みで色を替える。

16段め：浮き目1、表目4、「浮き目1、表目9」をDECMの手前に6目残るまでくり返す、浮き目1、表目4、中上3目一度、表目4、浮き目1、「表目9、浮き目1」をINCMの手前に3目残るまでくり返す、表目2、2目の編み出し増し目を2回、表目3、浮き目1、表目4、「表目5、浮き目1、表目4」「〜」を最後に1目残るまでくり返し、表目1。

17段め：浮き目1、「表目9、浮き目1」をINCMの手前に9目残るまでくり返す、表目9、浮き目1、表目9、浮き目1、「表目9、浮き目1」をDECMの手前に9目残るまでくり返す、表目9、浮き目1、表目9、「浮き目1、表目9」を最後に1目残るまでくり返し、表目1。

18段め：浮き目1、表目4、「浮き目1、表目9」をDECMの手前に5目残るまでくり返す、浮き目1、表目3、中上3目一度、表目3、浮き目1、「表目9、浮き目1」をINCMの手前に4目残るまでくり返す、表目3、2目の編み出し増し目を2回、表目4、浮き目1、表目4、「表目5、浮き目1、表目4」、「〜」を最後に1目残るまでくり返し、表目1。

19段め：浮き目1、「表目9、浮き目1」をINCMの手前に10目残るまでくり返す、表目9、裏目1、浮き目1、裏目1、表目9、浮き目1、「表目9、浮き目1」をDECMの手前に8目残るまでくり返す、表目8、浮き目1、表目8、「浮き目1、表目9」を最後に1目残るまでくり返し、表目1。

20段め：浮き目1、表目4、「浮き目1、表目9」をDECMの手前に4目残るまでくり返す、浮き目1、表目2、中上3目一度、表目2、浮き目1、「表目9、浮き目1」をINCMの手前に5目残るまでくり返す、表目4、2目の編み出し増し目を2回、「表目5、浮き目1、表目4」、「〜」を最後に1目残るまでくり返し、表目1。141目。

パートC

DECMの手前の目数が16目になったら（パートBを5段めで終える）セクションCを編みはじめる。このセクション中の目数は変わらない。

1段め（表面）：浮き目1、表目4、浮き目1、表目9、中上3目一度、「表目9、浮き目1」をINCMの手前に8目残るまでくり返す、表目7、2目の編み出し増し目を2回、表目3、「表目5、浮き目1、表目4」を最後に1目残るまでくり返し、表目1。

2段め（裏面）：浮き目1、「表目9、浮き目1」、をINCMの手前に4目残るまでくり返す、表目4、浮き目1、表目4、浮き目1、「表目9、浮き目1」をDECMの手前に4目残るまでくり返す、表目4、浮き目1、表目4、浮き目1、表目10。

3段め：浮き目1、表目4、浮き目1、表目8、中上3目一度、表目8、浮き目1、「表目9、浮き目1」をINCMの手前に9目残るまでくり返す、表目8、2目の編み出し増し目を2回、表目4、「表目5、浮き目1、表目4」を最後に1目残るまでくり返し、表目1。

4段め：浮き目1、「表目9、浮き目1」をINCMの手前に5目残るまでくり返す、表目5、浮き目1、表目5、浮き目1、「表目9、浮き目1」をDECMの手前に3目残るまでくり返す、表目3、浮き目1、表目3、浮き目1、表目10。

5段め：浮き目1、表目4、浮き目1、表目7、中上3目一度、表目7、浮き目1、「表目9、浮き目1」をINCMの手前に10目残るまでくり返す、表目9、2目の編み出し増し目（1目めは浮き目）、2目の編み出し増し目、浮き目1、表目4、「表目5、浮き目1、表目4」、「〜」を最後に1目残るまでくり返し、表目1。

6段め：浮き目1、「表目9、浮き目1」をINCMの手前に6目残るまでくり返す、表目6、浮き目1、表目6、浮き目1、「表目9、浮き目1」をDECMの手前に2目残るまでくり返す、表目2、浮き目1、表目2、浮き目1、表目10。

7段め：浮き目1、表目4、浮き目1、表目6、中上3目一度、表目6、浮き目1、「表目9、浮き目1」をINCMの手前に1目残るまでくり返す、2目の編み出し増し目を2回、表目1、浮き目1、表目4、「表目5、浮き目1、表目4」、「〜」を最後に1目残るまでくり返し、表目1。

8段め：浮き目1、「表目9、浮き目1」をINCMの手前に7目残るまでくり返す、表目7、浮き目1、表目7、浮き目1、「表目9、浮き目1」をDECMの手前に1目残るまでくり返す、表目1、浮き目1、表目1、浮き目1、表目10。

9段め：浮き目1、表目4、浮き目1、表目5、中上3目一度、表目5、浮き目1、「表目9、浮き目1」をINCMの手前に2目残るまでくり返す、表目1、2目の編み出し増し目を2回、表目2、浮き目1、表目4、「表目5、浮き目1、表目4」、「〜」を最後に1目残るまでくり返し、表目1。

10段め：浮き目1、「表目9、浮き目1」を

INCMの手前に8目残るまでくり返す、表目8、浮き目1、表目8、浮き目1、「表目9、浮き目1」をDECMの手前に10目残るまでくり返す、表目9、裏目1、浮き目1、裏目1、表目10。

好みで色を替える。

11段め：浮き目1、表目4、浮き目1、表目4、中上3目一度、表目4、浮き目1、「表目9、浮き目1」をINCMの手前に3目残るまでくり返す、表目2、2目の編み出し増し目を2回、表目3、浮き目1、表目4、「表目5、浮き目1、表目4」、「～」を最後に1目残るまでくり返し表目1。

12段め：浮き目1、「表目9、浮き目1」をINCMの手前に9目残るまでくり返す、表目9、浮き目1、表目9、浮き目1、「表目9、浮き目1」をDECMの手前に9目残るまでくり返す、表目9、浮き目1、表目10。

13段め：浮き目1、表目4、浮き目1、表目3、中上3目一度、表目3、浮き目1、「表目9、浮き目1」をINCMの手前に4目残るまでくり返す、表目3、2目の編み出し増し目を2回、表目4、浮き目1、表目4、「表目5、浮き目1、表目4」、「～」を最後に1目残るまでくり返し、表目1。

14段め：浮き目1、「表目9、浮き目1」をINCMの手前に10目残るまでくり返す、表目9、裏目1、浮き目1、裏目1、表目9、浮き目1、「表目9、浮き目1」をDECMの手前に8目残るまでくり返す、表目8、浮き目1、表目9。

15段め：浮き目1、表目4、浮き目1、表目2、中上3目一度、表目2、浮き目1、「表目9、浮き目1」をINCMの手前に5目残るまでくり返す、表目4、2目の編み出し増し目を2回、「表目5、浮き目1、表目4」、「～」を最後に1目残るまでくり返し、表目1。

16段め：浮き目1、「表目9、浮き目1」をINCMの手前に1目残るまでくり返す、表目1、浮き目1、表目1、浮き目1、「表目9、浮き目1」をDECMの手前に7目残るまでくり返す、表目7、浮き目1、表目8。

17段め：浮き目1、表目4、浮き目1、表目1、中上3目一度、表目1、浮き目1、「表目9、浮き目1」をINCMの手前に6目残るまでくり返す、表目5、2目の編み出し増し目を2回、表目1、「表目5、浮き目1、表目4」、「～」を最後に1目残るまでくり返し、表目1。

18段め：浮き目1、「表目9、浮き目1」をINCMの手前に2目残るまでくり返す、表目2、浮き目1、表目2、浮き目1、「表目9、浮き目1」をDECMの手前に6目残るまでくり返す、表目6、浮き目1、表目7。

19段め：浮き目1、表目4、浮き目1、中上3目一度、浮き目1、「表目9、浮き目1」をINCMの手前に7目残るまでくり返す、表目6、2目の編み出し増し目を2回、表目2、「表目5、浮き目1、表目4」、「～」を最後に1目残るまでくり返し、表目1。

20段め：浮き目1、「表目9、浮き目1」をINCMの手前に3目残るまでくり返す、表目3、浮き目1、表目3、浮き目1、「表目9、浮き目1」をDECMの手前に5目残るまでくり返す、表目5、浮き目1、表目6。

21段め：浮き目1、表目4、中上3目一度、「表目9、浮き目1」をINCMの手前に8目残るまでくり返す、表目7、2目の編み出し増し目を2回、表目3、「表目5、浮き目1、表目4」、「～」を最後に1目残るまでくり返し、表目1。

22段め：浮き目1、「表目9、浮き目1」をINCMの手前に4目残るまでくり返す、表目4、浮き目1、表目4、浮き目1、「表目9、浮き目1」をDECMの手前に4目残るまでくり返す、表目4、浮き目1、表目5。

23段め：浮き目1、表目3、中上3目一度、

表目8、浮き目1、「表目9、浮き目1」をINCMの手前に9目残るまでくり返す、表目8、2目の編み出し増し目を2回、表目4、「表目5、浮き目1、表目4」、「〜」を最後に1目残るまでくり返す、表目1。

24段め：浮き目1、「表目9、浮き目1」をINCMの手前に5目残るまでくり返す、表目5、浮き目1、表目5、浮き目1、「表目9、浮き目1」をDECMの手前に3目残るまでくり返す、表目3、浮き目1、表目4。

25段め：浮き目1、表目2、中上3目一度、表目7、浮き目1、「表目9、浮き目1」をINCMの手前に10目残るまでくり返す、表目9、2目の編み出し増し目（1目は浮き目）、2目の編み出し増し目、浮き目1、表目4、「表目5、浮き目1、表目4」、「〜」を最後に1目残るまでくり返す、表目1。

26段め：浮き目1、「表目9、浮き目1」をINCMの手前に6目残るまでくり返す、表目6、浮き目1、表目6、浮き目1、「表目9、浮き目1」をDECMの手前に2目残るまでくり返す、表目2、浮き目1、表目3。

27段め：浮き目1、表目1、中上3目一度、表目6、浮き目1、「表目9、浮き目1」をINCMの手前に1目残るまでくり返す、2目の編み出し増し目を2回、表目1、浮き目1、表目4、「表目5、浮き目1、表目4」、「〜」を最後に1目残るまでくり返し、表目1。

28段め：浮き目1、「表目9、浮き目1」をINCMの手前に7目残るまでくり返す、表目7、浮き目1、表目7、浮き目1、「表目9、浮き目1」をDECMの手前に1目残るまでくり返す、表目1、浮き目1、表目2。

29段め：浮き目1、中上3目一度、表目5、浮き目1、「表目9、浮き目1」をINCMの手前に2目残るまでくり返す、表目1、2目の編み出し増し目を2回、表目2、浮き目1、表目4、「表目5、浮き目1、表目4」、「〜」を最後に1目残るまでくり返し、表目1。

30段め：浮き目1、「表目9、浮き目1」をINCMの手前に8目残るまでくり返す、表目8、浮き目1、表目8、浮き目1、「表目9、浮き目1」をDECMの手前に10目残るまでくり返す、表目9、裏目1、浮き目1、裏目1。141目。

止め／作り目の段（表面）

中上3目一度。69目（INCMまで）伏せる。伏せたあと右針に残った1目を左針に戻す。70目になる。

好みに合わせてここで色を替える。
表面から左端の目にDECMを付ける。
すべり目1、2目の編み出し増し目、表目2、浮き目1、「表目9、浮き目1」、「〜」をDECMの手前に4目残るまでくり返し、表目5。
色の合う別糸で、指でかける作り目の方法で70目作る。

作り目の最後の左端の目にINCMをつける。パートA〜Cと止め／作り目の段をあと2回編む。最後の止め／作り目の段を編み終えたらすべての目を伏せ止めする。

FINISHING ／仕上げ

糸始末をしたあと、水通しをして寸法に合わせてブロッキングする。

- MC
- CC1
- CC2

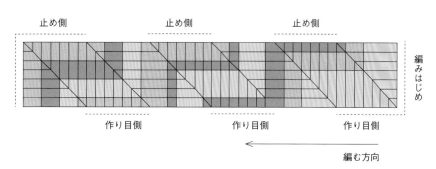

止め側　　　止め側　　　止め側

編みはじめ

作り目側　　　作り目側　　　作り目側

← 編む方向

37 WINDGATE
ウインドゲート

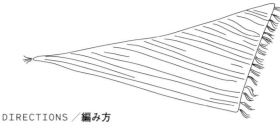

FINISHED MEASUREMENTS／仕上がり寸法

長さ：177 cm
奥行 (最大)：91 cm

MATERIALS／材料

糸：AとしてWilde Seele の Corriedale Sock Twist (コリデール
ウール100％、400m／100g)、〈Silverlining〉3カセ
BとしてWilde Seele の Kid Mohair and Mulberry Silk (キッドモ
ヘヤ70％・マルベリーシルク30％、420m／50g)〈Silverlining〉
3カセ
もしくはA・B相当の糸を910mずつ、またはゲージの合う太
めの糸を1本取り
好みで6cmのタッセル19個作るには別途約24m必要
針：4.5mm (US7／JP8) 輪針

GAUGE／ゲージ

16目×32段 (4.5mm針で模様編み・10cm角、ブロッキング後)

SPECIAL ABBREVIATIONS／特別な用語

表引上げ目：1段下の目に表目を編む。

STITCH PATTERN／模様編み

指でかける作り目の方法で8目の倍数＋7目作る。
準備段 (裏面)：「表目3、裏目1、表目4」を最後に7目残るまで
くり返し、表目3、裏目1、表目3。
1段め (表面)：「表目3、表引上げ目1、表目3、裏目1」を最後
に7目残るまでくり返し、表目3、表引上げ目1、表目3。
2段め (裏面)：「表目3、裏目1、表目3、表引上げ目1」を最後
に7目残るまでくり返し、表目3、裏目1、表目3。
1・2段めをくり返す。

NOTES／メモ

このショールは糸を2本引き揃えて編む。前段の裏目の左上2
目一度に表引上げ目を編むときには前段の2目に針先を入れる
よう注意する。
ショールの仕上がり寸法を変更するには作り目数を8目単位で
加減する。

DIRECTIONS／編み方

指でかける作り目の方法で143目作る。
準備段 (裏面)：「表目3、裏目1、表目4」を最後に7目残るまで
くり返し、表目3、裏目1、表目3。
1段め (表面)：「表目3、表引上げ目1、表目3、裏目1」を最後
に7目残るまでくり返し、表目3、表引上げ目1、表目3。
2段め (減目段)：表目3、裏目の左上2目一度、表目2、表引上
げ目1、「表目3、裏目1、表目3、表引上げ目1」を最後に7目
残るまでくり返し、表目3、裏目1、表目3。(1目減)
3、5段め：「表目3、表引上げ目1、表目3、裏目1」を最後に6
目残るまでくり返し、表目2、表引上げ目1、表目3。
4段め：表目3、裏目1、表目2、表引上げ目1、「表目3、裏目1、
表目3、表引上げ目1」を最後に7目残るまでくり返し、表目3、
裏目1、表目3。
6段め (減目段)：表目3、裏目の左上2目一度、表目1、表引上
げ目1、「表目3、裏目1、表目3、表引上げ目1」を最後に7目
残るまでくり返し、表目3、裏目1、表目3。(1目減)
7、9段め：「表目3、表引上げ目1、表目3、裏目1」を最後に5
目残るまでくり返し、表目1、表引上げ目1、表目3。
8段め：表目3、裏目1、表目1、表引上げ目1、「表目3、裏目1、
表目3、表引上げ目1」を最後に7目残るまでくり返し、表目3、
裏目1、表目3。
10段め (減目段)：表目3、裏目の左上2目一度、表引上げ目1、
「表目3、裏目1、表目3、表引上げ目1」を最後に7目残るまで
くり返し、表目3、裏目1、表目3。(1目減)
11、13段め：「表目3、表引上げ目1、表目3、裏目1」を最後
に4目残るまでくり返し、表目1、表引上げ目1、表目3。
12段め：表目3、裏目1、表引上げ目1、「表目3、裏目1、表
目3、表引上げ目1」を最後に7目残るまでくり返し、表目3、
裏目1、表目3。
14段め (減目段)：表目3、裏目の左上2目一度、「表目3、裏目
1、表目3、表引上げ目1」を最後に7目残るまでくり返し、表
目3、裏目1、表目3。(1目減)
15、17段め：「表目3、表引上げ目1、表目3、裏目1」を最後
に11目残るまでくり返し、表目3、表引上げ目1、表目3、表
引上げ目1、表目3。
16段め：表目3、裏目1、「表目3、裏目1、表目3、表引上げ
目1」を最後に7目残るまでくり返し、表目3、裏目1、表目3。
18段め (減目段)：表目3、裏目の左上2目一度、表目2、裏目1、
表目3、表引上げ目1、「表目3、裏目1、表目3、表引上げ目1」
を最後に7目残るまでくり返し、表目3、裏目1、表目3。(1目減)
19、21段め：「表目3、表引上げ目1、表目3、裏目1」を最後
に10目残るまでくり返し、表目3、表引上げ目1、表目2、表
引上げ目1、表目3
20段め：表目3、裏目1、表目2、裏目1、表目3、表引上げ目1、

「表目3、裏目1、表目3、表引き上げ目1」を最後に7目残るまでくり返し、表目3、裏目1、表目3。

22段め（減目段）：表目3、裏目の左上2目一度、表目1、裏目1、表目3、表引き上げ目1、「表目3、裏目1、表目3、表引き上げ目1」を最後に7目残るまでくり返し、表目3、裏目1、表目3。（1目減）

23、25段め：「表目3、表引き上げ目1、表目3、裏目1」を最後に9目残るまでくり返し、表目3、表引き上げ目1、表目1、表引き上げ目1、表目3。

24段め：表目3、裏目1、表目1、裏目1、表目3、表引き上げ目1、「表目3、裏目1、表目3、表引き上げ目1」を最後に7目残るまでくり返し、表目3、裏目1、表目3。

26段め（減目段）：表目3、裏目の左上2目一度、裏目1、表目3、表引き上げ目1、「表目3、裏目1、表目3、表引き上げ目1」を最後に7目残るまでくり返し、表目3、裏目1、表目3。（1目減）

27、29段め：「表目3、表引き上げ目1、表目3、裏目1」を最後に8目残るまでくり返し、表目3、表引き上げ目2、表目3。

28段め：表目3、裏目2、表目3、表引き上げ目1、「表目3、裏目1、表目3、表引き上げ目1」を最後に7目残るまでくり返し、表目3、裏目1、表目3。

30段め（減目段）：表目3、裏目の左上2目一度、表目3、表引き上げ目1、「表目3、裏目1、表目3、表引き上げ目1」を最後に7目残るまでくり返し、表目3、裏目1、表目3。（1目減）

31段め：「表目3、表引き上げ目1、表目3、裏目1」を最後に7目残るまでくり返し、表目3、表引き上げ目1、表目3。

32段め：「表目3、裏目1、表目3、表引き上げ目1」を最後に7目残るまでくり返し、表目3、裏目1、表目3。

1～32段めまでの模様編みをあと14回編む。残りが23目になる。

さらに1～17段めをもう一度編む。19目になる。

減目

1段め（減目段）（裏面）：表目3、裏目の左上2目一度、表目2、裏目1、表目3、表引き上げ目1、表目3、裏目1、表目3。（1目減、18目）

2、4段め（表面）：表目3、表引き上げ目1、表目3、裏目1、表目3、表引き上げ目1、表目2、表引き上げ目1、表目3。

3段め：表目3、裏目1、表目2、裏目1、表目3、表引き上げ目1、表目3、裏目1、表目3。

目3、表引き上げ目1、表目3、裏目1、表目3。

5段め（減目段）：表目3、裏目の左上2目一度、表目1、裏目1、表目3、表引き上げ目1、表目3、裏目1、表目3。（1目減、17目）

6、8段め：表目3、表引き上げ目1、表目3、裏目1、表目3、表引き上げ目1、表目1、表引き上げ目1、表目3。

7段め：表目3、裏目1、表目1、裏目1、表目3、表引き上げ目1、表目3、裏目1、表目3。

9段め（減目段）：表目3、裏目の左上2目一度、裏目1、表目3、表引き上げ目1、表目3、裏目1、表目3。（1目減、16目）

10、12段め：表目3、表引き上げ目1、表目3、裏目1、表目3、表引き上げ目2、表目3。

11段め：表目3、裏目2、表目3、表引き上げ目1、表目3、裏目1、表目3。

13段め（減目段）：表目3、裏目の左上2目一度、表目3、表引き上げ目1、表目3、裏目1、表目3。（1目減、15目）

14、16段め：表目3、表引き上げ目1、表目3、裏目1、表目3、表引き上げ目1、表目3。

15段め：表目3、裏目1、表目3、表引き上げ目1、表目3、裏目1、表目3。

17段め（減目段）：表目3、裏目の左上2目一度、表目2、表引き上げ目1、表目3、裏目1、表目3。（1目減、14目）

18、20段め：表目3、表引き上げ目1、表目3、裏目1、表目2、表引き上げ目1、表目3。

19段め：表目3、裏目1、表目2、表引き上げ目1、表目3、裏目1、表目3。

21段め（減目段）：表目3、裏目の左上2目一度、表目1、表引き上げ目1、表目3、裏目1、表目3。（1目減、13目）

22、24段め：表目3、表引き上げ目1、表目3、裏目1、表目1、表引き上げ目1、表目3。

23段め：表目3、裏目1、表目1、表引き上げ目1、表目3、裏目1、表目3。

25段め（減目段）：表目3、裏目の左上2目一度、表引き上げ目1、表目3、裏目1、表目3。（1目減、12目）

26、28段め：表目3、表引き上げ目1、表目3、裏目1、表引き上げ目1、表目3。

27段め：表目3、裏目1、表引き上げ目1、表目3、裏目1、表目3。

29段め（減目段）：表目3、裏目の左上2目一度、表目3、裏目1、表目3。（1目減、11目）

30、32段め：表目3、表引き上げ目1、表目3、表引き上げ目1、表目3。

31段め：表目3、裏目1、表目3、裏目1、表目3。

33段め（減目段）：表目3、裏目の左上2目一度、表目2、裏目1、表目3。（1目減、10目）

34、36段め：表目3、表引き上げ目1、表目2、表引き上げ目1、表目3。

35段め：表目3、裏目1、表目2、裏目1、表目3。

37段め（減目段）：表目3、裏目の左上2目一度、表目1、裏目1、表目3。（1目減、9目）

38、40段め：表目3、表引き上げ目1、表目1、表引き上げ目1、表目3。

39段め：表目3、裏目1、表目1、裏目1、表目3。

41段め（減目段）：表目3、裏目の左上2目一度、裏目1、表目3。（1目減、8目）

42、44段め：表目3、表引き上げ目2、表目3。

43段め：表目3、裏目2、表目3。

45段め（減目段）：表目3、裏目の左上2目一度、表目3。（1目減、7目）

46、48段め：表目3、表引き上げ目1、表目3。

47段め：表目3、裏目1、表目3。

49段め（減目段）：表目3、裏目の左上2目一度、表目2。（1目減、6目）

50、52段め：表目2、表引き上げ目1、表目3。

51段め：表目3、裏目1、表目2。

53段め（減目段）：表目3、裏目の左上2目一度、表目1。（1目減、5目）

54、56段め：表目1、表引き上げ目1、表目3。

55段め：表目3、裏目1、表目1。

57段め（減目段）：表目3、裏目の左上2目一度。（1目減、4目）

残り4目を伏せ止めする。

FINISHING ／仕上げ

糸始末をしたあと、水通しをして寸法に合わせてブロッキングする。
編み地を伸ばしすぎて風合いを損ねないように注意。

タッセルを作る

タッセルを19個作る。
タッセルは、18個を作り目側の端に表面からすべり目の列の下に付け、最後の1個は伏せ止めしたすべり目に表面から付ける。

タッセルの作り方：

AとBの糸を引き揃えた状態で13cmの長さで8本用意する。
8本をまとめた束の真ん中を別のA糸1本で結んで留め、結び目で糸の束を折り、やや下の位置で別の糸を巻き付けて結び、留める。最後に下端を切り揃えて長さ6cmに整える。

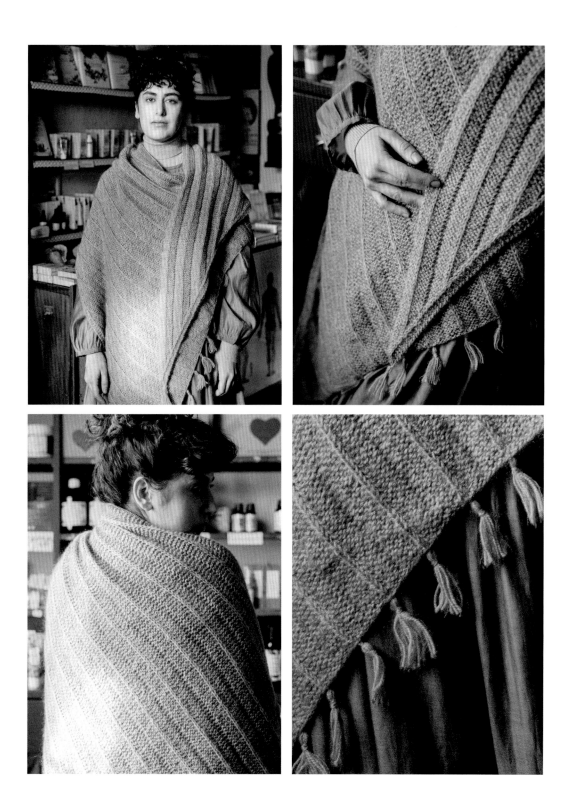

38 CROSSHATCH

クロスハッチ

FINISHED MEASUREMENTS ／仕上がり寸法

長さ：239.5 cm

幅（伏せ止め側）：120 cm

MATERIALS ／材料

糸：MCとして Brooklyn Tweed の Loft（アメリカンターギーコロンビアウール100%、251m／50g）〈Foothill〉3カセ

CC として Jamieson & Smith の 2-Ply Jumper Weight（シェットランドウール100%、115m／25g）〈82 Mix〉4カセ

もしくはフィンガリング（中細）程度の糸をMCとして732m、CCとして434m

針：4mm（US6／JP6）輪針、5mm（US8／JP10）編み針（アイコードバインドオフ用）

その他の道具：ステッチマーカー、なわ編み針

GAUGE ／ゲージ

19目×38段（4mm針でモスストライブステッチ・10cm角、ブロッキング後）

SPECIAL ABBREVIATIONS ／特別な用語

リブ編み状の左上4目交差：4目をなわ編み針に移し後ろにおき、左針から裏目2、表目2、なわ編み針から裏目2、表目2。

リブ編み状の右上4目交差：4目をなわ編み針に移し手前におき、左針から表目2、裏目2、なわ編み針から表目2、裏目2。

STITCH PATTERNS ／模様編み

モスストライブ模様

1段め（表面）：MCで「表目2、裏目2」を最後までくり返す。

2段め（裏面）：MCで「裏目2、表目2」を最後までくり返す。

3段め：CCで「表目2、裏目2」を最後までくり返す。

4段め：CCで「裏目2、表目2」を最後までくり返す。

SPECIAL TECHNIQUES ／特別なテクニック

このショールはインターシャ（縦糸渡しの編み込み模様）の技法を使って編む。色替えをするときには、今まで使っていた糸と新しい糸を絡げて隙間が開かないようにする。

アイコードバインドオフ

左針の1目めにケーブルキャストオンの方法で3目作る。

「表2、ねじり目の2目一度（1目伏せたことになる）。右針の3目を左針に戻す」。「〜」をアイコードの3目だけが残るまでくり返す。

DIRECTIONS ／編み方

MCの糸と4mm針で2目作る。編みはじめのチャートを編む。22目増、合計24目になる。

ショール本体

※ここからはバイヤス状に編み進める。裏面で増し目をする。

ショール本体のチャートを1回編んだあと、9〜16段めをあと48回編む。200目増、合計224目になる。

CCの糸を切り、以降はMCだけで編む。

5mm針に持ち替え、アイコードバインドオフの方法ですべての目を止める。

FINISHING ／仕上げ

糸始末をしたあと、水通しをして寸法に合わせてブロッキングする。

編みはじめのチャート

モスストライプ模様のチャート

ショール本体のチャート

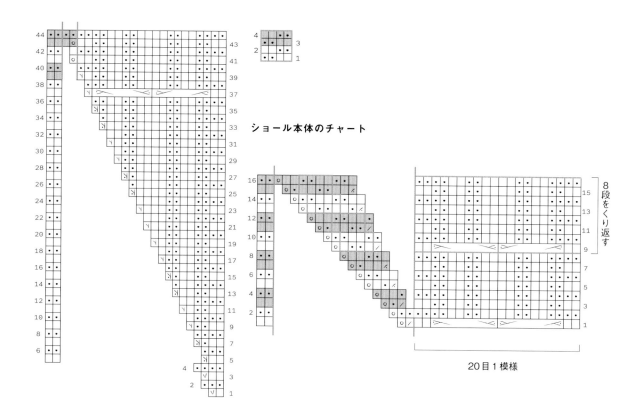

8段をくり返す

20目1模様

	マーカーの位置を示す
	くり返し
	MC
	CC
	表面：表目／裏面：裏目
•	表面：裏目／裏面：表目
∨	2目の編み出し増し目
	裏目の左ねじり増し目
	左ねじり増し目
○	かけ目
/	左上2目一度
	裏目の左上2目一度
	リブ編み状の左上4目交差
	リブ編み状の右上4目交差

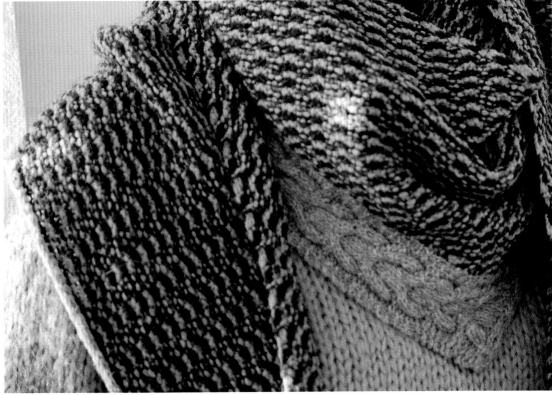

39 SKARN

スカルン

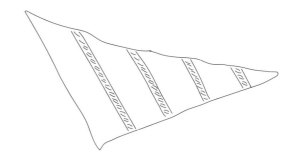

FINISHED MEASUREMENTS ／仕上がり寸法

幅：206cm

長さ（中心）：78 cm

MATERIALS ／材料

糸：CaMaRose の Lama Uld 1/2（ラマ50%・バージンウール
50%、100m／50g）〈Camel 6234〉7 カセ
もしくはアラン（並太）程度の糸を約700m
針：4.5mm（US7／JP8）輪針、必要に応じて止め用として
5.0mm（US8／JP10）編み針
その他の道具：ステッチマーカー2個

GAUGE ／ゲージ

17目×23段（変わりかのこ編み・10cm角、ブロッキング後）

STITCH PATTERNS ／模様編み

変わりかのこ編み（偶数目）
1段め：表編み。
2段め（裏面）：「裏目1、表目1」を最後までくり返す。
上記2段をくり返す。

DIRECTIONS ／編み方

セクション1：編みはじめ

指でかける作り目で3目作る。
1段め（裏面）：表目3。
2段め（表面）：表目1、かけ目、表目2。（1目増）
3段め：表目2、表目のねじり目1、表目1。
4段め：表目1、かけ目、表目3。（1目増）
5段め：表目3、表目のねじり目1、表目1。
6段め：表目1、かけ目、表目4。（1目増）

7段め：表目4、表目のねじり目1、表目1。
8段め：表目1、かけ目、表目5。（1目増）
9段め：表目5、表目のねじり目1、表目1。
10段め：表目1、かけ目、表目2、PM、表目1、PM、表目3。（1目増）
11段め：表目3、SM、裏目1、RM、表目2、表目のねじり目1、表目1。
12段め：表目1、かけ目、表目2、PM、表目2、SM、表目3。（1目増）
13段め：表目3、SM、裏目1、表目1、RM、表目2、表目のねじり目1、表目1。
9目になる。

セクション2：変わりかのこ編み

14段め（表面）：表目1、かけ目、表目2、PM、Mまで表編み、SM、表目3。（1目増）
15段め（裏面）：表目3、SM、「裏目1、表目1」をMの手前に1目残るまでくり返す、裏目1、RM、表目2、表目のねじり目1、表目1。
16段め：表目1、かけ目、表目2、PM、Mまで表編み、SM、表目3。（1目増）
17段め：表目3、SM、「裏目1、表目1」をMまでくり返し、RM、表目2、表目のねじり目1、表目1。
14〜17段めまでを合計11回編む。31目になる。

セクション3：裏目の平行四辺形を編む

まずガーター編みで区切る。
58段め（表面）：表目1、かけ目、表目2、PM、Mまで表編み、SM、表目3。（1目増）
59段め（裏面）：表目3、SM、Mまで表編み、RM、表目2、表目のねじり目1、表目1。
次にメリヤス編みを4段編む。
60段め（表面）：表目1、かけ目、表目2、PM、Mまで表編み、SM、表目3。（1目増）

61段め（裏面）：表目3、SM、Mまで裏編み、RM、表目2、表目のねじり目1、表目1。
62段め（表面）：表目1、かけ目、表目2、PM、Mまで表編み、SM、表目3。（1目増）
63段め（表面）：表目3、SM、Mまで裏編み、RM、表目2、表目のねじり目1、表目1。
ここから裏目の平行四辺形を編む。
64段め（表面）：表目1、かけ目、表目2、PM、表目4、「裏目4、表目5」をMの手前に6目残るまでくり返し、裏目4、表目2、SM、表目3。（1目増）
65段め（裏面）：表目3、SM、裏目3、「表目4、裏目5」をMの手前に7目残るまでくり返し、表目4、裏目3、RM、表目2、表目のねじり目1、表目1。
66段め：表目1、かけ目、表目2、PM、表目3、「裏目4、表目5」をMの手前に8目残るまでくり返し、裏目4、表目4、SM、表目3。（1目増）
67段め：表目3、SM、「裏目5、表目4」をMの手前に2目残るまでくり返し、裏目2、RM、表目2、表目のねじり目1、表目1。
68段め：表目1、かけ目、表目2、PM、表目2、「裏目4、表目5」をMの手前に1目残るまでくり返し、表目1、SM、表目3。（1目増）
次にメリヤス編みを4段編む。
69段め（裏面）：表目3、SM、Mまで裏編み、RM、表目2、表目のねじり目1、表目1。
70段め（表面）：表目1、かけ目、表目2、PM、Mまで表編み、SM、表目3。（1目増）
71段め：表目3、SM、Mまで裏編み、RM、表目2、表目のねじり目1、表目1。
72段め：表目1、かけ目、表目2、PM、Mまで表編み、SM、表目3。（1目増）

このセクションをガーター編みで区切る。
73段め（裏面）：表目3、SM、Mまで表編み、RM、表目2、表目のねじり目1、表目1。
合計39目になる。

セクション4：変わりかのこ編み

14〜17段めまでを合計14回編む。
67目になる。

セクション5：裏目の平行四辺形を編む

58〜73段めまでの手順で編む。
75目になる。

セクション6：変わりかのこ編み

14〜17段めまでを合計14回編む。
103目になる。

セクション7：裏目の平行四辺形を編む

58〜73段めまでの手順で編む。
111目になる。

セクション8：変わりかのこ編み

14〜17段めまでを合計14回編む。
139目になる。

セクション9：裏目の平行四辺形を編む

58〜73段めまでの手順で編む。
147目になる。

セクション10：変わりかのこ編み

14〜17段めまでを合計14回編む。
175目になる。

FINISHING／仕上げ

最後は次のように、表面で増し目を続けながらガーター編み（表面も裏面も表編み）を5段編む。
次段（表面）：表目1、かけ目、表目2、PM、Mまで表編み、SM、表目3。（1目増）
次段（裏面）：表目3、SM、Mまで表編み、RM、表目2、表目のねじり目1、表目1。
次段：表目1、かけ目、表目2、PM、Mまで表編み、SM、表目3。（1目増）
次段：表目3、SM、Mまで表編み、RM、表目2、表目のねじり目1、表目1。
次段：表目1、かけ目、表目2、PM、Mまで表編み、SM、表目3。（1目増）
次の裏面からすべての目を伏せ止めする。
※ゆるめに均一に伏せるには、5.1mm針を使用するとよい。
糸始末をしたあと、水通しをして寸法に合わせてブロッキングする。

40

52

40 週 〜 52 週目

SULINA — Stephanie Earp   RUUVDU — Susanna Kaartinen
HOMESTEAD — Natalya Berezynska   QUIDDITY – TWO WAYS — Susan Chin
FROST — Valentina Cosciani-Tibisay   RAINBOW ROAD — Stephen West
RUISKAUNOKKI — Sarah Heymann   STIPERSTONES — Joanna Herriott
CRAGSIDE — Stella Ackroyd   CETRELIA — Linda Lencovic   VARDE — Evgeniya Dupliy
QUICKSAND — Hanna Maciejewska   HANKI — Jonna Hietala

40 SULINA

スリナ

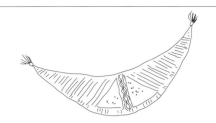

FINISHED MEASUREMENTS ／仕上がり寸法

幅（タッセルは含まない）：144 cm

丈（中心）：38 cm

裾回り：214 cm

MATERIALS ／材料

糸：WoolfolkのLUFT（オウヴィスアルティメートメリノ
55%・ピマコットン45%、100m／50g）〈L8〉4カセ
もしくはバルキー（超極太）程度の糸を約375m

針：6.5 mm（US10／JP14）100cm輪針

その他の道具：ステッチマーカー4個、とじ針、タッセルメーカーまたは厚紙

GAUGE ／ゲージ

13.5目×23段（メリヤス編み・10cm角、ブロッキング後）

SPECIAL ABBREVIATIONS ／特別な用語

2目の編み出し増し目（2目めがすべり目）KFSB：次の目に表目を編むが左針からはずさず、糸を後ろにおいたまま、左針に残した目に裏目を編むように右針から入れて移す。（1目増）
※このショールでは、毎段両端の目でこれを編む。編み方本文では「KFSB」と記載。

右上2目と1目の交差（下の目が裏目）：2目をなわ編み針に移し手前におき、左針から裏目1、なわ編み針から表目2。

左上2目と1目の交差（下の目が裏目）：1目をなわ編み針に移し後ろにおき、左針から表目2、なわ編み針から裏目1。

右上2目交差C：2目をなわ編み針に移し手前におき、左針から表目2、なわ編み針から表目2。

左上2目交差：2目をなわ編み針に移し後ろにおき、左針から表目2、なわ編み針から表目2。

右上2目交差（下の目が裏目）：2目をなわ編み針に移し手前におき、左針から裏目2、なわ編み針から表目2。

左上2目交差（下の目が裏目）：2目をなわ編み針に移し後ろにおき、左針から表目2、なわ編み針から裏目2。

裏目の右ねじり増し目：次の目との間の渡り糸の下に左針先を後ろから前に入れて持ち上げ、裏目を編む。

DIRECTIONS ／編み方

準備段

※目数は表面では4目ずつ、裏面では2目ずつ増える。
8目作る。

1段め（裏面）：KFSB、最後に1目残るまで裏編み、KFSB。

2段め（表面）：KFSB、裏目1、表目1、PM、右ねじり増し目、表目4、左ねじり増し目、PM、表目1、裏目1、KFSB。

3段め：KFSB、表目2、裏目1、SM、Mまで裏編み、SM、裏目1、表目2、KFSB。

4段め：KFSB、裏目3、表目1、SM、右ねじり増し目、表目6、左ねじり増し目、SM、表目1、裏目3、KFSB。

5段め：KFSB、裏目1、表目3、裏目1、SM、Mまで裏編み、SM、裏目1、表目3、裏目1、KFSB。

6段め：KFSB、裏目1、表目1、裏目3、表目1、SM、裏目の右ねじり増し目、左上2目交差、右上2目交差、裏目の右ねじり増し目、SM、表目1、裏目3、表目1、裏目1、KFSB。

7段め：KFSB、表目2、裏目1、表目3、裏目1、SM、表目1、裏目8、表目1、SM、裏目1、表目3、裏目1、表目2、KFSB。

8段め：KFSB、「裏目3、表目1」をMまでくり返し、SM、裏目の右ねじり増し目、裏目1、左上2目交差（下の目が裏目）、右上2目交差（下の目が裏目）、裏目1、裏目の右ねじり増し目、SM、「表目1、裏目3」を最後に1目残るまでくり返し、KFSB。

9段め：KFSB、裏目1、「表目3、裏目1」をMまでくり返し、SM、表目2、裏目2、表目4、裏目2、表目2、SM、裏目1、「表目3、裏目1」を最後に1目残るまでくり返し、KFSB。
34目になる。

ケーブルパネルの準備

※目数は表面では4目ずつ、裏面では2目ずつ増える。ケーブルパネルは、チャート（p.215）の12目16段をくり返し編む。

10段め（表面）：KFSB、裏目1、表目1、「裏目3、表目1」をMまでくり返し、SM、右ねじり増し目、次の2目でケーブルパネルを編む、左ねじり増し目、SM、「表目1、裏目3」を最後に3目残るまでくり返し、表目1、裏目1、KFSB。

11段め（裏面）：KFSB、表目2、裏目1、「表目3、裏目1」をMまでくり返し、SM、裏目1、ケーブルパネルを編む、裏目1、SM、裏目1、「表目3、裏目1」を最後に3目残るまでくり返し、表目2、KFSB。

12段め：KFSB、「裏目3、表目1」をMまでくり返し、SM、裏目の右ねじり増し目、表目1、PM、ケーブルパネルを編む、PM、表目1、裏目の右ねじり増し目、SM、「表目1、裏目3」を最後に1目残るまでくり返し、KFSB。

13段め：KFSB、裏目1、「表目3、裏目1」をMまでくり返し、SM、表目1、裏目1、SM、ケーブルパネルを編む、SM、裏目1、表目1、SM、裏目1、「表目3、裏目1」を最後に1目残るまでくり返し、KFSB。

14段め：KFSB、裏目1、表目1、「裏目3、表目1」をMまでくり返し、SM、裏目の右ねじり増し目、表目2、SM、ケーブ

ルパネルを編む、SM、表目2、裏目の右ねじり増し目、SM、「表目1、裏目3」を最後に3目残るまでくり返し、表目1、裏目1、KFSB。

15段め：KFSB、表目2、裏目1、「表目3、裏目1」をMまでくり返し、SM、表目1、裏目2、SM、ケーブルパネルを編む、SM、裏目2、表目1、SM、裏目1、「表目3、裏目1」を最後に3目残るまでくり返し、表目2、KFSB。

52目になる。

模様編み

※目数は表面では4目ずつ、裏面では2目ずつ増える。

16段め（表面）：KFSB、「裏目3、表目1」をMまでくり返し、SM、裏目の右ねじり増し目、表目1、「裏目1、表目1」をmまでくり返し、SM、ケーブルパネルを編む、SM、表目1、「裏目1、表目1」をMまでくり返し、裏目の右ねじり増し目、SM、「表目1、裏目3」を最後に1目残るまでくり返し、KFSB。

17段め（裏面）：KFSB、裏目1、「表目3、裏目1」をMまでくり返し、SM、「表目1、裏目1」をMまでくり返し、SM、ケーブルパネルを編む、SM、「裏目1、表目1」をMまでくり返し、SM、裏目1、「表目3、裏目1」を最後に1目残るまでくり返し、KFSB。

18段め：KFSB、裏目1、表目1、「裏目3、表目1」をMまでくり返し、SM、裏目の右ねじり増し目、「表目1、裏目1」をMの手前に2目残るまでくり返し、表目2、SM、ケーブルパネルを編む、SM、表目2、「裏目1、表目1」をMまでくり返し、裏目の右ねじり増し目、SM、「表目1、裏目3」を最後に3目残るまでくり返し、表目1、裏目1、KFSB。

19段め：KFSB、表目2、裏目1、「表目3、裏目1」をMまでくり返し、SM、「表目1、裏目1」をMの手前に1目残るまでくり返し、裏目1、SM、ケーブルパネルを編む、SM、裏目1、「裏目1、表目1」をMまでくり返し、SM、裏目1、「表目3、裏目1」を最後に3目残るまでくり返し、表目2、KFSB。

64目になる。

16～19段めまでをあと16回編む。

256目になる。

縁のリブ編み

下記の準備段を編みなからM（マーカー）をはずす。

準備段（表面）：KFSB、「裏目1、表目1」を2つ目のMの手前に1目残るまでくり返し、「裏目1、表目1」を3回編み、裏目の左上2目一度、「表目1、裏目1」を最後に1目残るまでくり返し、KFSB。（1目増）

リブ編みの段（裏面）：KFSB、「裏目1、表目1」のを最後に2目残るまでくり返し、裏目1、KFSB。（2目増）

リブ編みの段をあと8回編む。

275目になる。目なりに編んで伏せ止めする。

FINISHING／仕上げ

糸始末をしたあと、水通しをして寸法に合わせてブロッキングする。

タッセルを作る

長さ約10cmのタッセルを2つ作り、ショールの端にそれぞれ止め付ける。

ケーブルパネル

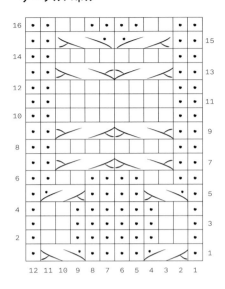

□	表面：表目／裏面：裏目
・	表面：裏目／裏面：表目
⟍⟋	左上2目交差
⟋⟍	右上2目交差
・⟋⟍	左上2目交差（下の目が裏目）
⟍⟋・	右上2目交差（下の目が裏目）
・⟋⟍	左上2目と1目の交差（下の目が裏目）
⟍⟋・	右上2目と1目の交差（下の目が裏目）

41 RUUVDU

ルヴドゥ

FINISHED MEASUREMENTS ／仕上がり寸法

長さ：24 cm
周囲（上端）：68 cm
周囲（下端）：95 cm

MATERIALS ／材料

糸：De Rerum Natura の Ulysse（メリノウール100%、185m
／50g）FC〈Doré〉1玉、BC〈Poivre Blanc〉2玉
もしくはスポーツまたはフィンガリング（合太～中細）程度の
糸を FC：170m と BC：200 m
針：3.5mm（US4／JP5号）60 cm 輪針
止め用に60cmまたはそれ以上の輪針をもう1本
その他の道具：ステッチマーカー、とじ針、かぎ針（別鎖の作
り目用）

GAUGE ／ゲージ

24.5目×52段（格子模様・10cm角、ブロッキング後）

SPECIAL ABBREVIATIONS ／特別な用語

FC (Foreground Color)：前景色
BC (Background Color)：背景色
表引上げ目：前段の「すべり目1＋かけ目」をいっしょに表目に
編む。
裏引き上げ目：前段の「すべり目1＋かけ目」をいっしょに裏目
に編む。
すべり目＋かけ目：編み糸は手前にある状態にして、次の目を
右針にすべらせると同時に、糸をすべり目の上に重ねるように
かける。
表引上げ目（1段下の目に編む）：次の目の1段下の目に表目を
編む。

STITCH PATTERNS ／模様編み

2色のブリオッシュ編みを輪に編む（作り目は奇数目）
※模様編みの基本バージョン。次のように、基本形の順序を変
えて編み進める必要がある。（必要に応じて編み方文中にも指
示がある）。
1）パート 3～5では、各パートの1段めでは「表目1」と「表引上
げ目1」が混在する。（どちらも表目の手順で編むが、編み入れ
る先が通常の1本の目か「すべり目＋かけ目」の2本の目かの違
い）。どちらも「編み方」で明確に区別して記載する。
2）パート 3～5で、2色のブリオッシュ編みのセクションで段

を編みはじめるとき：
・FCで編むときは「表引上げ目」ではなく「すべり目＋かけ目」
で編みはじめる。
・BCで編むときは、「すべり目＋かけ目」ではなく「裏引き上げ
目」で編みはじめる。

※以下は輪編み
1段め：FCで、「表目1、すべり目1＋かけ目」を段／セクショ
ンの最後に1目残るまでくり返し、表目1。
2段め：BCで、「すべり目1＋かけ目、裏引上げ目1」を段／セ
クションの最後に1目残るまでくり返し、すべり目1＋かけ目。
3段め：FCで、「表引上げ目1、すべり目1＋かけ目」を段／セ
クションの最後に1目残るまでくり返し、表引上げ目1。
2・3段めを指定の長さになるまでくり返す。

SPECIAL TECHNIQUES ／特別なテクニック

アイコードキャストオン

※毎段1目めをきつめに編む。この目は端のアイコードの1列
目となり目立やすく、緩んでいると端の締まりがなくなる。

別鎖の作り目で3目作りFCで表目3。右針に3目かかる。
編み地を返さず、3目を左針に戻す。戻すときに編み目の方向
を変えないように注意する。
1段め：表目3。3目を左針に戻す。
2段め：（1段下の目に表目を編む）表引上げ目1、表目3。（1目
増えて、右針には4目）。
3目を左針に戻す。右針に1目残る。編み糸は左側にある。
編み地を返さず、3目の後ろ側を渡して次の段を編む。
2段めの手順をくり返し、作り目が168目になるまで編む。
最後の段を編み終えると、右針に168目、左針には3目残る。
左針の3目をホルダーまたは別糸に移す。
仕上げの段階で、この3目とアイコードキャストオンの最初に
別鎖で作った3目とはぎ合わせる。

1×1テュービュラーバインドオフ（1目ゴム編み止め）

注意：かけ目を重ねた2本の目は1目とする。止めるときには
右から左へ進み、1目に2回とじ針を通す。
① ：BCは糸始末のため糸端を約20cm残して切る。FCは糸端
を約380cm（仕上がった周囲の長さの約4倍）を残し、「は
ぎ合わせる」ときに使う。
② ：表引上げ目と裏引き上げ目を次のように2本の別々の針に
移す（以下、手前の針をN1、後ろの針をN2とする）：
「次の裏引き上げ目をN2（後ろ）に移し、次の表引上げ目

を N1（手前）に移す」、「〜」をくり返し、すべての目を分ける。表引上げ目（84目）が手前の針、裏引き上げ目（84目）が後ろの針。
③：メリヤスはぎの要領ではぎ合わせる。

NOTES／メモ

編み糸は毎段替えるが、最初の2段のみどちらも BC で編む。
パターンは5つのパートに分かれており、モザイク編みの格子模様から2色のブリオッシュ編みに段階的に変わる。パート1は格子模様、パート2〜4は格子模様と2色のブリオッシュ編みの部分が混在し、パート5は2色のブリオッシュ編みだけになる。
ブリオッシュ編みの「すべり目＋かけ目」（引き上げ編みの目）は常に1目とする。

DIRECTIONS／編み方

FC でアイコードキャストオンの手法で168目作る。
BOR で M をつけ、輪にする。
編み目がねじれないように注意する。

注意！ 指でかける作り目など、別の方法で作り目をする場合は、パターンを編みはじめる前に次の3段を編む。
1段め：FC で裏編み。
2段め：表編み。
3段め：裏編み。

パート1

1段め：BC でチャート1の1段めを最後まで編む（1段で12模様）。
同様にチャートの24段めまで編む。

パート2

ここではマーカーで、1段を以下の4つのセクションに区切る。
セクション1：69目をチャート1（格子模様）の通りに編む。
セクション2：15目を以下の手順の通りに2色のブリオッシュ編みを編む。
セクション3と4：セクション1と2をくり返す。
1段め：FC で「69目をチャート2/3の1段めを編む、PM、（表目1、すべり目＋かけ目）、（〜）をあと6回編む、表目1」、PM、「〜」をもう一度編む。
2段め：BC、「69目をチャート2/3の2段めを編む、SM、（すべり目＋かけ目、裏引上げ目）、（〜）を M の手前に1目残るまでくり返す、すべり目＋かけ目、SM、「〜」をもう一度編む。
3段め：FC、「69目をチャート2/3の3段めを編む、SM、（表引上げ目、すべり目＋かけ目）、（〜）を M の手前に1目残るまでくり返す、表引上げ目、SM、「〜」をもう一度編む。
この要領でチャート2/3の24段めまで編む。これと同時に2色のブリオッシュ編みの2・3段めをくり返し、2段めで編み終える。

パート3

ここではマーカーで、1段を6つのセクションに区切る。
セクション1：14目を以下の手順の通りに2色のブリオッシュ編みで編む。
セクション2：41目をチャート1（格子模様）の通りに編む。
セクション3：29目を以下の手順の通りに2色のブリオッシュ編みを編む。
セクション4〜6：セクション1〜3をくり返す。
1段め：FC で「（すべり目＋かけ目、表目1）、（〜）をあと6回編む、PM、次の41目でチャート2/3の1段めの通りに編む、PM、（表目1、すべり目＋かけ目）、（〜）をあと6回編む、RM、（表引上げ目、すべり目＋かけ目）、（〜）を M の手前に1目残るまでくり返す、表引上げ目、SM、「〜」をもう一度編む。
2段め：BC で、「（裏引上げ目、すべり目＋かけ目）、（〜）を M までくり返す、SM、次の41目でチャート2/3の2段めを編む、SM、（すべり目＋かけ目、裏引上げ目）、（〜）を M の手前に1目残るまでくり返す、すべり目＋かけ目」、SM、「〜」をもう一度編む。
3段め：FC で、「（すべり目＋かけ目、表引上げ目）、（〜）を M までくり返す、SM、次の41目でチャート2/3の3段めを編む、SM、（表引上げ目、すべり目＋かけ目）、（〜）を M の手前に1目残るまでくり返す、表引上げ目」、SM、「〜」をもう一度編む。
この要領でチャート2/3の24段めまで編む。これと同時に2色のブリオッシュ編みの2・3段めをくり返し、2段めで編み終える。

パート4

ここではマーカーで1段を6つのセクションに区切る。
セクション1：28目をを以下の手順の通りに2色のブリオッシュ編みを編む。
セクション2：13目をチャート1（格子模様）の通りに編む。
セクション3：43目をを以下の手順の通りに2色のブリオッシュ編みを編む。
セクション4〜6はセクション1〜3をくり返す。
1段め：FC で、「（すべり目1＋かけ目、表目1）、（〜）をあと6回編む、RM、（すべり目1＋かけ目、表引上げ目）、（〜）をあと6回編む、PM、次の13目でチャート4の1段めを編む、PM、（表目1、すべり目1＋かけ目）、（〜）をあと6回編む、RM、（表引上げ目、すべり目1＋かけ目）、（〜）を M の手前に1目残るまでくり返す、表引上げ目」、SM、「〜」をもう一度編む。
2段め：BC で、「（裏引上げ目、すべり目1＋かけ目）、（〜）を M までくり返す、SM、次の13目でチャート4の2段めを編む、SM、（すべり目1＋かけ目、裏引上げ目）、（〜）を M の手前に1目残るまでくり返す、すべり目1＋かけ目」、SM、「〜」をもう一度編む。
3段め：FC で、「（すべり目1＋かけ目、表引上げ目）、（〜）を M までくり返す、SM、次の13目でチャート4の3段めを編む、SM、（表引上げ目、すべり目1＋かけ目）、（〜）を M の手前に1目残るまでくり返す、表引上げ目」、SM、「〜」をもう一度編む。
この要領でチャート4の24段めまで編む。これと同時に2色のブリオッシュ編みの2・3段めをくり返し、2段めで編み終える。

パート5

1段め：FC で、「（すべり目1＋かけ目、表引上げ目）、M まで（〜）をくり返す、RM、（すべり目1＋かけ目、表目1）、M の手前に1目残るまで（〜）をくり返す、すべり目1＋かけ目、RM、（表引上げ目、すべり目1＋かけ目）、M の手前に1目残るまで（〜）をくり返す、表引上げ目」、RM、「〜」をもう一度編む。
2段め：BC で、「裏引上げ目、すべり目1＋かけ目」を最後までくり返す。
3段め：FC で、「すべり目1＋かけ目、表引上げ目」を最後までくり返す。
2・3段めをあと10回編み、2段めをもう

一度編む。合計24段編んだことになる。
1目ゴム編みのテュービュラーバインドオ
フの方法で止める。

FINISHING／仕上げ

アイコードの両端をメリヤスはぎで合わせ
る。
糸始末をした後、水通しをして寸法に合わ
せてブロッキングする。

チャート1（格子模様）　RND=輪編み

RND 24
RND 23
RND 22
RND 21
RND 20
RND 19
RND 18
RND 17
RND 16
RND 15
RND 14
RND 13
RND 12
RND 11
RND 10
RND 9
RND 8
RND 7
RND 6
RND 5
RND 4
RND 3
RND 2
RND 1 (SET-UP RND)

14 13 12 11 10 9 8 7 6 5 4 3 2 1

チャート右の段数横にオレンジの線で示された段は前景色（FC）で、
グレーで示された段は背景色（BC）で編む。

チャート2/3

14 13 12 11 10 9 8 7 6 5 4 3 2 1

14目1模様24段くり返し

チャート4

RND 24
RND 23
RND 22
RND 21
RND 20
RND 19
RND 18
RND 17
RND 16
RND 15
RND 14
RND 13
RND 12
RND 11
RND 10
RND 9
RND 8
RND 7
RND 6
RND 5
RND 4
RND 3
RND 2
RND 1

13 12 11 10 9 8 7 6 5 4 3 2 1

□　くり返し
■　表目／前景色（FC）
□　表目／背景色（BC）
Ⅴ　すべり目／前景色（FC）
⊬　浮き目／前景色（FC）
Ⅴ　すべり目／背景色（BC）
⊬　浮き目／背景色（BC）

※注意！浮き目／すべり目の記号のマスは編み糸の
色ではなく、浮き目／すべり目の糸色を示す。

42 HOMESTEAD

ホームステッド

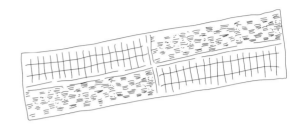

FINISHED MEASUREMENTS ／仕上がり寸法

長さ：200 cm
幅：45 cm

MATERIALS ／材料

糸：Farmer's Daughter Fibers の Juicy DK（SWメリノ100%、
251m ／100g）、〈Horse Belly〉5 カセ
もしくはDK（並太）程度の糸を約1253m
針：4mm（US6／JP6号）編み針
その他の道具：ステッチマーカー

GAUGE ／ゲージ

24目×32段（メリヤス編み・10cm角、ブロッキング後）

SPECIAL ABBREVIATIONS ／特別な用語

右上3目一度：1目めに表目を編むように右針を入れて右針に
移し、次の2目を左上2目一度に編み、右針に移した目を編ん
だ目にかぶせる。（2目減）
左上3目一度：3目を一度に表編みする。（2目減）

STITCH PATTERNS ／模様編み

ボタニカルステッチ（15目の倍数）
1段め（表面）：「表目のねじり目1、裏目1」を4回、左上3目一
度、かけ目、表目1、かけ目、右上3目一度。
2段め：裏目1、かけ目、裏目3、かけ目、裏目1、「表目1、裏
目のねじり目1」を4回。
3段め：「表目のねじり目1、裏目1」を4回、表目7。
4段め：裏目7、「表目1、裏目のねじり目1」を4回。
5～16段め：1～4段めの手順をくり返す。
17段め：左上3目一度、かけ目、表目1、かけ目、右上3目一度、
「裏目1、表目のねじり目1」を4回。

18段め：「裏目のねじり目1、表目1」を4回、裏目1、かけ目、
裏目3、かけ目、裏目1。
19段め：表目7、「裏目1、表目のねじり目1」を4回。
20段め：「裏目のねじり目1、表目1」を4回、裏目7。
21～32段め：17～20段めをくり返す。
1～32段めをくり返す。

DIRECTIONS ／編み方

97目作る。
1～8段め：表編み。
9段め（表面）：表目5、「裏目1、（表目のねじり目1、裏目1）
を4回、左上3目一度、かけ目、表目1、かけ目、右上3目一度」、
「～」をもう一度編む、裏目1、「表目のねじり目1、裏目1」を4
回、表目5、裏目1、表目45。（93目）
10段め：表目5、「裏目12、表目2」を2回、裏目12、表目6、
「（表目1、裏目のねじり目1）を4回、表目1、裏目1、かけ目、
裏目3、かけ目、裏目1」、「～」までをもう一度編む、「表目1、
裏目のねじり目1」を4回、表目6。（97目）
11段め：表目5、「裏目1、（表目のねじり目1、裏目1）を4回、
表目7」、「～」までをもう一度編む、裏目1、「表目のねじり目1、
裏目1」を4回、表目5、裏目1、表目45。
12段め：表目5、「裏目12、表目2」を2回、裏目12、表目6、
「（表目1、裏目のねじり目1）を4回、表目1、裏目7」、「～」ま
でをもう一度編む、「表目1、裏目のねじり目1」を4回、表目6。
13～20段め：9～12段めを2回編む。
21～23段め：9～11段めと同様に編む。
24段め：表目51、「（表目1、裏目のねじり目1）を4回、表目1、
裏目7」、「～」までをもう一度編む、「表目1、裏目のねじり目1」
を4回、表目6。
25段め：表目5、裏目1、「左上3目一度、かけ目、表目1、か
け目、右上3目一度、裏目1、（表目のねじり目1、裏目1）を4
回」、「～」までをもう一度編む、左上3目一度、かけ目、表目1、
かけ目、右上3目一度、裏目1、表目5、裏目1、表目45。（91目）
26段め：表目51、「表目1、裏目1、かけ目、裏目3、かけ目、
裏目1、（表目1、裏目のねじり目1）を4回」、「～」までをもう

一度編む、表目1、裏目1、かけ目、裏目3、かけ目、裏目1、表目6。(97目)

27段め：表目5、裏目1、「表目7、裏目1、(表目のねじり目1、裏目1)を4回」、「〜」までをもう一度編む、表目7、裏目1、表目5、裏目1、表目45。

28段め：表目5、「裏目12、表目2」を2回、裏目12、表目6、「表目1、表目7、(表目1、裏目のねじり目1)を4回」、「〜」までをもう一度編む、表目1、裏目7、表目6。

29段め：25段めと同様に編む。

30段め：表目5、「裏目12、表目2」を2回、裏目12、表目6、「表目1、表目1、かけ目、裏目3、かけ目、裏目1、(表目1、裏目のねじり目1)を4回」、「〜」までをもう一度編む、表目1、裏目1、かけ目、裏目3、かけ目、裏目1、表目6。(97目)

31〜38段め：27〜30段めを2回編む。

39段め：27段めと同様に編む。

40段め：表目51、「表目1、裏目7、(表目1、裏目のねじり目1)を4回」、「〜」までをもう一度編む、表目1、裏目7、表目6。

41段め：9段めと同様に編む。

42段め：表目51、「(表目1、裏目のねじり目1)を4回、表目1、裏目1、かけ目、裏目3、かけ目、裏目1」、「〜」までをもう一度編む、「表目1、裏目のねじり目1」を4回、表目6。(97目)

43〜44段め：11〜12段めと同様に編む。

45〜52段め：9〜12段めを2回編む。

53〜55段め：9〜11段めと同様に編む。

56段め：24段めと同様に編む。

57〜280段め：25〜56段めを7回編む。

281〜311段め：25〜55段めと同様に編む。

312〜320段め：表編み。

321段め：表目45、裏目1、表目5、「裏目1、(表目のねじり目1、裏目1)を4回、左上3目一度、かけ目、表目1、かけ目、右上3目一度」、「〜」までをもう一度編む、裏目1、「表目のねじり目1、裏目1」を4回、表目5。(93目)

322段め：表目5、「(表目1、裏目のねじり目1)を4回、表目1、裏目1、かけ目、裏目3、かけ目、裏目1」、「〜」までをもう一度編む、「表目1、裏目のねじり目1」を4回、表目7、「裏目12、表目2」を2回、裏目12、表目5。(97目)

323段め：表目45、裏目1、表目5、「裏目1、(表目のねじり目1、裏目1)を4回、表目7」、「〜」までをもう一度編む、裏目1、「表目のねじり目1、裏目1」を4回、表目5。

324段め：表目5、「(表目1、裏目のねじ

り目1)を4回、表目1、裏目7」、「〜」までをもう一度編む、「表目1、裏目のねじり目1」を4回、表目7、「表目12、表目2」を2回、裏目12、表目5。

325〜332段め：321〜324段めを2回編む。

333〜335段め：321〜323段めと同様に編む。

336段め：表目5、「(表目1、裏目のねじり目1)を4回、表目1、裏目7」、「〜」までをもう一度編む、「表目1、裏目のねじり目1」を4回、表目52。

337段め：表目45、裏目1、表目5、裏目1、「左上3目一度、かけ目、表目1、かけ目、右上3目一度、裏目1、(表目のねじり目1、裏目1)を4回」、「〜」までをもう一度編む、左上3目一度、かけ目、表目1、かけ目、右上3目一度、裏目1、表目5。(91目)

338段め：表目5、「表目1、裏目1、かけ目、裏目3、かけ目、裏目1、(表目1、裏目のねじり目1)を4回」、「〜」までをもう一度編む、表目1、裏目1、かけ目、裏目3、かけ目、裏目1、表目52。(97目)

339段め：表目45、裏目1、表目5、裏目1、「表目7、裏目1、(表目のねじり目1、裏目1)を4回」、「〜」までをもう一度編む、表目7、裏目1、表目5。

340段め：表目5、「表目1、裏目7、(表目1、裏目のねじり目1)を4回」、「〜」までをもう一度編む、表目1、裏目7、表目7、「裏目12、表目2」を2回、裏目12、表目5。

341段め：337段めと同様に編む。

342段め：表目5、「表目1、裏目1、かけ目、裏目3、かけ目、裏目1、(表目1、裏目のねじり目1)を4回」、「〜」までをもう一度編む、表目1、裏目1、かけ目、裏目3、かけ目、裏目1、表目7、「裏目12、表目2」を2回、裏目12、表目5。(97目)

343〜350段め：339〜342段めを2回編む。

351段め：339段めと同様に編む。

352段め：表目5、「表目1、裏目7、(表目1、裏目のねじり目1)を4回」、「〜」までをもう一度編む、表目1、裏目7、表目52。

353段め：321段めと同様に編む。

354段め：表目5、「(表目1、裏目のねじり目1)を4回、表目1、裏目1、かけ目、裏目3、かけ目、裏目1」、「〜」までをもう一度編み、「表目1、裏目のねじり目1」を4回、表目52。(97目)

355〜356段め：323〜324段めと同様に編む。

357〜364段め：321〜324段めを2回編む。

365〜367段め：321〜323段めを同様に編む。

368段め：336段めと同様に編む。

369〜592段め：337〜368段めを7回編む。

593〜623段め：337〜367段めと同様に編む。

624〜631段め：表編み。

表編みで伏せ止めする。

FINISHING ／仕上げ

糸始末をしたあと、水通しをして寸法に合わせてブロッキングする。

43 QUIDDITY – TWO WAYS

（2通りの）クイディティ

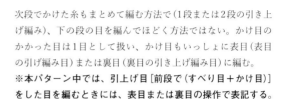

FINISHED MEASUREMENTS ／仕上がり寸法

長さ：165 cm
幅：41 cm

MATERIALS ／材料

糸：Manos del Uruguay の Milo（メリノウール65%・リネン35%、350m／100g）

ニット（棒針編み）バージョン
MC：〈i2560 Manchester〉2カセ、CC：〈2532 Potosi〉2カセ
もしくはDK（合太～並太）程度の糸をMCとCC共に約820mずつ

クロッシェ（かぎ針編み）バージョン
MC：〈i2560 Manchester〉3カセ、CC：〈2532 Potosi〉3カセ
もしくはDK（合太～並太）程度の糸をMCとCC共に約820mずつ

編み針：
3.25mm（US3／JP4号）80 cm以上の輪針
3.5mm（US4／JP5号）80cm以上の輪針
かぎ針：2.75mm（US C-2／JP4/0～5/0）
その他の道具：ステッチマーカー

GAUGE ／ゲージ

ニット（棒針編み）バージョン
22目×58段（ブロークンリブタックステッチ・10cm角、ブロッキング後）
22目×51段（ガーター編み・10cm角、ブロッキング後）
22目×27段（引き上げ模様・10cm角、ブロッキング後）

クロッシェ（かぎ針編み）バージョン
21目×24段（タペストリークロッシェ・10cm角、ブロッキング後）
22目×20段（オーバーレイクロッシェ・10cm角、ブロッキング後）
21目×23段（モザイク編み・10cm角、ブロッキング後）

PATTERN TECHNIQUES ／技法について

ニット（棒針編み）バージョン
棒針では主にガーター編みと引き上げ編みで編む。引き上げ編みは、編みながら糸をかけて引き上げる方法、つまり編み目を右針に移しながら、糸をかけることを1段もしくは2段行って、次段でかけた糸もまとめて編む方法で（1段または2段の引き上げ編み）、下の段の目を編んでほどく方法ではない。かけ目のかかった目は1目として扱い、かけ目もいっしょに表目（表目の引き上げ編み目）または裏目（裏目の引き上げ編み目）に編む。
※本パターン中では、引上げ目［前段で（すべり目＋かけ目）］をした目を編むときには、表目または裏目の操作で表記する。
例：「表引上げ目」→「表目」

クロッシェ（かぎ針編み）バージョン
かぎ針ではタペストリークロッシェ、オーバーレイクロッシェ、モザイク編みで編む。

このパターンを編むときに気をつけるポイント：
1. 1段めを編むときにはくさり目の裏山を拾って編む。
2. 細編みを重ねて編む手法は、主に立ち上がりのくさり目の代わりに使用。立ち上がりのくさり目（を使用する場合）、または「立ち上がりの細編み」は1目としてカウントする。
3. タペストリークロッシェでは、2色めは段のはじめにつけ、段の最後、そして次の段へも「連れて行きながら」模様を編む。
4. またタペストリークロッシェでは1色当たりの目数は次のように示す。例えば、「… MC：細編み13目、CC：細編み5目…」と記載がある場合「MCでCCを編み包みながら細編みを13目編み、13目めはCCに持ち替えてから最後の編み目を完成させ、CCでMCを編み包みながら細編み5目編む」
5. モザイク編みでは、長編みを2段下の目に編むときには、前段のくさり目の手前で長編みを編む方法ではなく、前段のくさり目を編み包む。
6. かぎ針編みの編み目は短くしっかり編むこと。そうすることで隙間ができにくく細かいゲージに編める。

NOTES ／メモ

ニットバージョン、クロッシェバージョンともに、3つのセクションを個別に編み、後でつなぎ合わせる。すくいとじ、引き抜きとじなど、好みの方法でとじ合わせる。

SPECIAL ABBREVIATIONS - KNIT VERSION ／特別な用語〈ニットバージョン〉

裏目の中上3目一度：次の2目を、表目を編むように1目ずつ右針に移し、この2目の右から左針の先を入れて左針に戻し、裏目の3目一度を編む。

3目の編み出し増し目：1目に「表目1、かけ目、表目1」を編み入れる。（2目増）

（すべり目＋かけ目）：表面・裏面の段にかかわらず、糸を左右の針の間から編み地の手前にして編み目を右針に移す。すべり

目は、裏目を編むように右針を右から左へ入れて右針に移しながら、糸を手前から後ろ側へかける。糸は後ろ側に移り、次の目を表目に編む位置にある。

（すべり目＋かけ目）の次の目が裏目の場合には、再び左右の針の間から糸を手前に移す。糸がすべり目に巻き付いた状態になり、次の裏目が編める位置にある。

2段に渡って引き上げる目は、編み手順の中で（すべり目＋かけ目）を2段行い、その編み目には2回かけ目が重なる。（すべり目＋かけ目）をして、かけ目がかかっている目を（すべり目＋かけ目）するときには、編み糸を手前にして前段の（すべり目＋かけ目）を1目として扱い、この上にもう一度かけ目を重ねる。

SPECIAL ABBREVIATIONS-CROCHET VERSION／特別な用語〈クロッシェバージョン〉

2段下の目に長編み：2段下の目に長編みを編む。

このパターンの長編みのモザイク編みでは2段下の目に長編みを編み、そのときに1段下のくさり目を編み包む。モザイク編み部分では長編みをやや長めに編む。

長編みの表引上げ編み：針を前段の目の足に（右から左へ）入れて長編みを編む。

中長編みのボッブル：ボッブルは編み地の裏面から操作する。かぎ針の先に糸をかけ「前段の目に針先を入れて針先に糸をかけて引き抜く」を4回くり返す。

再び針先に糸をかけて針にかかっているループ8本を引き抜く。指先でボッブルを編み地の表側へ押し出し、針先に糸をかけ、針にかかっている残りのループ2本を引き抜く。

立ち上がりの細編み：立ち上がりの鎖目に代用する。段のはじめに鎖目を編まずに1目めに細編みを編み、編んだ目の左足に細編みをもう一度編む。細編みを2目重ねた状態になる。

NOTES／メモ

この平行四辺形のショールは大きなセクション3つと小さなセクション2つで構成され、ニット（棒針編み）とクロッシェ（かぎ針）、それぞれの手法で編むようにデザインしている。1色で編みはじめ、編み進むと2色使いになり、最後は2色で終わる。

どちらのバージョンも、両方の技法を組み合わせたオリジナルショールにアレンジできる。「ニットセクション1」と「クロッシェセクション1」、「ニットセクション2」と「クロッシェセクション2」、というようにセクション単位で置き換えることができる。

DIRECTIONS／編み方

ニットバージョン

ニットセクション1：ブロークンリブタックステッチ

注1) パターン中では、引上げ目［前段で（すべり目＋かけ目）］をした目を編むときには、表目または裏目の操作で表記。例：「表引上げ目」→「表目」
注2) すべり目1：下線が引かれたすべり目は、表目を編むように左から針を入れて右針に移す。

CCの糸と3.25mm針で、指でかける作り目の方法でゆるめに135目作る。

1段め（裏面）：浮き目3、表目1、裏目1、表目1、「（すべり目＋かけ目）、表目1」、を1目残るまでくり返し、裏目1。

2段め（表面）：すべり目1、「（すべり目＋かけ目）、表目1」を4目残るまでくり返し、表目4。

1・2段めをもう一度編む。

5段め（裏面）：浮き目3、右上2目一度、「表目1、（すべり目＋かけ目）」を2目残るまでくり返し、表目1、裏目1。（1目減）

6段め（表面）：すべり目1、「（すべり目＋かけ目）、表目1」を5目残るまでくり返し、（すべり目＋かけ目）、表目4。

7段め（裏面）：浮き目3、表目1、裏目1、「（すべり目＋かけ目）、裏目1」を1目残るまでくり返し、裏目1。

8段め（表面）：すべり目1、「（すべり目＋かけ目）、裏目1」を5目残るまでくり返し、（すべり目＋かけ目）、表目4。

9段め（裏面）：浮き目3、表目1、裏目1、「（すべり目＋かけ目）、裏目1」を1目残るまでくり返し、裏目1。

10段め（表面）：すべり目1、「（すべり目＋かけ目）、裏目1」を5目残るまでくり返し、裏目1、表目4。

11段め（裏面）：浮き目3、右上2目一度、「（すべり目＋かけ目）、裏目1」を1目残るまでくり返し、裏目1。（1目減）

12段め（表面）：すべり目1、「（すべり目

＋かけ目）、裏目1」を4目残るまでくり返し、表目4。

1・2段めを2回編む。

17段め（裏面）：浮き目3、右上2目一度、「表目1、（すべり目＋かけ目）」を2目残るまでくり返し、表目1、裏目1。（1目減）

18段め（表面）：すべり目1、「（すべり目＋かけ目）、表目1」を5目残るまでくり返し、（すべり目＋かけ目）、表目4

19段め（裏面）：浮き目3、表目1、「裏目1、（すべり目＋かけ目）」を2目残るまでくり返し、裏目2。

20段め（表面）：すべり目1、「（すべり目＋かけ目）、裏目1」を5目残るまでくり返し、（すべり目＋かけ目）、表目4。

21段め（裏面）：浮き目3、表目1、「裏目1、（すべり目＋かけ目）」を2目残るまでくり返し、裏目2。

22段め（表面）：すべり目1、「（すべり目＋かけ目）、裏目1」を5目残るまでくり返し、裏目1、表目4。

23段め（裏面）：浮き目3、右上2目一度、「（すべり目＋かけ目）、裏目1」を1目残るまでくり返し、裏目1。（1目減）

24段め（表面）：すべり目1、「（すべり目＋かけ目）、裏目1」を4目残るまでくり返し、表目4。

1〜24段めをあと9回編む。95目になる。
1〜10段めをもう一度編む。94目になる。

次段（裏面）：浮き目3、「表目1、裏目1」を1目残るまでくり返し、裏目1。
伏せ止め」して、CCを切る。
※左針に2目残ると、右上2目一度、1目めに糸端を引き出して止める。

ニットセクション2：2色のボッブル模様

編み上がったセクション1を表面を見ながら、反時計回りに90度回転させ、編み地の先が尖っている方が下になるように回転させる。

4号針で右側の角からMCの糸で均等に111目拾う（端目の2本を拾う）。

1段めMC（裏面）：浮き目1、表編みを1目残るまでくり返し、裏目1。

2段めMC（表面）：（表目を編むように針を入れて）すべり目1（以下、すべり目1）、最後まで表編み。

3段めMC：1段めと同様に編む。

4段めCC：2段めと同様に編む。

5段めCC：浮き目1、最後まで裏編み。

6段めMC：すべり目1、すべり目3、3目の編み出し増し目、「すべり目2、3目の編み出し増し目」、「〜」を4目残るまでくり返し、すべり目3、表目1。(181目)

7段めMC：浮き目1、浮き目3「表目3、浮き目2目」、「〜」を7目残るまでくり返し、表目3、浮き目3、裏目1。

8段めCC：すべり目1、表目3、すべり目3、「表目2、すべり目3」、「〜」を4目残るまでくり返し、表目4。

9段めCC：浮き目1、裏目3、「浮き目3、裏目2」、「〜」を7目残るまでくり返し、浮き目3、裏目4。

10段めMC：すべり目1、すべり目3、「裏目3、すべり目2」、「〜」を7目残るまでくり返し、裏目3、すべり目3、表目1。

11段めMC：浮き目1、浮き目3、裏目の中上3目一度、「浮き目2, 裏目の中上3目一度」、「〜」を4目残るまでくり返し、浮き目3、裏目1。(111目)

12段めCC：すべり目1、最後まで表編み。CCの糸を切る。編み目を段のはじめ（右端）までスライドさせる。

13段めMC（表面）：表編み。

14段めMC（裏面）：浮き目1、1目残るまで表編み、裏目1。

15段めMC：すべり目1、最後まで表編み。

16段めMC：浮き目1、1目残るまで表編み、裏目1。
伏せ止めしてMCを切る。

ニットセクション3：
ガーター編みと引上げ編みの平行四辺形
MCと4号針を使って、指でかける作り目の方法でゆるめに134目作る。

1段めMC（裏面）：浮き目1、1目残るまで表編み、裏目1。

2段めMC（表面）：すべり目1、表目1、「表目12、[（すべり目＋かけ目）、表目1]を7回」、「〜」をあと4回くり返し、表目2。

3段めMC：浮き目1、表目1、[（裏目1、（すべり目＋かけ目）]を7回、表目12、「〜」をあと4回くり返し、表目1、裏目1。

4段めCC：すべり目1、「表目12、[（すべり目＋かけ目）、表目1]を7回」、「〜」をあと4回くり返し、表目3。

5段めCC：浮き目1、表目2、「[裏目1、（すべり目＋かけ目）]を7回、表目12」、「〜」をあと4回くり返し、裏目1。

6段めMC：すべり目1、表目9、「[（すべり目＋かけ目）、表目1]を7回、表目12、「〜」をあと3回くり返し、「（すべり目＋かけ目）、表目1」を7回、表目6。

7段めMC：浮き目1、表目5、「[裏目1、（すべり目＋かけ目）]を7回、表目12」、「〜」をあと3回くり返し、「裏目1、（すべり目＋かけ目）」を7回、表目9、裏目1。

8段めCC：すべり目1、表目8、「[（すべり目＋かけ目）、表目1]を7回、表目12」、「〜」をあと3回くり返し、「（すべり目＋かけ目）、表目1」を7回、表目7。

9段めCC：浮き目1、表目6、「裏目1、（すべり目＋かけ目）」を7回、「表目12、[裏目1、（すべり目＋かけ目）]を7回」、「〜」をあと3回くり返し、表目8、裏目1。

10段めMC：すべり目1、表目5、「[（すべり目＋かけ目）、表目1]を7回、表目12」、「〜」をあと3回くり返し、「（すべり目＋かけ目）、表目1」を7回、表目10。

11段めMC：浮き目1、表目9、「裏目1、（すべり目＋かけ目）」を7回、「表目12、[裏目1、（すべり目＋かけ目）]を7回」、「〜」をあと3回くり返し、表目5、裏目1。

12段めCC：すべり目1、表目4、「[（すべり目＋かけ目）、表目1]を7回、表目12」、「〜」をあと3回くり返し、「（すべり目＋かけ目）、表目1」を7回、表目11。

13段めCC：浮き目1、表目10、「裏目1、（すべり目＋かけ目）」を7回、「表目12、[裏目1、（すべり目＋かけ目）]を7回」、「〜」をあと3回くり返し、表目4、裏目1。

14段めMC：すべり目1、表目1、「[（すべり目＋かけ目）、表目1]を7回、表目12」、「〜」をあと4回くり返し、表目2。

15段めMC：浮き目1、表目1、「表目12、[裏目1、（すべり目＋かけ目）]を7回」、「〜」をあと4回くり返し、表目1、裏目1。

16段めCC：すべり目1、表目14、「[（すべり目＋かけ目）、表目1]を7回、表目12」、「〜」をあと3回くり返し、「（すべり目＋かけ目）、表目1」を7回、表目1。

17段めCC：浮き目1、表目1、（すべり目＋かけ目）、「裏目1、（すべり目＋かけ目）」、「〜」を6回くり返し、「表目12、[裏目1、（すべり目＋かけ目）]を7回」、「〜」をあと3回くり返し、表目14、裏目1。

18段めMC：すべり目1、表目1、（すべり目＋かけ目）、表目13、「[（すべり目＋かけ目）、表目1]を7回、表目12」、「〜」をあと3回くり返し、「（すべり目＋かけ目）、表目1」、「〜」を6回くり返し、表目2。

19段めMC：浮き目1、表目1、「裏目1、（すべり目＋かけ目）」、「〜」を6回くり返し、「表目12、[裏目1、（すべり目＋かけ目）]を7回」、「〜」をあと3回くり返し、表目12、裏目1、（すべり目＋かけ目）、表目1、裏目1。

20段めCC：すべり目1、表目2、「（すべり目＋かけ目）、表目1」を2回、「表目12、[（すべり目＋かけ目）、表目1]を7回」、「〜」をあと3回くり返し、表目12、「（すべり目＋かけ目）、表目1」を5回、表目1。

21段めCC：浮き目1、表目1、（すべり目＋かけ目）、「裏目1、（すべり目＋かけ目）」、「〜」を4回くり返し、「表目12、[裏目1、（すべり目＋かけ目）]を7回」、「〜」をあと3回くり返し、表目12、「裏目1、（すべり目＋かけ目）」を2回、裏目1、表目1、裏目1。

22段めMC：すべり目1、表目1、「（すべり目＋かけ目）、表目1」を3回、「表目12、[（すべり目＋かけ目）、表目1]を7回」、「〜」をあと3回くり返し、表目12、「（すべり目＋かけ目）、表目1」、「〜」を4回くり返し、表目2。

23段めMC：浮き目1、表目1、「裏目1、（すべり目＋かけ目）」、「〜」を4回くり返し、「表目12、[裏目1、（すべり目＋かけ目）]を7回」、「〜」をあと3回くり返し、表目12、「裏目1、（すべり目＋かけ目）」を3回、表目1、裏目1。

24段めCC：すべり目1、表目2、「（すべり目＋かけ目）、表目1」、「〜」を4回くり返し、「表目12、[（すべり目＋かけ目）、表目1]を7回」、「〜」をあと3回くり返し、表目12、「（すべり目＋かけ目）、表目1」を3回、表目1。

25段めCC：浮き目1、表目1、（すべり目＋かけ目）、「裏目1、（すべり目＋かけ目）」を2回、「表目12、[裏目1、（すべり目＋かけ目）]を7回」、「〜」をあと3回くり返し、表目12、「裏目1、（すべり目＋かけ目）」、「〜」を4回くり返し、裏目1、表目1、裏目1。

26段めMC：すべり目1、表目1、「（すべり目＋かけ目）、表目1」を5回、「表目12、[（すべり目＋かけ目）、表目1]を7回」、「〜」をあと3回くり返し、表目12、「（すべり目＋かけ目）、表目1」を2回、表目2。

27段めMC：浮き目1、表目1、「裏目1、（すべり目＋かけ目）」を2回、「表目12、[裏目1、（すべり目＋かけ目）]を7回」、「〜」をあと3回くり返し、表目12、「裏目1、（すべり目＋かけ目）」を5回、表目1、裏目1。

28段めCC：すべり目1、表目2、「（すべり目＋かけ目）、表目1」、「〜」を6回くり

返し、「表目12、[（すべり目＋かけ目）、
表目1]を7回」、「〜」をあと3回くり返し、
表目12、（すべり目＋かけ目）、表目2。
29段めCC：浮き目1、表目1、（すべり目
＋かけ目）、「表目12、[裏目1、（すべり目
＋かけ目）]を7回」、「〜」をあと3回くり
返し、表目12、「裏目1、（すべり目＋かけ
目）」、「〜」を6回くり返し、裏目1、表目1、
裏目1。
2〜29段めまでをあと6回編み、2〜13段
めまでをもう一度編む。CCの糸を切る。
次段MC（表面）：すべり目1、最後まで
表編み。
次段MC（裏面）：浮き目1、最後に1目残
るまで表編み、裏目1。
裏目を編みながら伏せ止めする。
MCの糸を切る。
このセクションの左端とセクション2をす
くいとじまたは好みの方法でとじ合わせる。

ニットセクション4

セクション2と同様に編む。

ニットセクション5：
引上げ編みの模様

MCと5号針を使って、指でかける作り目
の方法でゆるめに117目作る。
1段め（裏面）：裏目5、「表目1、裏目1」を
最後までくり返す。
2段め（表面）：すべり目1、「表目1、裏目
1」を最後に4目残るまで、表目4。
3段め：浮き目3、右上2目一度、「（すべり
目＋かけ目）、裏目1」を最後までくり返す。
（1目減）
4段め：すべり目1、「裏目1、表目1」を3
目残るまで、くり返し表目3。
5段め：浮き目3、表目1、「裏目1、（すべ
り目＋かけ目）」を2目残るまでくり返す、
裏目2。
6段め：すべり目1、「表目1、裏目1」を5
目残るまでくり返す、表目5。
7段め：浮き目3、右上2目一度、「裏目1、
（すべり目＋かけ目）」を1目残るまでくり
返し、裏目1。（1目減）
8段め：すべり目1、「裏目1、表目1」を4
目残るまでくり返す、表目4。
9段め：浮き目3、表目1、「（すべり目＋か
け目）、裏目1」を1目残るまでくり返し、
裏目1。
2〜9段めをあと21回編む。73目になる。

次段（表面）：2段めと同様に編む。
次段（裏面）：浮き目3、「表目1、裏目1」を
最後までくり返す。
ゆるめに伏せ止めし、MCを切る。
※左針の目が残り2目になったら右上2目
一度、1目から糸を引き出して止める。
表面を見ながら編み地を180度回転させ、
セクション4とはぎ合わせる。コの字はぎ
や引き抜きはぎなど、好みの方法ではぎ合
わせる。

FINISHING／仕上げ

糸始末をしたあと、スチームまたは水通し
をして寸法に合わせてブロッキングする。

クロッシェバージョン

クロッシェセクション1：
オーバーレイクロッシェ

CCで鎖目を85目編む。
1段め（表面）：針先から2目めの鎖目の裏
山に立ち上がりの細編み、同じ目に長編み
1、最後まで鎖目の裏山に長編みを1目ず
つ編む。
2段め（裏面）：編み地を返す。最後まで細
編み。
3段め：編み地を返す。立ち上がりの細編み、
同じ目に長編み1、「長編みの表引上げ1、
長編み1」を最後までくり返す。（1目増）
4段め：編み地を返す。最後まで細編み。
5段め：編み地を返す。立ち上がりの細編
み、同じ目に長編み1、「長編みの表引上げ
目1、長編み1」を1目残るまでくり返す、
長編み1。（1目増）
2〜5段めをあと21回編む。（129目）
2・3段めをもう一度編む。（130目）
編み地の先が尖っている方が下になるよう
に回転させる。
表面からこのセクションの上端の端から端
まで細編みを均等に92目編む。
糸を切り、糸端を引き出す。セクション2
に続く。

クロッシェセクション2：
タペストリークロッシェのボッブル編み

セクション1の右上角にMCで引き抜く。
1段め（裏面）：引き抜いた目に細編み1、
段の最後まで細編みを均等に91目編む。
（92目）
2段め（表面）：編み地を返す。最後まで細

編み。
3段め：編み地を返す。CCをつける。
MC：立ち上がりの細編み、長編み1、
CC：中長編みのボッブル、「MC：長編み2、
CC：中長編みのボッブル」、「〜」を2目残
るまでくり返し、MC：長編み2。CCの糸
を切る。
2段めを2回編む。
MCの糸を切り、糸端を引き出す。

クロッシェセクション3：
タペストリークロッシェのパラレログラ
ム（平行四辺形）

MCで鎖目を132目編む。
1段め（裏面）：針先から1目めのくさり目
の裏山に細編み1、続けて最後まで鎖の裏
山に細編みを1目ずつ編む。（132目）
2段め（表面）：編み地を返す。CCをつけ、
MC：細編み1、「MC：細編み4、CC：細
編み13、MC：細編み9」、「〜」を1目残る
までくり返し、MC：細編み1。
3段め：編み地を返す。MC：細編み1、
「MC：細編み11、CC：細編み13、MC：
細編み2」、「〜」を1目残るまでくり返し、
MC：細編み1。
4段め：編み地を返す。MC：細編み1、
「CC：細編み13、MC：細編み13」、「〜」
を1目残るまでくり返し、MC：細編み1。
編み地の表面に取り外し可能なマーカーを
印としてつけておく。
5段め：編み地を返す、MC：細編み1、
「CC：細編み13、MC：細編み13」、「〜」
を1目残るまでくり返し、MC：細編み1。
6段め：編み地を返す、MC：細編み1、
「CC：細編み2、MC：細編み13、CC：細
編み11」、「〜」を1目残るまでくり返し、
MC：細編み1。
7段め：編み地を返す、MC：細編み1、
「CC：細編み9、MC：細編み13、CC：細
編み4」、「〜」を1目残るまでくり返し、
MC：細編み1。
8段め：編み地を返す、MC：細編み1、
「CC：細編み6、MC：細編み13、CC：細
編み7」、「〜」を1目残るまでくり返し、
MC：細編み1。
9段め：編み地を返す、MC：細編み1、
「CC：細編み5、MC：細編み13、CC：細
編み8」、「〜」を1目残るまでくり返し、
MC：細編み1。
10段め：編み地を返す、MC：細編み1、
「CC：細編み10、MC：細編み13、CC：

細編み3」、「～」を1目残るまでくり返し、MC：細編み1。

11段め：編み地を返す、MC：細編み1、「MC：細編み3、CC：細編み13、MC：細編み10」、「～」を1目残るまでくり返し、MC：細編み1。

12段め：編み地を返す、MC：細編み1、「MC：細編み8、CC：細編み13、MC：細編み5」、「～」を1目残るまでくり返し、MC：細編み1。

13段め：編み地を返す、MC：細編み1、「MC：細編み7、CC：細編み13、MC：細編み6」、「～」を1目残るまでくり返し、MC：細編み1。

2～13段めをあと7回編み、2～7段めをもう一度編む。CCの糸を切る。

次段：MCで最後まで細編み。

MCを切り、糸端を引き出して止める。

このセクションを引き抜きはぎもしくは好みの方法でセクション2につなげる。

編み地を返し、裏面を見ながらセクション1の編み地の先が尖っている方が下になるように回転させて、セクション4を続ける。

クロッシェセクション4

セクション2をくり返す。

クロッシェセクション5：
変わりモザイク編み

MCでくさり目を85目編む。

1段め（表面）：針先から2目めのくさり目の裏山に立ち上がりの細編み、同じ目に中長編み1、「くさり1目、1目とばし、次のくさり目の裏山に長編み1」、「～」を最後までくり返す。

2段め（裏面）：編み地を返す。立ち上がりの細編み、「2段下のくさり目の裏山に長編み1、くさり1目、1目とばす」、「～」を1目残るまでくり返し、中長編み1。

3段め：編み地を返す。立ち上がりの細編み、同じ目に中長編み1、「2段下の目に長編み1、くさり1目、1目とばす」、「～」を1目残るまでくり返し、細編み1。（1目増）

4段め：編み地を返す。立ち上がりの細編み、「2段下の目に長編み1、くさり1目、1目とばし」、「～」を2目残るまでくり返し、中長編み1、細編み1。

5段め：編み地を返す。立ち上がりの細編み、同じ目に中長編み1、「くさり1目、1目とばし、2段下の目に長編み1」、「～」を

2目残るまでくり返し、くさり1目、1目とばし、細編み。（1目増）

6段め：編み地を返す。立ち上がりの細編み、「2段下の目に長編み1、くさり1目、1目とばし」、「～」を1目残るまでくり返し、細編み1。

3～6段めをあと19回編む。125目になる。

次段（表面）：編み地を返す。立ち上がりの細編み、「中長編み1、2段下の目に長編み1」、「～」を2目残るまでくり返し、中長編み2。

編み地の先が尖っている方が下になるように回転させる。

表面からこのセクションの上端に沿って細編みを92目均等に編む。

糸を切り、糸端を引き出して止める。

このセクションの上端を引き抜きはぎ、もしくは好みの方法でセクション4につなげる。

FINISHING／仕上げ

糸始末をしたあと、スチームまたは水通しをして寸法に合わせてブロッキングする。

展開図

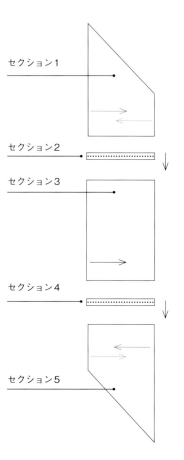

⟶　　ニット＆クロッシェの編み方向

⟶　　ニットの編み方向

⟶　　クロッシェの編み方向

セクション1

セクション2

セクション3

セクション4

セクション5

ニット（棒針編み）バージョン

クロッシェ（かぎ針編み）バージョン

44 FROST

フロスト

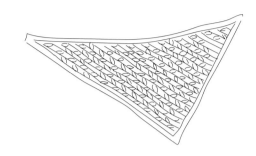

FINISHED MEASUREMENTS ／仕上がり寸法

幅：213 cm
長さ（最長）：123 cm

MATERIALS ／材料

糸：Lanivendole の A Stormy Blend Fingering（イタリア産ブ
ログナウール70%・イタリア産アルパカ30%）、225 m／50 g）
〈Luce〉6カセ
もしくはフィンガリング（中細）程度の糸を1250
針：4.5mm（US 7／JP8号）輪針

GAUGE ／ゲージ

16目×25段（レース模様・10cm角、ブロッキング後）
ゲージは参考サイズ。編みはじめから編み広げるため、糸量に
よって仕上がりを調整できる。

NOTES ／メモ

チャートBのオレンジの囲みは透かし模様の1模様16目。
段の端の2目はアイコードの縁編み。

DIRECTIONS ／編み方

セクション1（ガーター編み・増し目）

※このセクションでは奇数段（表面）ごとに増し目がある。
指でかける作り目の方法で11目作る。
1段め（表面）：表目5、2目の編み出し増し目、2目残るまで表
編み、浮き目2。（12目）
2段めと以降の偶数段すべて（裏面）：2目残るまで表編み、浮
き目2。
3段め：表目6、2目の編み出し増し目、2目残るまで表編み、
浮き目2。（13目）
5段め：3段めと同様に編む。（14目）
7段め：表目7、2目の編み出し増し目、2目残るまで表編み、
浮き目2。（15目）
9段め：7段めと同様に編む。（16目）

11段め：表目8、2目の編み出し増し目、2目残るまで表編み、
浮き目2。（17目）
13段め：11段めと同様に編む。（18目）
15段め：表目9、2目の編み出し増し目、2目残るまで表編み、
浮き目2。（19目）
17段め：15段めと同様に編む（20目）
18段め：2段めと同様に編む。

セクション2（レース模様・増し目）

チャートAの1～32まで編む。（36目）
※このセクションでは奇数段（表面）ごとに増し目がある。

セクション3（レース模様・増し目）

チャートBの1～32段を12回編む。（228目）
※奇数段（表面）ごとに目を増やし、1模様編み終えるたびに
16目増える。
好みや糸量に合わせて1～32段の編む回数を加減することで
仕上がりを調整できる。この場合はチャートBの16段めまた
は32段で編み終えるようにする。

セクション4：ガーター編み

1段め（表面）：2目残るまで表編み、浮き目2。
2段め（裏面）：2目残るまで表編み、浮き目2。
1・2段めをあと8回編む。すべての目をゆるめに伏せる。

FINISHING ／仕上げ

糸始末をしたあと、水通しをして寸法に合わせてブロッキング
する。ショールを丁寧にブロッキングし、寸法を出し、透かし
模様の編み目を広げる。

チャートA

チャートB

凡例

☐	表面：表目／裏面：裏目
•	表面：裏目／裏面：表目
＼	右上2目一度
／	左上2目一度
○	かけ目
Ⅴ	2目の編み出し増し目
Ⅴ	（表面・裏面とも）浮き目
▨	実際には目がない
☐	くり返し

45 RAINBOW ROAD

虹の道

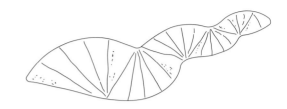

FINISHED MEASUREMENTS ／仕上がり寸法

丈：198 cm

幅（最大）：53 cm

MATERIALS ／材料

糸：La Bien Aimée の Helix（フォークランドウール75%・ゴット
ランドウール25%、650m／100g）、MC〈Stone〉2カセ、CC1
〈Dawn〉、CC2〈Anemone〉、CC3〈Quartz Fume〉、CC4
〈Lannister〉、CC5〈Madeleine〉各1カセ

色ちがいVer.（p.237-239参照）：

MC〈French Grey〉、CC1〈Kokko〉、CC2〈Anemone〉、CC3
〈Yellow Brick Road〉、CC4〈Kitsune〉、CC5〈Hegelia〉

もしくは、ヘビーレース(極細)程度の糸を1829m、約914mずつ。

もしくは、MCとして914 m、CC1、CC2、CC3、CC4、CC5と
して各183m。

全体を通して極細の糸を引き揃えて編む。

針：4.5mm（US7／JP8）輪針

GAUGE ／ゲージ

22目×32段(ガーター編み・10cm角、軽くブロッキングした後)

SPECIAL ABBREVIATIONS ／特別な用語

増し目1：巻き増し目の方法で1目増やす。

DIRECTIONS ／編み方

MCとCC1を引き揃えて3目作る。

「表目3、左針に3目を戻す」、「～」をあと28回くり返してアイ
コードを編む。

表目3、アイコードに沿って28目拾う。編み地を裏面に返す。

次段（裏面）：作り目側から3目拾い、表目28、浮き目3。(34目)

セクション1：ライドウェッジ

1段め（表面）：最後に6目残るまで表編み、編み地を裏面に返
す。

2段め（裏面）：表目3、PM、3目残るまで表編み、浮き目3。

3段め（表面）：Mまで表編み、RM、編み地を裏面に返す。

4段め（裏面）：表目3、PM、3目残るまで表編み、浮き目3。

5～16段め：3・4段めと同様にあと6回編む。CCを切り、次
のCCをつけ直す。次段を編みながらRM。

17段め（表面）：表編みで段消しをしながら3目残るまで編み、
浮き目3。

18段め（裏面）：3目残るまで表編み、浮き目3。

1～18段めをあと3回編み、1～16段めまでをもう一度編む。
くさび型の模様が5模様できる。

CCを切り次のCCをつけ直す。次段を編みながらRM。

次段（表面）：表編みで段消しをしながら3目残るまで編み、浮
き目3。

次段（裏面）：表目3、「表目3、増し目1」を8回、表目1、編み
地を表面に返す。(42目)

セクション2：レフトウェッジ

1段め（表面）：表目3、PM、3目残るまで表編み、浮き目3。

2段め（裏面）：Mまで表編み、RM、編み地を表面に返す。

3～20段め：1・2段めと同様にあと9回編む。

21段め（表面）：3目残るまで表編み、浮き目3。

22段め（裏面）：表編みで段消しをしながら3目残るまで編み、
浮き目3。

CCを切り、次のCCをつけ直す。

23段め（表面）：3目残るまで表編み、浮き目3。

24段め（裏面）：6目残るまで表編み、編み地を表面に返す。

1～24段めをあと3回編み、1～22段めまでをもう一度編む。
くさび型の模様が10模様になる。

CCを切り、次のCCをつけ直す。

セクション3：ライトウェッジ

1段め（表面）：表目3、「表目3、増し目1」を11回、表目3、浮
き目3。(53目)

2段め（裏面）：3目残るまで表編み、浮き目3。

3段め（表面）：6目残るまで表編み、編み地を裏面に返す。

4段め（裏面）：表目3、PM、3目残るまで表編み、浮き目3。

模様のくり返し部分

5段め（表面）：Mまで表編み、RM、編み地を裏面に返す。

6段め（裏面）：表目3、PM、3目残るまで表編み、浮き目3。

7〜32段め：5・6段めと同様にあと13回編む。

CCを切り、次のCCをつけ直す。次段を編みながらRM。

33段め（表面）：表編みで段消しをしながら3目残るまで編み、浮き目3。

34段め（裏面）：3目残るまで表編み、浮き目3。

35段め（表面）：6目残るまで表編み、編み地を裏面に返す。

36段め（裏面）：表目3、PM、3目残るまで表編み、浮き目3。

5〜36段めをあと3回編み、5〜32段めまでをもう一度編む。

くさび型の模様が15模様できる。

CCを切り、次のCCをつけ直す。次段を編みながらRM。

次段（表面）：表編みで段消しをしながら3目残るまで編み、浮き目3。

次段（裏面）：表目3、「表目3、増し目1」を14回、表目2、編み地を表面に返す。（67目）

セクション4：レフトウェッジ

1段め（表面）：表目3、PM、最後に3目残るまで表編み、浮き目3。

2段め（裏面）：Mまで表編み、RM、編み地を表面に返す。

3〜38段め：1・2段めと同様にあと18回編む。

39段め（表面）：3目残るまで表編み、浮き目3。

40段め（裏面）：表編みで段消しをしながら3目残るまで編み、浮き目3。

CCを切り、次のCCをつけ直す。次段を編みながらRM。

41段め（表面）：3目残るまで表編み、浮き目3。

42段め（裏面）：6目残るまで表編み、編み地を表面に返す。

1〜42段めをあと3回編み、1〜40段めまでをもう一度編む。

くさび型の模様が20模様になる。CCを切り、次のCCをつけ直す。

セクション5：ライトウェッジ

1段め（表面）：表目3、「表目3、増し目1」を20回、表目1、浮き目3。（87目）

2段め（裏面）：3目残るまで表編み、浮き目3。

3段め（表面）：6目残るまで表編み、編み地を裏面に返す。

4段め（裏面）：表目3、PM、最後に3目残るまで表編み、浮き目3。

模様のくり返し部分

5段め（表面）：Mまで表編み、RM、編み地を裏面に返す。

6段め（裏面）：表目3、PM、3目残るまで表編み、浮き目3。

5〜54段め：5・6段めと同様にあと24回編む。

CCを切り、次のCCをつけ直す。次段を編みながらRM。

55段め（表面）：表編みで段消しをしながら3目残るまで編み、浮き目3。

56段め（裏面）：3目残るまで表編み、浮き目3。

57段め（表面）：6目残るまで表編み、編み地を裏面に返す。

58段め（裏面）：表目3、PM、3目残るまで表編み、浮き目3。

5〜58段めをあと3回編み、5〜54段めまでをもう一度編む。

くさび型の模様が25模様になる。

CCを切り、次のCCをつけ直す。

次段を編みながらRM。

次段（表面）：表編みで段消しをしながら3目残るまで編み、浮き目3。

次段（裏面）：表目3、「表目3、増し目1」を26回、編み地を表面に返す。（113目）

セクション6：レフトウェッジ

1段め（表面）：表目3、PM、3目残るまで表編み、浮き目3。

2段め（裏面）：Mまで表編み、RM、編み地を表面に返す。

3〜70段め：1・2段めと同様にあと34回編む。

71段め（表面）：3目残るまで表編み、浮き目3。

72段め（裏面）：表編みで段消しをしながら3目残るまで編み、浮き目3。

CCを切り、次のCCをつけ直す。

73段め（表面）：3目残るまで表編み、浮き目3。

74段め（裏面）：6目残るまで表編み、編み地を表面に返す。

1〜74段めをあと3回編み、1〜72段めまでをもう一度編む。

くさび型の模様が30模様になる。

FINISHING／仕上げ

アイコードバインドオフの手順ですべての目を止める。

アイコードバインドオフ：

「表2、ねじり目の2目一度。右針の3目を左針に戻す」、「〜」を最後に3目残るまでくり返す。

残り6目をメリヤスはぎで合わせる。

糸始末をしたあと、水通しをして寸法に合わせてブロッキングする。

STYLING TIP／スタイリングについて

ショールの幅の広い方の端を肩にのせてから細くなる方を首に巻くとよい。

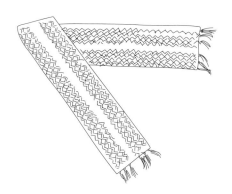

46 RUISKAUNOKKI
とうもろこしの花

FINISHED MEASUREMENTS ／仕上がり寸法

丈：180 cm
幅：20 cm

MATERIALS ／材料

糸：De Rerum NaturaのUlysse（フレンチメリノウール100%、
185m／50g）
MC〈Tempête〉3カセ、CC〈Doré〉1カセ
もしくはスポーツ（合太）程度の糸を合計740m、MCとして
555m、CCとして185m
針：3.5mm（US4／JP5）120cm輪針
その他の道具：ステッチマーカー、とじ針

GAUGE ／ゲージ

20目×36段（メリヤス編み、ブロッキング後）

DIRECTIONS ／編み方

MCの糸で指でかける作り目の方法で355目作る。
※作り目数が多いときには50目または100目ごとにマーカー
を入れておくと数えやすい。
1段め（表面）：すべり目2、最後まで表編み。
2段め（裏面）：浮き目2、最後まで裏編み。
毎段、編みはじめですべり目／浮き目にすることで端にアイ
コード状の縁編みができる。
糸継ぎは糸端同士を撚り合わせる方法または編み地の端で糸継
ぎをして端のアイコード部分に糸端を始末する。この点は本体
で刺繍を刺す際の重要なポイント。
1・2段めをくり返し、ショールが22cmになるまで編み、伏せ
止めする。

BLOCKING ／ブロッキング

波模様を刺繍する前に、編み地を水通しし、ブロッキングして
おく。

EMBROIDER ／刺繍

NOTES ／メモ

刺しはじめる前に全体をひと通り読み、図を確認しておく。

ショール本体の波模様にはとじ針とCCの糸を使用。糸は1本
ずつ、ショールの1.5倍の長さが必要（模様通りに刺し、さら
に両端で小さなタッセルを作るだけの糸量を確保）。糸を3m
程度用意し、余ったら余分を切る。刺繍はショールの裏面（裏
編み側）で刺す。

最初の表目2目はアイコード状の縁編み。その次（3目め）が本
体部分の端目になる。
糸は1本ずつ、裏目7目間隔でジグザグに刺す。針を刺す位置
にマーカーや別糸で印をつけておくとよい。

波模様（1模様め）

①：刺繍は2段め端から4目めの裏目から刺し始める。糸端は
15cm程度残し、針を編み目の右足に沿って上から下方向
に、次に左足に沿って下から上方向に刺す。
次は左横の2目をとばし、3目めの6段上の裏目、つまり8
段めの端から7目めに刺す。
②：次の目の右下から針を入れ、裏山に沿うように左側に針を
下方向に入れる。左横の2目をとばし、今度は6段下の裏
目、つまり2段め端から10目めに刺す。
③：針を編み目の右足に沿って上から下方向に、次に左足に
沿って下から上方向に刺す。左横の2目をとばし、3目め
の6段上の裏目に刺す。
④：この目の右下から針を入れ、裏山に沿うように、針を左下
方向に入れる。左横の2目をとばし、6段下の裏目に刺す。
上記の③、④を、端に（端目をアイコードの）3目残るまでく
り返す。糸端を15cm程度残して切る。
あと3本分、1段上の段で同じ手順をくり返して刺す。2本め
は、3段め端から4目めから、次に指す目は9段め端から7目め
になる。
4本を刺し終えたら、糸端をアイコードの2目めに通して表側に
引き出し、4本合わせて結び目を作れば小さなタッセルになる。

波模様（2模様め）

次の4本は1模様めと左右対称に刺す。1本めは18段め端から4目めから刺しはじめる。

①：針を編み目の右足に沿って上から下方向に、次に左足に沿って下から上方向に刺す。

次は左横の2目をとばし、6段下の裏目、つまり12段めの端から7目めに刺す。

②：針を編み目の右足に沿って上から下方向に、次に左足に沿って下から上方向に刺す。

次は左横の2目をとばし、6段上の裏目、つまり18段め端から10目めに刺す。

③：この目の右下から針を入れ、裏山に沿うように左側に針を下方向に入れる

次は左横の2目をとばし、6段下の裏目に刺す。

④：針を編み目の右足に沿って上から下方向に、次に左足に沿って下から上方向に刺す。

次は左横の2目をとばし、6段上の裏目に刺す。

上記の③、④を、端に（端目をアイコードの）3目残るまでくり返す。

糸端を15cm程度残す。

あと3本分、1本ずつ1段上の段で同じ手順をくり返して刺す。2本めは19段め端から4目めから、次に指す目は13段め端から7目めになる。

4本を刺し終えたら、糸端をアイコードの2目めに通して表側に引き出し、4本合わせて結び目を作れば小さなタッセルになる。

1模様目と同じ手順でもうひと模様刺す。ここまで31段で波模様を3模様刺した。

3模様を1セットとして、ショールの反対側の端の31段分に左右対称に波模様を刺す。

最初に刺す目は段の端から4目めとすることで波模様が整列する。

FINISHING／**仕上げ**

タッセルの端を切り揃える。刺繍を刺した後も刺繍部分を落ち着かせるためにもう一度水通しをしてブロッキングしてもよい。糸は色落ちしないことを確認すること。色落ちが心配な場合は、水通しの代わりにスチーム仕上げがおすすめ。

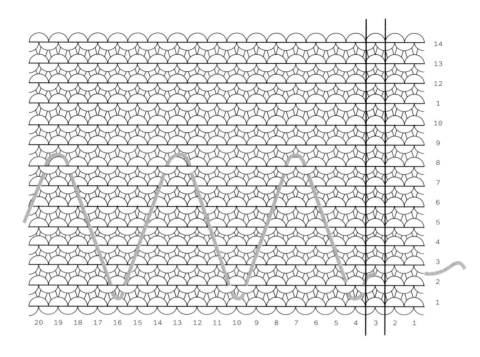

47 STIPERSTONES
スティパーストーンズ

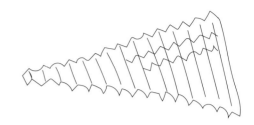

FINISHED MEASUREMENTS ／仕上がり寸法

幅：172 cm
長さ（最大）：65 cm

MATERIALS ／材料

糸：La Bien Aimée の Merino Singles（スーパーウオッシュメリノ 100%、366m ／ 100g）MC〈Sandstone〉3 カセ
La Bien Aimée の Mohair Silk（モヘア 70%・シルク 30%、500m ／ 50g）CC1〈Winter〉、CC2〈Loam〉、CC3〈Hegelia〉各 1 カセ
※シェブロン模様のストライプを編むには CC2 本と MC を引き揃えて編む。
もしくはレース（極細）程度の糸を MC として 900m、CC1 として 80m、CC2 として 100m、CC3 として 120m
針：3.5mm（US4 ／ JP5）輪針
その他の道具：ステッチマーカー 40 個以上

GAUGE ／ゲージ

32 目× 40 段（シェブロン模様・10cm、ブロッキング後）

PATTERN TECHNIQUES ／模様編みのテクニック

ロシアンバインドオフ：
表目 1、「編んだ目を左針に戻し、左針の 1 目め（戻した目）に裏目を編むように右針先を通した状態のまま、2 目めに表目を編むように入れ、針先を 1 目めと 2 目めの間の後ろ側に出す。そのまま糸をかけ、2 目一度をするように 2 目から糸を引き出す」、「〜」をくり返す。

DIRECTIONS ／編み方

準備

MC の糸で、ケーブルキャストオンの方法で 31 目作る。

本体

編み方の手順と配色のモヘヤ糸の糸替えについては下記の通り。

シェブロン模様 1
1 段め（裏面）：表目 1、PM、右上 2 目一度、表目 12、PM、裏目 1、PM、表目 12、左上 2 目一度、PM、表目 1。（2 目減）
2 段め（表面）：表目 1、SM、裏目 13、左ねじり増し目 1、SM、すべり目 1、SM、左ねじり増し目 1、裏目 13、SM、表目 1。（2 目増）
3 段め：表目 1、SM、裏目 14、SM、裏目 1、SM、裏目 14、SM、表目 1。
4 段め：表目 1、SM、右上 2 目一度、表目 12、左ねじり増し目 1、SM、すべり目 1、SM、左ねじり増し目 1、表目 12、左上 2 目一度、SM、表目 1。
5 〜 12 段め：1 〜 4 段めの手順を 2 回くり返す。
13 段め：1 段めと同様に編む。
14 段め：2 段めと同様に編む。
15 段め：3 段めと同様に編む。
16 段め：4 段めと同様に編み、ケーブルキャストオンの方法で 31 目作る。

シェブロン模様 2
17 段め：「表目 1、SM、右上 2 目一度、表目 12、SM、裏目 1、SM、表目 12、左上 2 目一度、SM、表目 1」、「〜」を最後までくり返し、これまでのように新たにできたセクションにはマーカーを入れながら編む。（「〜」を 1 回くり返すたびに 2 目減）
18 段め：「表目 1、SM、裏目 13、左ねじり増し目 1、SM、すべり目 1、SM、左ねじり増し目 1、裏目 13、SM、表目 1」、「〜」をくり返す。（「〜」を 1 回くり返すたびに 2 目増）
19 段め：「表目 1、SM、裏目 14、SM、裏目 1、SM、裏目 14、SM、表目 1」、「〜」を最後までくり返す。
20 段め：「表目 1、SM、右上 2 目一度、表目 12、左ねじり増し目 1、SM、すべり目 1、SM、左ねじり増し目 1、表目 12、左上 2 目一度、SM、表目 1」、「〜」を最後までくり返す。
21 〜 28 段め：17 〜 20 段めを 2 回くり返す。
29 段め：17 段めと同様に編む。
30 段め：18 段めと同様に編む。
31 段め：19 段めと同様に編む。

32段め：20段めと同様に編み、ケーブル
キャストオンの方法で31目作る。

シェブロン模様3〜15
17〜32段めまでをあと12回編む。
合計465目になる。
シェブロン模様は15模様になる。
17〜20段めまでを8回編む。

配色（CC）の配置

シェブロン模様は4段1模様を4回くり返
し（16段）、裏メリヤス編みのリッジ（畝）
4本を1つの単位とする。
下記のリッジの最初の2段でCCのモヘア
糸2本をMCと引き揃えて編む。
シェブロン模様1−リッジ2：CC1
シェブロン模様2−リッジ2：CC2
シェブロン模様2−リッジ3：CC3
シェブロン模様3−リッジ4：CC1
シェブロン模様5−リッジ3：CC1
シェブロン模様5−リッジ4：CC2
シェブロン模様7−リッジ2：CC3
シェブロン模様7−リッジ4：CC2
シェブロン模様8−リッジ2：CC3
シェブロン模様9−リッジ2：CC3
シェブロン模様9−リッジ3：CC1
シェブロン模様11−リッジ2：CC2
シェブロン模様12−リッジ2：CC1
シェブロン模様13−リッジ2：CC3
シェブロン模様13−リッジ3：CC2
シェブロン模様14−リッジ2：CC3
シェブロン模様15−リッジ3：CC1
シェブロン模様15−リッジ4：CC2
シェブロン模様15−リッジ5：CC3
シェブロン模様15−リッジ6：CC1
シェブロン模様15−リッジ7：CC2
シェブロン模様15−リッジ8：CC3

FINISHING ／仕上げ

ロシアンバインドオフの方法で止め、糸始
末をする。
水通しをしたあと、シェブロン模様に沿っ
てしっかりとピン打ちして均等になるよう
にブロッキングする。

48 CRAGSIDE

クラッグサイド

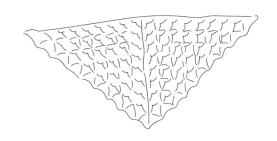

FINISHED MEASUREMENTS ／仕上がり寸法

横幅：約172cm

後ろ中心：86 cm

MATERIALS ／材料

糸：Tukuwool の Tukuwool Fingering（フィンランド産ウール
100％、200m／50g）、〈Runo〉4カセ
もしくはフィンガリング（中細）程度の糸を750m

針：4.5mm（US7／JP8）輪針

その他の道具：ステッチマーカー

GAUGE ／ゲージ

16目×28段（レース模様・10cm角、ブロッキング後）

SPECIAL ABBREVIATIONS ／特別な用語

増し目1：巻き増し目の要領で1目増やす。

右上3目一度：1目を右針に移し、次の2目を一度に表編みし、
右針に移した目を編んだ目にかぶせる。（2目減）

NOTES ／メモ

チャートでは表面の段のみ表示している。裏面の段はすべて表
編み。

DIRECTIONS ／編み方

ガーターステッチタブの作り目

2目作る。表編み（ガーター編み）で6段編む。

次段（表面）：表目2、編み地を時計回りに90度回転させ、細
い長方形の端から3目拾う。再び編み地を回転させ作り目から
2目拾う。（7目になる）

準備段（裏面）：表目2（端目）、PM、表目1、PM、表目1（中
心の目）、PM、表目1、PM、表目2（端目）。

端と中心の目を示すマーカーが合計4個になる。

セットアップチャートから次のように編む：

1段め（表面）：表目2、SM、次のMまでチャートの通りに編む、
SM、表目1、SM、次のMまでチャートの通りに編む、SM、
表目2。

2段め（裏面）：表編み。

1・2段めをくり返しながらセットアップチャートの3～40段
めまで編む。87目になる。

レース模様のチャートを次のように編む：

1段め（表面）：表目2、SM、かけ目、次のMまでチャートの
通りに編む、かけ目、SM、表目1、SM、かけ目、次のMまで
チャートの通りに編む、かけ目、SM、表目2。

2段め（裏面）：表編み。

1・2段めをくり返しながらレース模様のチャートの3～20段
めまで編む。

1～20段めをさらに5回編み、1～18段めをもう一度編む（合
計138段）。

チャートの1〜20段めまでをくり返すた
びに目数が40目増える。
よって、以降は次の目数になる：
20段編み終えると127目
40段編み終えると167目
60段編み終えると207目
80段編み終えると247目
100段編み終えると287目
120段編み終えると327目
138段編み終えると363目

マーカーをはずし、次のようにボーダー
チャートの通りに編む。
1、3、5段め（表面）：表目2、「かけ目、
表目8、右上3目一度、表目8、かけ目、
表目1」、最後に21目残るまで「〜」をくり
返し、かけ目、表目8、右上3目一度、表
目8、かけ目、表目2。
2段めと偶数段すべて：表編み。
7段め：表目2、「増し目1、表目8、右上3
目一度、表目8、増し目1、表目1」、最後
に21目残るまで「〜」をくり返し、増し目
1、表目8、右上3目一度、表目8、増し目1、
表目2。
裏面からゆるめに止める。

FINISHING／仕上げ

糸始末をしたあと、水通しをしてしっかり
ブロッキングしてレース模様の透かしを開
ける。

セットアップチャート

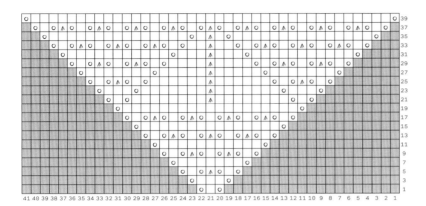

ボーダーチャート

∧	右上3目一度
☐	表目
○	かけ目
Ｍ	増し目1
☐	くり返し
▨	実際には目がない

レース模様のチャート

49 CETRELIA

セトレリア

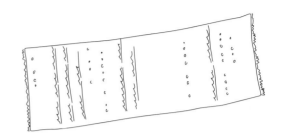

FINISHED MEASUREMENTS ／仕上がり寸法

長さ：152 cm
深さ：53.5 cm

MATERIALS ／材料

糸：Kettle Yarn Co. の Baskerville 2.0（ブリティッシュ BFL ／
ゴットランド、350m ／ 100g）〈Dawn〉2 カセ
Kettle Yarn Co. の Islington Fingering（ブリティッシュ BFL ／
シルク、400m ／ 100g）、
CC1〈Julep〉、CC2〈Icicle〉、CC3〈Pewter〉各 1 カセ
もしくはフィンガリング（中細）程度の糸を MC として約
455m、CC1・CC2・CC3 として各 350m
針：4.5mm（US7 ／ JP8）輪針
その他の道具：かぎ針、別糸（なめらかなもの）

GAUGE ／ゲージ

18目×36段（ガーター編み・10cm角、ブロッキング後）

STITCH PATTERN ／模様編み

ライケンステッチ

「左針の3目めの5段下の目（左針にかかっている目から3つ下
の裏目の下）に手前から右針を入れ、糸をかけて長めに引き出
す（引き出し編み）。このループを右針にのせ、左針の次の目
を表目1」、「〜」をあと2回くり返す。同じ目から3本のループ
を引き出し、左針にかかっているそれぞれの次の目を編んだこ
とになる。
先に進む前に、引き出したループの長さが（約1.5cmに）揃っ
ていることを確認する。
※裏面で裏目の2目一度をねじり目に編むときには長いループ

が先に針にかかり、次に裏目の順番になっていることを確認す
る。こうすることで模様の表面が安定する。

ライケンステッチのインターバル

インターバル1

1段め（表面）：新しい色に替える、すべり目2、表目4、「ライ
ケンステッチ、表目5」、「〜」を9目残るまでくり返す、ライ
ケンステッチ、表目4、すべり目2。
2段め（裏面）：編み目がねじれないように注意しながら、裏目
2、表目4、「ねじり目の裏目左上2目一度を3回、表目5」、「〜」
を9目残るまでくり返す、ねじり目の裏目左上2目一度を3回、
表目4、裏目2。
3段め：すべり目2、2目残るまで表編み、すべり目2。
4段め：裏目2、2目残るまで表編み、裏目2。糸を切る。

インターバル2

1段め（表面）：新しい色に替える、すべり目2、「ライケンス
テッチ、表目5」、「〜」を5目残るまでくり返す、ライケンス
テッチ、すべり目2。
2段め（裏面）：裏目2、「ねじり目の裏目左上2目一度を3回、
表目5」、「〜」を5目残るまでくり返す、「ねじり目の裏目左上
2目一度」を3回、裏目2。
3段め：すべり目2、2目残るまで表編み、すべり目2。
4段め：裏目2、最後に2目残るまで表編み、裏目2。糸を切る。

インターバル3

1段め（表面）：新しい色に替える、すべり目2、表目4、「ライ
ケンステッチ、表目5」、9目残るまで「〜」をくり返す、ライ
ケンステッチ、表目4、すべり目2。
2段め（裏面）：編み目がねじれないように注意しながら、裏目
2、表目4、「ねじり目の裏目左上2目一度を3回、表目5」、9
目残るまで「〜」をくり返す、ねじり目の裏目左上2目一度を3
回、表目4、裏目2。糸を切る。

DIRECTIONS ／編み方

なめらかな別糸で別鎖の作り目を95目作り、糸を切る。

別糸で鎖編みの作り目をした場合はMCで裏山を95目拾う。別糸で鎖目を編み針に編みつけた場合：MCで1段表編みする。

MCで次の通りに編む。

1段め（表面）：すべり目2、2目残るまで表編み、すべり目2。

2段め（裏面）：裏目2、2目残るまで表編み、裏目2。

1・2段めを合計10回（20段）編む。

以降もショール全体を通して、上記のように両端の2目を表面ですべり目にしてアイコード状に編む。

CC糸で編むでライケンステッチのインターバルは次の通りに編む：

1〜18のインターバルとインターバルの間は、上記のガーター編みの1・2段めを12回編む。

1. CC1：インターバル1
2. CC2：インターバル2
3. CC3：インターバル1
4. CC3：インターバル2
5. CC3：インターバル3
6. CC1：インターバル2
7. CC2：インターバル1
8. CC2：インターバル2
9. CC3：インターバル3
10. CC3：インターバル2
11. CC2：インターバル1
12. CC1：インターバル2
13. CC1：インターバル1
14. CC1：インターバル2
15. CC2：インターバル3
16. CC3：インターバル2
17. CC2：インターバル1
18. CC1：インターバル2
19. CC1：インターバル1

19のインターバルあとはガーター編みの1・2段めを合計10回（20段）編む。

BIND-OFF ／止め

シンプルなアイコードバインドオフと、ライケンステッチに合わせたフリンジのような装飾性のあるピコットレースの縁編み、いずれか好みの方法で止める。

アイコードバインドオフ

① 3目作る。

② 表2、ねじり目の2目一度。

③ 右針の3目を左針に戻す。

3目残るまで②、③の手順をくり返す。

残った3目は「左上2目一度、表目1」、そして右針に残った2目を左針に戻し、表目のねじり目のように2目を一度に編む。

ピコットレースのエジング

CC1で表目1、「編めた右針の目を左針に戻し、ケーブルキャストオンの方法で3目作り、続けて7目伏せる。」

最後まで「〜」をくり返す。

最後の目を使って3目作り、2目伏せる。

1段下の目に表目を編み、1目めと2目めにかぶせて止める。

編みはじめの別鎖の作り目をほどき、同様に止める。

編み目の上をなぞるように（メリヤス刺繍を刺すように）糸始末をする。

FINISHING ／仕上げ

軽くスチームを当て、ガーター編みの風合いを最大限活かしながら、厚みを損なわずふっくらと仕上げる。アイロン台の上にショールをのせ、編み地には触れないように、少し浮かしてかける。セクションごとにスチームをかけ、熱が冷めない間に編み地を両方向に軽く伸ばす。最後にブロッキングワイヤーで寸法に合わせ、軽く霧吹きで湿らせ形を整える。完全に乾くまでそのままにしておく。

50 VARDE

ヴァルデ

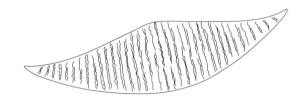

FINISHED MEASUREMENTS ／仕上がり寸法

横幅：210 cm
深さ（中心）：52 cm

MATERIALS ／材料

糸：De Rerum Natura の Gilliatt（ヨーロピアンメリノ100%、250m／100g）、〈Foret〉3カセ
もしくはウーステッド（並太～極太）程度の糸を750m
針：4.5mm（US7／JP8号）100cm輪針
好みで止め用に5mm（US 8／JP10号）の輪針
その他の道具：ステッチマーカー　2個

GAUGE ／ゲージ

17目×28段（かのこ編み・10cm角、ブロッキング後）

SPECIAL ABBREVIATIONS & TECHNIQUES ／特別な用語とテクニック

左目に通すノット：左針の3目めを1目めと2目めにかぶせ、「表目1、かけ目、表目1」。

STITCH PATTERNS ／模様編み

かのこ編み

1段め：「表目1、裏目1」を最後までくり返す。
2段め：「裏目1、表目1」を最後までくり返す。
1・2段めをくり返す。

DIRECTIONS ／編み方

ガーターステッチタブの作り目

指でかける作り目で3目作る。
表編みで6段編む（ガーター編み）。
最後の段で編み地を時計回りに90度回転させ、細い長方形の端から3目拾う。再び編み地を回転させ作り目から3目拾う。合計9目になる。

編みはじめ

1段め（裏面）：表目3、PM、裏目3、PM、表目3。
2段め（表面）：表目3、SM、右ねじり増し目1、表目3、左ねじり増し目1、SM、表目3。
3段め：表目3、SM、右ねじり増し目1、表目1、裏目3、表目1、左ねじり増し目1、SM、表目3。
4段め：表目3、SM、右ねじり増し目1、裏目1、表目1、左目に通すノット、表目1、裏目1、左ねじり増し目1、SM、表目3。
5段め：表目3、SM、右ねじり増し目1、表目1、裏目1、表目1、裏目3、表目1、裏目1、表目1、左ねじり増し目1、SM、表目3。
6段め：表目3、SM、右ねじり増し目1、「裏目1、表目1」を2回、表目3、「表目1、裏目1」を2回、左ねじり増し目1、SM、表目3。
7段め：表目3、SM、右ねじり増し目1、表目1、「裏目1、表目1」を2回、裏目3、「表目1、裏目1」を2回、表目1、左ねじり増し目1、SM、表目3。

くり返し部分

8段め（表面）：表目3、SM、右ねじり増し目1、表目1、「（表目1、裏目1）を2回、表目1、左目に通すノット」、「～」をMの6目手前までくり返す、「表目1、裏目1」を2回、表目2、左

ねじり増し目1、SM、表目3。

9段め（裏面）：表目3、SM、右ねじり増し目1、裏目2、「(表目1、裏目1)を2回、表目1、裏目3」、「〜」をMの7目手前までくり返す、「表目1、裏目1」を2回、表目1、裏目2、左ねじり増し目1、SM、表目3。

10段め：表目3、SM、右ねじり増し目1、表目3、「(表目1、裏目1)を2回、表目4」、「〜」を次のMまでくり返す、左ねじり増し目1、SM、表目3。

11段め：表目3、SM、右ねじり増し目1、表目1、「裏目3、(表目1、裏目1)を2回、表目1」、「〜」をMの4目手前までくり返す、裏目3、表目1、左ねじり増し目1、SM、表目3。

12段め：表目3、SM、右ねじり増し目1、裏目1、表目1、「左目に通すノット、(表目1、裏目1)を2回、表目1」、「〜」をMの5目手前までくり返す、左目に通すノット、表目1、裏目1、左ねじり増し目1、SM、表目。

13段め：表目3、SM、右ねじり増し目1、表目1、裏目1、表目1、「裏目3、(表目1、裏目1)を2回、表目1」、「〜」をMの6目手前までくり返す、裏目3、表目1、裏目1、表目1、左ねじり増し目1、SM、表目3。

14段め：表目3、SM、右ねじり増し目1、「裏目1、表目1」を2回、表目3、「(表目1、裏目1)を2回、表目4」、「〜」をMの4目手前までくり返す、「表目1、裏目1」を2回、左ねじり増し目1、SM、表目3。

15段め：表目3、SM、右ねじり増し目1、「(表目1、裏目1)を2回、表目1、裏目3」、「〜」をMの5目手前までくり返す、「表目1、裏目1」を2回、表目1、左ねじり増し目1、SM、表目3。

8〜15段めまでを合計18回編む。ノット編みは36＋1回編んだことになる。

編み終わり

8〜14段めまでをもう一度編み、次のガーター編みをあと4段編んで仕上げる。

次段（裏面）：表目3、SM、右ねじり増し目、次のMまで表編み、左ねじり増し目、SM、表目3。

次段（表面）：表目3、SM、右ねじり増し目、次のMまで表編み、左ねじり増し目、SM、表目3。

次段：表目3、SM、右ねじり増し目、次のMまで表編み、左ねじり増し目、SM、表目3。

次段：表目3、SM、右ねじり増し目、次のMまで表編み、左ねじり増し目、SM、表目3。

FINISHING／仕上げ

次の裏面の段ですべての目を伏せる。
太めの針でゆるめに伏せてもよい。
糸始末をしたあと、水通しをして寸法に合わせてブロッキングする。

51 QUICKSAND

流砂

SIZES ／サイズ

1 {2}　サンプルはサイズ2

FINISHED MEASUREMENTS ／仕上がり寸法

横幅：約181.5 {220} cm
深さ（最大）：59.5 {80} cm

MATERIALS ／材料

糸：La Bien Aimée の Merino DK（SWメリノ100%、230m／
115g）、〈Peerie Voe〉4 {5}カセ
もしくはDK（合太～並太）程度の糸を約800 {990} m
針：4mm（US6／JP6）100cm輪針
その他の道具：なわ編み針

GAUGE ／ゲージ

21目×33.5段（4mm針で模様編み・10cm角、ブロッキング後）
21目×64段の1模様(8.5 cm×18 cm、ブロッキング前／
10cm×19 cm、ブロッキング後)

SPECIAL ABBREVIATIONS ／特別な用語

右上2目交差：2目をなわ編み針に移し手前におき、左針から
表目2、なわ編み針から表目2。
右上2目交差（下で1目増）：2目をなわ編み針に移し手前にお
き、左針から「表目1、右ねじり増し目1」、なわ編み針から表
目2。（1目増）
右上2目と5目の交差（下で3目増）：2目をなわ編み針に移し
手前におき、右ねじり増し目1、表目1、右ねじり増し目1、表
目1、右ねじり増し目、なわ編み針から表目2。（3目増）
右上2目と4目の交差（下でリブ編み状に2目増）：2目をなわ
編み針に移し手前におき、左針から裏目の右ねじり増し目1、
裏目1、右ねじり増し目1、表目1、なわ編み針から表目2。（2
目増）
表引上げ目1：前段の「すべり目1＋かけ目」を1目として表目1。
すべり目1＋かけ目（Ⓐ）：編み糸を手前において、次の目をす
べり目にしながらかけ目をするように糸を重ねる。編み糸は右
針の下から元の位置まで戻す。※この作品の編み方本文ではⒶ
と記載。
逆かけ目：糸を右針の後ろから手前にかける。
かけ目：糸を右針の手前から後ろへかけ目をする通常のかけ
目。

DIRECTIONS ／編み方

指でかける作り目の方法で6目作る。
準備段1（裏面）：表目1、裏目4、表目1。
準備段2（表面）：裏目1、表目4、裏目1。
準備段3：準備段1と同様に編む。

ケーブルブリオッシュ模様（A）

1段め（表面）：裏目1、右上2目交差、裏目1。
2段め（裏面）：表目1、裏目4、表目1。
3段め：裏目1、表目4、裏目1。
4段め：表目1、裏目4、表目1。
5段め：裏目1、右上2目と5目の交差（下で3目増）、裏目1。（3
目増）
6段め：表目1、裏目2、「裏目2、表目1」を2回。
7段め：「裏目1、表目2」を2回、表目2、裏目1。
8段め：表目1、裏目2、「裏目2、表目1」を2回。
9段め：裏目1、右上2目交差（下で1目増）、右上2目と4目の
交差（下でリブ編み状に2目増）、裏目1。（3目増）
10段め：「表目1、裏目4、表目1」を2回
11段め：「裏目1、表目4、裏目1」を2回。
12段め：「表目1、裏目4、表目1」を2回。
13段め：「裏目1、右上2目交差、裏目1」を2回。
14段め：「表目1、裏目4、表目1」を2回。
15～18段め：11～14段めをくり返す。
19段め：「裏目1、表目4、裏目1」を2回。
20段め：「表目1、裏目4、表目1」を2回。
21段め：裏目1、右上2目交差、裏目1、かけ目、裏目1、右上
2目交差、裏目1。（1目増）
22段め：表目1、裏目4、「表目1、裏目1」を2回、裏目3、表
目1。
23段め：裏目1、表目4、裏目1、表目1、逆かけ目、裏目1、
表目4、裏目1。（1目増）
24段め：表目1、裏目4、表目2、Ⓐ、表目1、裏目4、表目1。
25段め：裏目1、右上2目交差、裏目1、表引上げ目1、裏目1、
かけ目、裏目1、右上2目交差、裏目1。（1目増）
26段め：表目1、裏目4、表目1、裏目1、表目1、Ⓐ、表目1、
裏目4、表目1。
27段め：裏目1、表目4、裏目1、表引上げ目1、Ⓐ、表目1、
逆かけ目、裏目1、表目4、裏目1。（1目増）
28段め：表目1、裏目4、表目2、Ⓐ、表引上げ目1、Ⓐ、表目
1、裏目4、表目1。
29段め：裏目1、右上2目交差、裏目1、表引上げ目1、Ⓐ、表
引上げ目1、裏目1、かけ目、裏目1、右上2目交差、裏目1。（1
目増）

30段め：表目1、裏目4、表目1、裏目1、表目1、Ⓐ、表引上げ目1、Ⓐ、表目1、裏目4、表目1。

31段め：裏目1、表目4、裏目1、「表引上げ目1、Ⓐ」を2回、表目1、逆かけ目、裏目1、表目4、裏目1。（1目増）

32段め：表目1、裏目4、表目2、Ⓐ、「表引上げ目1、Ⓐ」を2回、表目1、裏目4、表目1。

33段め：裏目1、右上2目交差、裏目1、表引上げ目1、「Ⓐ、表引上げ目1」を2回、裏目1、かけ目、裏目1、右上2目交差、裏目1。（1目増）

34段め：表目1、裏目4、表目1、裏目1、表目1、Ⓐ、「表引上げ目1、Ⓐ」を2回、表目1、裏目4、表目1。

35段め：裏目1、表目4、裏目1、「表引上げ目1、Ⓐ」を3回、表目1、逆かけ目、裏目1、表目4、裏目1。（1目増）

36段め：表目1、裏目4、表目2、Ⓐ、「表引上げ目1、Ⓐ」を3回、表目1、裏目4、表目1。

37段め：裏目1、右上2目交差、裏目1、表引上げ目1、「Ⓐ、表引上げ目1」を3回、裏目1、かけ目、裏目1、右上2目交差、裏目1。（1目増）

38段め：表目1、裏目4、表目1、裏目1、表目1、Ⓐ、「表引上げ目1、Ⓐ」を3回、表目1、裏目4、表目1。

39段め：裏目1、表目4、裏目1、「表引上げ目1、Ⓐ」を4回、表目1、裏目1、表目4、裏目1。

40段め：表目1、裏目4、表目1、Ⓐ、「表引上げ目1、Ⓐ」を4回、表目1、裏目4、表目1。

41段め：裏目1、右上2目交差、裏目1、表引上げ目1、「Ⓐ、表引上げ目1」を4回、裏目1、右上2目交差、裏目1。

42段め：表目1、裏目4、表目1、Ⓐ、「表引上げ目1、Ⓐ」を4回、表目1、裏目4、表目1。

43段め：裏目1、表目4、裏目1、表引上げ目1、「Ⓐ、表引上げ目1」を4回、裏目1、表目4、裏目1。

44段め：表目1、裏目4、表目1、Ⓐ、「表引上げ目1、Ⓐ」を4回、表目1、裏目4、表目1。

45段め：裏目1、右上2目と5目の交差（下で3目増）、裏目1、表引上げ目1、「Ⓐ、表引上げ目1」を4回、裏目1、右上2目交差、裏目1。（3目増）

46段め：表目1、裏目4、表目1、Ⓐ、「表

引上げ目1、Ⓐ」を4回、表目1、裏目2、「裏目2、表目1」を2回。

47段め：「裏目1、表目2」を2回、表目2、裏目1、表引上げ目1、「Ⓐ、表引上げ目1」を4回、裏目1、表目4、裏目1。

48段め：表目1、裏目4、表目1、Ⓐ、「表引上げ目1、Ⓐ」を4回、表目1、裏目2、「裏目2、表目1」を2回。

49段め：裏目1、右上2目交差（下で1目増）、右上2目と4目の交差（下でリブ編み状に2目増）、裏目1、表引上げ目1、「Ⓐ、表引上げ目1」を4回、裏目1、右上2目交差、裏目1。（3目増）

50段め：表目1、裏目4、表目1、Ⓐ、「表引上げ目1、Ⓐ」を4回、「表目1、裏目4、表目1」を2回。

51段め：「裏目1、表目4、裏目1」を2回、表引上げ目1、「Ⓐ、表引上げ目1」を4回、裏目1、表目4、裏目1。

52段め：表目1、裏目4、表目1、「Ⓐ、表引上げ目1」を4回、「表目2、裏目4」を2回、表目1。

53段め：裏目1、右上2目交差、裏目1、かけ目、裏目1、右上2目交差、裏目の左上2目一度、「Ⓐ、表引上げ目1」を4回、裏目1、右上2目交差、裏目1。

54段め：表目1、裏目4、表目1、「Ⓐ、表引上げ目1」を4回、表目1、裏目4、「表目1、裏目1」を2回、裏目3、表目1。

55段め：裏目1、表目4、裏目1、逆かけ目、表目1、裏目1、表目4、裏目の左上2目一度、表引上げ目1、「Ⓐ、表引上げ目1」を3回、裏目1、表目4、裏目1。

56段め：表目1、裏目4、表目1、「Ⓐ、表引上げ目1」を3回、裏目1、表目1、裏目4、表目1、Ⓐ、表目2、裏目4、表目1。

57段め：裏目1、右上2目交差、裏目1、かけ目、裏目1、表引上げ目1、裏目1、右上2目交差、裏目の左上2目一度、「Ⓐ、表引上げ目1」を3回、裏目1、右上2目交差、裏目1。

58段め：表目1、裏目4、表目1、「Ⓐ、表引上げ目1」を3回、表目1、裏目4、表目1、Ⓐ、表目1、裏目1、表目1、裏目4、表目1。

59段め：裏目1、表目4、裏目1、逆かけ目、表目1、Ⓐ、表引上げ目1、裏目1、表目4、裏目の左上2目一度、表引上げ目1、「Ⓐ、表引上げ目1」を2回、裏目1、表目4、裏目1。

60段め：表目1、裏目4、表目1、「Ⓐ、表引上げ目1」を2回、裏目1、表目1、裏目4、表目1、Ⓐ、表引上げ目1、Ⓐ、表目2、裏

目4、表目1。

61段め：裏目1、右上2目交差、裏目1、かけ目、裏目1、表引上げ目1、Ⓐ、表引上げ目1、裏目1、右上2目交差、裏目の左上2目一度、「Ⓐ、表引上げ目1」を2回、裏目1、右上2目交差、裏目1。

62段め：表目1、裏目4、表目1、「Ⓐ、表引上げ目1」を2回、表目1、裏目4、表目1、Ⓐ、表引上げ目1、Ⓐ、表目1、裏目1、表目1、裏目4、表目1。

63段め：裏目1、表目4、裏目1、逆かけ目、表目1、「Ⓐ、表引上げ目1」を2回、裏目1、表目4、裏目の左上2目一度、表引上げ目1、Ⓐ、表引上げ目1、裏目1、表目4、裏目1。

64段め：表目1、裏目4、表目1、Ⓐ、表引上げ目1、裏目1、表目1、裏目4、表目1、Ⓐ、「表引上げ目1、Ⓐ」を2回、表目2、裏目4、表目1。

65段め：裏目1、右上2目交差、裏目1、かけ目、裏目1、表引上げ目1、「Ⓐ、表引上げ目1」を2回、裏目1、右上2目交差、裏目の左上2目一度、Ⓐ、表引上げ目1、裏目1、右上2目交差、裏目1。

66段め：「表目1、裏目4、表目1、Ⓐ、表引上げ目1」を2回、Ⓐ、表引上げ目1、Ⓐ、表目1、裏目1、表目1、裏目4、表目1。

67段め：裏目1、表目4、裏目1、逆かけ目、表目1、「Ⓐ、表引上げ目1」を3回、裏目1、表目4、裏目の左上2目一度、表引上げ目1、裏目1、表目4、裏目1。

68段め：表目1、裏目4、「表目1、裏目1」を2回、裏目3、表目1、Ⓐ、「表引上げ目1、Ⓐ」を3回、表目2、裏目4、表目1。

69段め：裏目1、右上2目交差、裏目1、かけ目、裏目1、表引上げ目1、「Ⓐ、表引上げ目1」を3回、裏目1、右上2目交差、裏目の左上2目一度、裏目1、右上2目交差、裏目1。

70段め：「表目1、裏目4、表目1」を2回、Ⓐ、「表引上げ目1、Ⓐ」を3回、表目1、裏目1、表目1、裏目4、表目1。

71段め：裏目1、表目4、裏目1、表目1、「Ⓐ、表引上げ目1」を4回、「裏目1、表目4、裏目1」を2回。

72段め：「表目1、裏目4、表目1」を2回、Ⓐ、「表引上げ目1、Ⓐ」を4回、表目1、裏目4、表目1。

73段め：裏目1、右上2目交差、裏目1、表引上げ目1、「Ⓐ、表引上げ目1」を4回、「裏目1、右上2目交差、裏目1」を2回。

74段め：「表目1、裏目4、表目1」を2回、

Ⓐ、「表引上げ目1、Ⓐ」を4回、表目1、裏目4、表目1。

75段め：裏目1、表目4、裏目1、表引上げ目1、「Ⓐ、表引上げ目1」を4回、「裏目1、表目4、裏目1」を2回。

76段め：「表目1、裏目4、表目1」を2回、Ⓐ、「表引上げ目1、Ⓐ」を4回、表目1、裏目4、表目1。

77段め：裏目1、右上2目と5目の交差（下で3目増）、裏目1、表引上げ目1、「Ⓐ、表引上げ目1」を4回、「裏目1、右上2目交差、裏目1」を2回。（3目増）

78段め：「表目1、裏目4、表目1」を2回、Ⓐ、「表引上げ目1、Ⓐ」を4回、表目1、裏目2、「裏目2、表目1」を2回。

79段め：「裏目1、表目2」を2回、表目2、裏目1、表引上げ目1、「Ⓐ、表引上げ目1」を4回、「裏目1、表目4、裏目1」を2回。

80段め：「表目1、裏目4、表目1」を2回、Ⓐ、「表引上げ目1、Ⓐ」を4回、表目1、裏目2、「裏目2、表目1」を2回。

81段め：裏目1、右上2目交差（下で1目増）、右上2目と4目の交差（下でリブ編み状に2目増）、裏目1、表引上げ目1、「Ⓐ、表引上げ目1」を4回、「裏目1、右上2目交差、裏目1」を2回。（3目増）

82段め：「表目1、裏目4、表目1」を2回、Ⓐ、「表引上げ目1、Ⓐ」を4回、「表目1、裏目4、表目1」を2回。

（Ⓐ）の82段をすべて編み終えると、目数は27目増え、33目になる。

ケーブルブリオッシュ模様（B）

1段め：「裏目1、表目4、裏目1」を2回、「表引上げ目1、（Ⓐ、表引上げ目1）を4回、（裏目1、表目4、裏目1）を2回」、「〜」を最後までくり返す。

2段め：「（表目1、裏目4、表目1）を2回、裏目1、（表引上げ目1、Ⓐ）を4回」、「〜」を最後に12目残るまでくり返し、「表目1、裏目4、表目1」を2回。

3段め：裏目1、右上2目交差、裏目1、かけ目、裏目1、右上2目交差、裏目1、「（表引上げ目1、Ⓐ）を4回、裏目の左上2目一度、右上2目交差、裏目1、かけ目、裏目1、右上2目交差、裏目1」、「〜」を最後までくり返す。（1目増）

4段め：「表目1、裏目4、（表目1、裏目1）を2回、裏目3、表目1、（表引上げ目1、Ⓐ）を4回」、「〜」を最後に13目残るまでくり返し、表目1、裏目4、「表目1、裏目1」を

5段め：裏目1、表目4、裏目1、表目1、逆かけ目、裏目1、表目4、裏目1、「表引上げ目1、（Ⓐ、表引上げ目1）を3回、裏目の左上2目一度、表目4、裏目1、表目1、逆かけ目、裏目1、表目4、裏目1」、「〜」を最後までくり返す。（1目増）

6段め：「表目1、裏目4、表目2、Ⓐ、表目1、裏目4、表目1、裏目1、（表引上げ目1、Ⓐ）を3回」、「〜」を最後に14目残るまでくり返し、表目1、裏目4、表目2、Ⓐ、表目1、裏目4、表目1。

7段め：裏目1、右上2目交差、裏目1、表引上げ目1、裏目1、かけ目、裏目1、右上2目交差、裏目1、「（表引上げ目1、Ⓐ）を3回、裏目の左上2目一度、右上2目交差、裏目1、表引上げ目1、裏目1、かけ目、裏目1、右上2目交差、裏目1」、「〜」を最後までくり返す。（1目増）

8段め：「表目1、裏目4、表目1、裏目1、表目1、Ⓐ、表目1、裏目4、表目1、（表引上げ目1、Ⓐ）を3回」、「〜」を最後に15目残るまでくり返し、表目1、裏目4、表目1、裏目1、表目1、Ⓐ、表目1、裏目4、表目1。

9段め：裏目1、表目4、裏目1、表引上げ目1、Ⓐ、表目1、逆かけ目、裏目1、表目4、裏目1、「表引上げ目1、（Ⓐ、表引上げ目1）を2回、裏目の左上2目一度、表目4、裏目1、表引上げ目1、Ⓐ、表目1、逆かけ目、裏目1、表目4、裏目1」、「〜」を最後までくり返す。（1目増）

10段め：「表目1、裏目4、表目2、Ⓐ、表引上げ目1、Ⓐ、表目1、裏目4、表目1、裏目1、（表引上げ目1、Ⓐ）を2回」、「〜」を最後に16目残るまでくり返し、表目1、裏目4、表目2、Ⓐ、表引上げ目1、Ⓐ、表目1、裏目4、表目1。

11段め：裏目1、右上2目交差、裏目1、表引上げ目1、Ⓐ、表引上げ目1、裏目1、かけ目、裏目1、右上2目交差、裏目1、「（表引上げ目1、Ⓐ）を2回、裏目の左上2目一度、右上2目交差、裏目1、表引上げ目1、Ⓐ、表引上げ目1、裏目1、かけ目、裏目1、右上2目交差、裏目1」、「〜」を最後までくり返す。（1目増）

12段め：「表目1、裏目4、表目1、裏目1、表目1、Ⓐ、表引上げ目1、Ⓐ、表目1、裏目4、表目1、（表引上げ目1、Ⓐ）を2回」、「〜」を最後に17目残るまでくり返し、表目1、裏目4、表目1、裏目1、表目1、Ⓐ、表引上げ目1、Ⓐ、表目1、裏目4、表目1。

13段め：裏目1、表目4、裏目1、「表引上げ目1、Ⓐ」を2回、表目1、逆かけ目、裏目1、表目4、裏目1、「表引上げ目1、Ⓐ、表引上げ目1、裏目の左上2目一度、表目4、裏目1、（表引上げ目1、Ⓐ）を2回、表目1、逆かけ目、裏目1、表目4、裏目1」、「〜」を最後までくり返す。（1目増）

14段め：「表目1、裏目4、表目2、Ⓐ、（表引上げ目1、Ⓐ）を2回、表目1、裏目4、表目1、裏目1、表引上げ目1、Ⓐ」、「〜」を最後に18目残るまでくり返し、表目1、裏目4、表目2、Ⓐ、「表引上げ目1、Ⓐ」を2回、表目1、裏目4、表目1。

15段め：裏目1、右上2目交差、裏目1、表引上げ目1、「Ⓐ、表引上げ目1」を2回、裏目1、かけ目、裏目1、右上2目交差、裏目1、「表引上げ目1、Ⓐ、裏目の左上2目一度、右上2目交差、裏目1、表引上げ目1、（Ⓐ、表引上げ目1）を2回、裏目1、かけ目、裏目1、右上2目交差、裏目1」、「〜」を最後までくり返す。（1目増）

16段め：「表目1、裏目4、表目1、裏目1、表目1、Ⓐ、（表引上げ目1、Ⓐ）を2回、表目1、裏目4、表目1、表引上げ目1、Ⓐ」、「〜」を最後に19目残るまでくり返し、表目1、裏目4、表目1、裏目1、表目1、Ⓐ、「表引上げ目1、Ⓐ」を2回、表目1、裏目4、表目1。

17段め：裏目1、表目4、裏目1、「表引上げ目1、Ⓐ」を3回、表目1、逆かけ目、裏目1、表目4、裏目1、「表引上げ目1、裏目の左上2目一度、表目4、裏目1、（表引上げ目1、Ⓐ）を3回、表目1、逆かけ目、裏目1、表目4、裏目1」、「〜」を最後までくり返す。（1目増）

18段め：「表目1、裏目4、表目2、Ⓐ、（表引上げ目1、Ⓐ）を3回、表目1、裏目4、表目1、裏目1」、「〜」を最後に20目残るまでくり返し、表目1、裏目4、表目2、Ⓐ、「表引上げ目1、Ⓐ」を3回、表目1、裏目4、表目1。

19段め：裏目1、右上2目交差、裏目1、表引上げ目1、「Ⓐ、表引上げ目1」を3回、裏目1、かけ目、裏目1、右上2目交差、裏目1、「裏目の左上2目一度、右上2目交差、裏目1、表引上げ目1、（Ⓐ、表引上げ目1）を3回、裏目1、かけ目、裏目1、右上2目交差、裏目1」、「〜」を最後までくり返す。（1目増）

20段め：「表目1、裏目4、表目1、裏目1、表目1、Ⓐ、（表引上げ目1、Ⓐ）を3回、表目1、裏目4、表目1」、「〜」を最後まで

くり返す。

21段め：「裏目1、表目4、裏目1、(表引上げ目1、Ⓐ)を4回、表目1、裏目1、表目4、裏目1」、「～」を最後までくり返す。

22段め：「表目1、裏目4、表目1、Ⓐ、(表引上げ目1、Ⓐ)を4回、表目1、裏目4、表目1」、「～」を最後までくり返す。

23段め：「裏目1、右上2目交差、裏目1、表引上げ目1、(Ⓐ、表引上げ目1)を4回、裏目1、右上2目交差、裏目1」、「～」を最後までくり返す。

24段め：「表目1、裏目4、表目1、Ⓐ、(表引上げ目1、Ⓐ)を4回、表目1、裏目4、表目1」、「～」を最後までくり返す。

25段め：「裏目1、表目4、裏目1、表引上げ目1、(Ⓐ、表引上げ目1)を4回、裏目1、表目4、裏目1」、「～」を最後までくり返す。

26段め：「表目1、裏目4、表目1、Ⓐ、(表引上げ目1、Ⓐ)を4回、表目1、裏目4、表目1」、「～」を最後までくり返す。

27段め：裏目1、右上2目と5目の交差(下で3目増)、裏目1、表引上げ目1、「Ⓐ、表引上げ目1」を4回、裏目1、右上2目交差、裏目1、「裏目1、右上2目交差、裏目1、表引上げ目1、(Ⓐ、表引上げ目1)を4回、裏目1、右上2目交差、裏目1」、「～」を最後までくり返す。(3目増)

28段め：「表目1、裏目4、表目1、Ⓐ、(表引上げ目1、Ⓐ)を4回、表目1、裏目4、表目1」、「～」を最後に3目残るまでくり返し、裏目2、表目1。

29段め：裏目1、表目2、「裏目1、表目4、裏目1、表引上げ目1、(Ⓐ、表引上げ目1)を4回、裏目1、表目4、裏目1」、「～を最後までくり返す。

30段め：「表目1、裏目4、表目1、Ⓐ、(表引上げ目1、Ⓐ)を4回、表目1、裏目4、表目1」、「～」を最後に3目残るまでくり返し、裏目2、表目1。

31段め：裏目1、右上2目交差(下で1目増)、右上2目と4目の交差(下でリブ編み状に2目増)、裏目1、表引上げ目1、「Ⓐ、表引上げ目1」を4回、裏目1、右上2目交差、裏目1、「裏目1、右上2目交差、裏目1、表引上げ目1、(Ⓐ、表引上げ目1)を4回、裏目1、右上2目交差、裏目1」、「～」を最後までくり返す。(3目増)

32段め：「表目1、裏目4、表目1、Ⓐ、(表引上げ目1、Ⓐ)を4回、表目1、裏目4、表目1」、「～」を最後に6目残るまでくり返し、表目1、裏目4、表目1。

33段め：裏目1、表目4、裏目1、「裏目1、表目4、裏目1、表引上げ目1、(Ⓐ、表引上げ目1)を4回、表目1、表目4、裏目1」、「～」を最後までくり返す。

34段め：「表目1、裏目4、表目1、(Ⓐ、表引上げ目1)を4回、裏目1、表目1、裏目4、表目1」、「～」を最後に6目残るまでくり返し、表目1、裏目4、表目1。

35段め：裏目1、右上2目交差、裏目1、「かけ目、裏目1、右上2目交差、裏目の左上2目一度、(Ⓐ、表引上げ目1)を4回、裏目1、右上2目交差、裏目1」、「～」を最後までくり返す。

36段め：「表目1、裏目4、表目1、(Ⓐ、表引上げ目1)を4回、表目1、裏目4、表目1、裏目1」、「～」を最後に6目残るまでくり返し、表目1、裏目4、表目1。

37段め：裏目1、表目4、裏目1、「逆かけ目、表目1、裏目1、表目4、裏目の左上2目一度、表引上げ目1、(Ⓐ、表引上げ目1)を3回、裏目1、表目4、裏目1」、「～」を最後までくり返す。

38段め：「表目1、裏目4、表目1、(Ⓐ、表引上げ目1)を3回、裏目1、表目1、裏目4、表目1、Ⓐ、表目1」、「～」を最後に6目残るまでくり返し、表目1、裏目4、表目1。

39段め：裏目1、右上2目交差、裏目1、「かけ目、裏目1、表引上げ目1、裏目1、右上2目交差、裏目の左上2目一度、(Ⓐ、表引上げ目1)を3回、裏目1、右上2目交差、裏目1」、「～」を最後までくり返す。

40段め：「表目1、裏目4、表目1、(Ⓐ、表引上げ目1)を3回、表目1、裏目4、表目1、Ⓐ、表目1、裏目1」、「～」を最後に6目残るまでくり返し、表目1、裏目4、表目1。

41段め：裏目1、表目4、裏目1、「逆かけ目、表目1、Ⓐ、表引上げ目1、裏目1、表目4、裏目の左上2目一度、表引上げ目1、(Ⓐ、表引上げ目1)を2回、裏目1、表目4、裏目1」、「～」を最後までくり返す。

42段め：「表目1、裏目4、表目1、(Ⓐ、表引上げ目1)を2回、裏目1、表目1、裏目4、表目1、Ⓐ、表引上げ目1、Ⓐ、表目1」、「～」を最後に6目残るまでくり返し、表目1、裏目4、表目1。

43段め：裏目1、右上2目交差、裏目1、「かけ目、裏目1、表引上げ目1、Ⓐ、表引上げ目1、裏目1、右上2目交差、裏目の左上2目一度、(Ⓐ、表引上げ目1)を2回、裏目1、右上2目交差、裏目1」、「～」を最後までくり返す。

44段め：「表目1、裏目4、表目1、(Ⓐ、表引上げ目1)を2回、表目1、裏目4、表目1、Ⓐ、表引上げ目1、Ⓐ、表目1、裏目1」、「～」を最後に6目残るまでくり返し、表目1、裏目4、表目1。

45段め：裏目1、表目4、裏目1、「逆かけ目、表目1、(Ⓐ、表引上げ目1)を2回、裏目1、表目4、裏目の左上2目一度、表引上げ目1、Ⓐ、表引上げ目1、裏目1、表目4、裏目1」、「～」を最後までくり返す。

46段め：「表目1、裏目4、表目1、Ⓐ、表引上げ目1、裏目1、表目1、裏目4、表目1、Ⓐ、(表引上げ目1、Ⓐ)を2回、表目1」、「～」を最後に6目残るまでくり返し、表目1、裏目4、表目1。

47段め：裏目1、右上2目交差、裏目1、「かけ目、裏目1、表引上げ目1、(Ⓐ、表引上げ目1)を2回、裏目1、右上2目交差、裏目の左上2目一度、Ⓐ、表引上げ目1、裏目1、右上2目交差、裏目1」、「～」を最後までくり返す。

48段め：「(表目1、裏目4、表目1、Ⓐ、表引上げ目1)を2回、Ⓐ、表引上げ目1、Ⓐ、表目1、裏目1」、「～」を最後に6目残るまでくり返し、表目1、裏目4、表目1。

49段め：裏目1、表目4、裏目1、「逆かけ目、表目1、(Ⓐ、表引上げ目1)を3回、裏目1、表目4、裏目の左上2目一度、表引上げ目1、裏目1、表目4、裏目1」、「～」を最後までくり返す。

50段め：「表目1、裏目4、(表目1、裏目1)を2回、裏目3、表目1、Ⓐ、(表引上げ目1、Ⓐ)を3回、表目1」、「～」を最後に6目残るまでくり返し、表目1、裏目4、表目1。

51段め：裏目1、右上2目交差、裏目1、「かけ目、裏目1、表引上げ目1、(Ⓐ、表引上げ目1)を3回、裏目1、右上2目交差、裏目の左上2目一度、裏目1、右上2目交差、裏目1」、「～」を最後までくり返す。

52段め：「(表目1、裏目4、表目1)を2回、Ⓐ、(表引上げ目1、Ⓐ)を3回、表目1、裏目1」、「～」を最後に6目残るまでくり返し、表目1、裏目4、表目1。

53段め：裏目1、表目4、裏目1、「表目1、(Ⓐ、表引上げ目1)を4回、(裏目1、表目4、裏目1)を2回」、「～」を最後までくり返す。

54段め：「(表目1、裏目4、表目1)を2回、Ⓐ、(表引上げ目1、Ⓐ)を4回」、「～」を最後に6目残るまでくり返し、表目1、裏目4、表目1。

55段め：裏目1、右上2目交差、裏目1、「表

引上げ目1、（Ⓐ、表引き上げ目1）を4回、（裏目1、右上2目交差、裏目1）を2回」、「～」を最後までくり返す。

56段め：「（表目1、裏目4、表目1）を2回、Ⓐ、（表引き上げ目1、Ⓐ）を4回」、「～」を最後に6目残るまでくり返し、表目1、裏目4、表目1。

57段め：裏目1、表目4、裏目1、「表引き上げ目1、（Ⓐ、表引き上げ目1）を4回、（裏目1、表目4、裏目1）を2回」、「～」を最後までくり返す。

58段め：「（表目1、裏目4、表目1）を2回、Ⓐ、（表引き上げ目1、Ⓐ）を4回」、「～」を最後に6目残るまでくり返し、表目1、裏目4、表目1。

59段め：裏目1、右上2目と5目の交差（下で3目増）、裏目1、表引き上げ目1、「（Ⓐ、表引き上げ目1）を4回、「裏目1、右上2目交差、裏目1」を2回、「表引き上げ目1、（Ⓐ、表引き上げ目1）を4回、（裏目1、右上2目交

差、裏目1）を2回」、「～」を最後までくり返す。（3目増）

60段め：「（表目1、裏目4、表目1）を2回、Ⓐ、（表引き上げ目1、Ⓐ）を4回」、「～」を最後に9目残るまでくり返し、表目1、裏目4、表目1、裏目2、表目1。

61段め：裏目1、表目2、裏目1、表目4、裏目1、「表引き上げ目1、（Ⓐ、表引き上げ目1）を4回、（裏目1、表目4、裏目1）を2回」、「～」を最後までくり返す。

62段め：「（表目1、裏目4、表目1）を2回、Ⓐ、（表引き上げ目1、Ⓐ）を4回」、「～」を最後に9目残るまでくり返し、表目1、裏目4、表目1、裏目2、表目1。

63段め：裏目1、右上2目交差（下で1目増）、右上2目と4目の交差（下でリブ編み状に2目増）、裏目1、「表引き上げ目1、（Ⓐ、表引き上げ目1）を4回、（裏目1、右上2目交差、裏目1）を2回」、「～」を最後までくり返す。（3目増）

64段め：「（表目1、裏目4、表目1）を2回、Ⓐ、（表引き上げ目1、Ⓐ）を4回」、「～」を最後に12目残るまでくり返し、「表目1、裏目4、表目1」を2回。

1～64段めまでをあと4 {6}回、そして1～25段めまでをもう1回編む。

114 {156}目増えて147 {189}目になる。

FINISHING ／仕上げ

ニッテッドキャストオンの方法で3目作り、次のようにアイコードバインドオフの方法で止める。

「表目2、ねじり目の2目一度。右針の3目を左針に戻し、編み地の後ろ側で糸を少し引く」。「～」を最後に3目残るまでくり返し、残りの目を伏せ止めする。

糸始末をしたあと、水通しをして寸法に合わせてブロッキングする。

52 HANKI

ハンキ（地面を覆う深い雪）

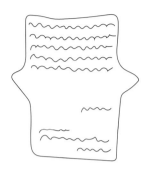

FINISHED MEASUREMENTS ／仕上がり寸法

首回り：50 cm
高さ：13 cm
前襟下から前下端まで：24 cm
後ろ襟下から後ろ下端まで：9 cm

MATERIALS ／材料

糸：Katia の Love Wool（ウール85%・アルパカ15%、50m／100g）〈119〉3玉
もしくはスーパーバルキー（超極太）程度の糸を約1150m
針：8mm（US13）60cm輪針（もしくはマジックループ式に編むには60cm以上のもの）
その他の道具：ステッチマーカー5個（BOR-Mには色のちがうものを）

GAUGE ／ゲージ

8目×15段（8mm針でガーター編み・10cm角、ブロッキング後）

DIRECTIONS ／編み方

40目作り、BOR-Mを入れて輪にし、次のように編む：
1段め：裏編み。
2段め：表編み。
1・2段めをあと11回くり返す。
3段め：この段では次のようにmを入れる：
裏目7、PM、裏目6、PM、裏目14、PM、裏目6、PM、裏目7、BOR。
4段め：「最初のMの手前に1目残るまで表編み、右ねじり増し目1、表目1、SM、表目1、左ねじり増し目1」、「～」をあと3回くり返し、最後まで表編み。（8目増）

5段め：（Mを移しながら）裏編み。
4・5段めをあと5回編む。（88目）
6段め：「Mの手前に1目残るまで表編み、右ねじり増し目、表目1、SM、表目1、左ねじり増し目」、「～」をあと3回くり返し、最後まで表編み。
合計96目になる（前後に28目ずつ、両端の「袖」に当たる部分に20目ずつ）
7段め：Mをはずしながら次の34目を伏せ止めする。
後ろの半数の目と「右袖」を伏せ終わり、「前」の右側まで編み進んだことになる。
次のMまで裏編み、RM、残りの目を伏せ止めする。
28目になる。

前身頃

「前」の右端から往復に18段表編み（ガーター編み）。
最後はゆるめに伏せ止めする。

FINISHING ／仕上げ

糸始末をしたあと、水通しをして寸法に合わせてブロッキングする。

STYLIST ANNA KOMONEN — **HAIR & MAKEUP** MIIKA KEMPPAINEN — **MODELS** HALIZ & MONICA / AS YOU ARE AGENCY
CLOTHING FISKARS BY MARIA KORKEILA, HENNES & MAURITZ, MAX MARA / HELSINKI, SAMSOE SAMSOE, VAMSKO.
PHOTOSHOOT LOCATION FRANTSILA WELLBEING CENTRE

―好評の既刊本―

靴下を編む 52 週

レイネ・パブリッシング　著
定価：3,300 円（税別）
ISBN：978-4-7661-3513-8

1 週間に 1 足ずつ、1 年間で 52 足の靴
下編みを楽しめる一冊。52 足の靴下を
デザインしたのは、世界各地のデザイ
ナーたち。デザインや糸、テクニック、
さらに難易度もさまざまです。長く、く
り返し楽しめる、未来のクラシックにな
るような美しく実用的な本。

翻訳者紹介

西村知子　Tomoko Nishimura
ニットデザイナー、翻訳家。日本手芸協会手編み師範。京
都市生まれ。ニューヨークで過ごした幼少時代、祖母や
母の影響で編み物に興味をもつ。学生時代から手編みの
オリジナル作品を手がけるように。社会人になってからは
通訳・翻訳を仕事とする一方で編み物の研鑽も重ね、やが
てその両方を生かした編み物の仕事がライフワークとなる。
現在は英文パターンを用いたワークショップや講座、編み
物関連の通訳や翻訳、オリジナルデザインの提案など、幅
広く活躍している。

ショールを編む 52 週

2022 年 10 月 25 日　初版第 1 刷発行
2022 年 12 月 25 日　初版第 2 刷発行

著　者　　レイネ・パブリッシング（© Laine Publishing）
発行者　　西川 正伸
発行所　　株式会社 グラフィック社
　　　　　〒 102-0073　東京都千代田区九段北 1-14-17
　　　　　TEL 03-3263-4318　FAX 03-3263-5297
　　　　　http://www.graphicsha.co.jp
　　　　　振替 00130-6-114345

印刷・製本　図書印刷株式会社

制作スタッフ
翻訳：西村知子
組版・カバーデザイン：石岡真一
編集：金杉沙織
制作・進行：本木貴子（グラフィック社）

ISBN 978-4-7661-3662-3　C2077
Printed in Japan